Basiswissen Soziale Arbeit
Band 2

Die richtigen Grundlagen sind essentiell für ein erfolgreiches Studium und einen guten Einstieg in die Berufspraxis. Orientiert an den Modulen der Studiengänge im Feld ‚Soziale Arbeit' bietet die Reihe in sich abgeschlossene Themenlehrbücher, die jeweils relevantes Wissen aufbereiten. In komprimierten Einführungen, die wesentliche Grundlagen in verständlichen Erläuterungen und klaren Definitionen enthalten, vermitteln kompetente Autorinnen und Autoren gesicherte Informationen, die im Kontext von Vorlesungen oder in Seminaren herangezogen werden können. Alle Bände ‚Basiswissen Soziale Arbeit' eigen sich hervorragend zur selbsttätigen Erarbeitung von Themen und zur Vorbereitung von Prüfungen: kompakt und kompetent.

Weitere Bände in dieser Reihe
http://www.springer.com/series/13171

Anselm Böhmer

Verfahren und Handlungsfelder der Sozialplanung

Grundwissen für die Soziale Arbeit

 Springer VS

Anselm Böhmer
Hochschule Ravensburg-Weingarten
Weingarten
Deutschland

ISBN 978-3-658-03319-4   ISBN 978-3-658-03320-0 (eBook)
DOI 10.1007/978-3-658-03320-0

Die Deutsche Nationalbibliothek verzeichnet diese Publikation in der Deutschen Nationalbiblio-
grafie; detaillierte bibliografische Daten sind im Internet über http://dnb.d-nb.de abrufbar.

Springer VS
© Springer Fachmedien Wiesbaden 2015

Lektorat: Stefanie Laux, Stefanie Loyal

Gedruckt auf säurefreiem und chlorfrei gebleichtem Papier

Springer VS ist eine Marke von Springer DE. Springer DE ist Teil der Fachverlagsgruppe Springer
Science+Business Media
www.springer-vs.de

Vorwort

Die Zeit der großen Pläne ist vorüber. Wenn es sie denn jemals gegeben hat. Das Fanal dieser Einsicht wird häufig bereits in Pruitt-Igoe, einem Projekt der Stadtplanung in St. Louis, gesehen. Die Planungen für diesen Stadtteil begannen 1947. Vorgesehen war, einen Teil des Quartiers für AfroamerikanerInnen (Pruitt) und einen für weiße AmerikanerInnen (Igoe) zu entwickeln. Im Jahr 1954 wurde die Rassentrennung in den USA für illegal erklärt. Als dann 1955 der Bezug von Pruitt-Igoe beginnen konnte, zogen kaum weiße Menschen in dieses Viertel. Viele Wohnungen wurden nicht belegt. Sehr rasch setzte Vandalismus ein, der sich zusehends steigerte. Die Stadtverwaltung wusste dieses Phänomens nicht anders Herr zu werden, als bereits 1972 mit dem Abriss der Häuser zu beginnen. Damit wurde Pruitt-Igoe zur Ikone der gescheiterten modernen Stadtplanung.

Vor diesem klassischen Hintergrund, der sich mit manchen, vielleicht nicht ganz so spektakulären, aber dennoch wirkungsvollen Erfahrungen des Scheiterns von Stadt- und Sozialplanung auch in Deutschland ergänzen ließe, stellt sich die Frage, wozu überhaupt ein Lehrbuch zu Verfahren der Sozialplanung geschrieben werden sollte. Diese Skepsis soll bereits zu Beginn des Buches formuliert werden, muss jedoch auf der anderen Seite auch mit der zunehmenden Notwendigkeit von Steuerung öffentlicher oder sozialer Prozesse im Zusammenhang gesehen werden. Insofern bewegt sich Sozialplanung zu Beginn des 21. Jahrhunderts in Deutschland stets zwischen den beiden Extremen der großen Ansprüche an Sozialplanung und der nicht minder großen Gefahr, dass sich Pläne kaum oder gar nicht realisieren lassen. Den Balanceakt zwischen diesen beiden Endpunkten eines weiten Kontinuums versucht das vorliegende Buch zu meistern. Daher sollen hier keine großen Planungskonzepte behauptet, aber auch nicht die Unmöglichkeit von Planungsprozessen in Gänze beklagt werden. Vielmehr werden die folgenden Seiten davon bestimmt sein, sozialplanerische Ansprüche auf die Notwendigkeit von Zielorientierung sowie auf die Komplexität planerischer Zusammenhänge in Gesellschaften der Zweiten Moderne auszurichten. Damit soll also für die Sozialplanung

keineswegs eine „neue Zeit der großen Pläne" heraufbeschworen werden, sondern
die Möglichkeiten für kleine, diskursiv ermittelte, dabei stets von der Möglichkeit
zur Nachsteuerung geprägten und schlussendlich in einen kontinuierlichen Prozess von Sozialplanung mündenden Konzepte der Planung sozialer Infrastrukturen
ausgelotet und vorgestellt werden. Diesem Anliegen sind die folgenden Kapitel
verpflichtet.

Dazu werden zunächst verschiedene Aufgabenkonstellationen sowie die zu deren Bewältigung brauchbaren Verfahren skizziert. Darüber hinaus sollen zentrale
Handlungsfelder der Sozialplanung eigens zur Sprache kommen. Diese sind, neben
manchen anderen, insbesondere die Jugendhilfe- sowie die Altenhilfe-Planung.
Der Natur eines Lehrbuches entsprechend werden dabei vor allen Dingen die wichtigsten Aspekte dieser Praxisfelder und deren innere Zusammenhänge aufgezeigt.
PraktikerInnen der Sozialplanung werden mitunter andere, weiterreichende Abläufe kennen oder auch manche der hier geschilderten Praktiken verschmähen. Dass
diese Differenzen nicht vollumfänglich, manche sogar gar nicht, zur Sprache kommen können, ist dem auf Lernprozesse hin orientierten Umfang des Bandes und
dessen Bemühen, einen „konzeptionellen roten Faden" zu entwickeln, geschuldet.
Somit sind die aufgezeigten Lern- und Handlungsstrukturen in der Lehre ebenso
wie erst recht in der Praxis der Sozialplanung mit weiteren Wissensbeständen, vor
allem aber auch mit weiteren Handlungsansätzen zu ergänzen, um diesen Transfer in die recht diversifizierte Planungslandschaft zu erleichtern. Diesem Vorhaben
soll insbesondere das eingangs entfaltete Fallbeispiel dienen.

Allen, die mit diesem Buch arbeiten, wünsche ich viele konstruktive und weiterreichende Erfahrungen mit dem politisch ebenso wie strategisch hochgradig
reizvollen Handlungsfeld der Sozialplanung.

Weingarten, Juni 2014   Anselm Böhmer

Inhaltsverzeichnis

Zur Einführung

1

▶ Im folgenden Abschnitt lernen Sie den Stadtteil kennen, auf den sich im weiteren Verlauf die Verfahren der Sozialplanung in ausgesuchten Handlungsfeldern beziehen. Auf diese Weise können Sie die dargestellten Instrumente und Zusammenhänge sogleich im praktischen Bezug erkennen und umsetzen.

Sozialplanung findet in vielfältigen Zusammenhängen ihren Ort – in Kommunen zumeist, aber auch in Verbänden, großen Sozialkonzernen, auf Landesebene und in vielen weiteren Kontexten. Stets geht es darum, die Versorgungssysteme eines Planungsraumes im Hinblick auf ausgesuchte Themen- oder NutzerInnen-Felder bedarfsgerecht und ressourcenschonend weiter zu entwickeln. Zu diesem Zweck ist es erforderlich, dass verschiedene Verfahren, die der fachlich angemessenen sowie effizienten Nutzung von planerischen Verfahren entsprechen, eingesetzt werden. Diese Verfahren müssen angesichts der spezifischen Ausgestaltung ihrer unterschiedlichen Handlungsfelder, der jeweiligen gesellschaftlichen Rahmenbedingungen sowie der fachlich und sozialrechtlich angemessenen Maßgaben in den Blick genommen werden. Diesem Zweck soll der hier vorgelegte Band entsprechen.

Eine solche (Weiter-)Entwicklung bestehender Versorgungssysteme kann auch im Quartier Engelsberg (vgl. ebenso Böhmer i.E.), das im folgenden Abschnitt vorgestellt wird, wichtige Weichenstellungen einleiten.

© Springer Fachmedien Wiesbaden 2015
A. Böhmer, *Verfahren und Handlungsfelder der Sozialplanung,*
Basiswissen Soziale Arbeit 2, DOI 10.1007/978-3-658-03320-0_1

1.1   Eine Fallstudie

Engelsberg[1]

Engelsberg ist ein noch recht junger Stadtteil in einer Großstadt (Engelsberg:
4.462/Gesamtstadt 228.243 EinwohnerInnen; Stand 31.12.2013). Die Stadt liegt
in einer Metropolregion[2] und ist mit dem ökonomischen, kulturellen und sozialen
Umfeld eng verwoben. Der Ruf Engelsbergs ist jedoch recht ambivalent: Nach
seiner Erstbesiedlung 1998 wurde rasch erkennbar, dass das Bemühen um soziale Durchmischung sehr ambitioniert war. Obgleich ein renommiertes Institut für
Sozialplanung noch vor dem ersten Spatenstich mit sozialräumlicher und sozialplanerischer Expertise eingebunden wurde, stellt sich die Situation der BewohnerInnen, gerade auch der Kinder und Jugendlichen sowie der SeniorInnen, heute
vielschichtig dar.

Alles begann sehr engagiert: Das Sozialplanungs-Institut wurde von Seiten der
Gesamtstadt 1992 angefragt, ob es die Stadtentwicklungsplanung begleiten wolle,
und sagte bereits in dieser eher frühen Phase zu. Ein Team des Instituts war mit
einem Bauwagen bereits in der Erschließungs- und Bauphase des neuen Stadtteils mit jeweils 1–2 Personen täglich präsent. In dieser Zeit bot das Institut Informationen für potentielle künftige BewohnerInnen an, knüpfte erste fachliche
Netzwerke, definierte Konzepte und damit verbundene Kennzahlen für die soziale
und politische Entwicklung des Stadtteils, führte Maßnahmen zur (kommenden)
BewohnerInnenbeteiligung durch und formulierte bau- wie sozialplanerische Konzepte passgenau für Engelsberg. Ergebnis war, dass eine Vielzahl sehr unterschiedlicher Menschen Interesse an einem Zuzug zeigte, dass sich die Trägerstrukturen
bereits frühzeitig mit der Aufgabe einer sozialen Gestaltung Engelsbergs vertraut
machen konnten und dass bautechnische und kommunalpolitische Weichen zeitig
gestellt wurden: Die maximale Bebauungshöhe für Wohngebäude z. B. wurde auf
fünf Stockwerke festgelegt, um „Hochhausschluchten" und das Klima von Traban-
tenstadtteilen zu vermeiden. Ein klar definierter zentraler Platz wurde vorgesehen,
um dort sozialen Austausch, kulturelle Angebote und ökonomische Möglichkeiten
(Einzelhandel u. a.) zu bieten. Hier siedelte sich auch ein Büro des Sozialplanungs-

---

[1] Fiktiver Fall.

[2] „In den elf von der Ministerkonferenz für Raumordnung im Jahre 2006 ausgewiesenen Europäischen Metropolregionen entfaltet sich eine dynamische Entwicklung der intraregiona-
len Kooperation. Gemeinsame Ziele sind jeweils die Aufstellung als große, wachstums- und
innovationsorientierte Region und die Positionierung im europäischen Kontext und dies in
enger Zusammenarbeit mit der Wirtschaft, der Wissenschaft, Kommunen, den Ländern, dem
Bund und letztlich auch der EU." (BBSR und IKM 2010, S. 6).

Instituts an. Weite Teile der Straßen wurden als verkehrsberuhigte Zone ausgewiesen, um auf diese Weise einer offenen, an Begegnung orientierten Wohnatmosphäre Raum zu geben.

Ab 1998 wurden die Wohnungen – Anlagen von Bauträgern, Häuser von Privatpersonen, Eigentumswohnungen, Mietwohnungen z. T. auch als sozialer Wohnungsbau etc. – bezogen. Schon bald hatte Engelsberg den Ruf, „ganz anders als andere neue Stadtteile" zu sein. Dieses Quartier wurde weit über die Grenzen der Stadt hinaus bekannt. Es erhielt mit der beginnenden Ansiedlung eine sozialräumlich ausgerichtete Begegnungsstelle, die nun insbesondere Angebote für lokale Initiativen, intergenerationelle Projekte und soziale Aktivitäten aller Art machte, diese evaluierte und so kontinuierliche Abgleiche zwischen Bedarfen und Bestand an Einrichtungen und vorgehaltenen Diensten der Sozialen Arbeit leistete.

Eine BewohnerInnenbefragung zeigte 2012, dass sich viele zwar eine soziale Durchmischung ihres Stadtteiles wünschten, jedoch mehr Moderation und auch Rückzugsgebiete für Interessen der eigenen Community ins Gespräch brachten. Genannt wurde von einigen z. B. der Wunsch nach einem eigenen Gymnasium im Stadtteil, da die im Nachbarstadtteil angesiedelte und seinerzeit für die BewohnerInnen stark propagierte Gesamtschule für diese kein überzeugendes Konzept mehr darstelle. Andere wiederum monierten, dass die Preise in den Bioläden rund um den zentralen Platz unerschwinglich seien und wünschten sich einen Ausbau des Discounters am Rand der Siedlung. Mehrfach artikuliert wurde auch die Auffassung, dass das Programm „Bunte Vielfalt der Kulturen in Engelsberg" vorangetrieben werden solle, es aber zugleich in Richtung Kulturfeste u.ä. weiterentwickelt werden müsse. Die unterschiedlichen Gewohnheiten, beispielsweise Tagesstrukturen, das Leben auf öffentlichen Plätzen und den Kontakt in offenen Gartenanlagen der Mietshäuser zu gestalten, dürfe nicht dem Belieben unterschiedlichster Minderheiten überlassen bleiben, so die mitunter vertretene Meinung einiger BewohnerInnen.

1.2 Daten zur Sozialstruktur

Die Situation in Engelsberg gestaltet sich derzeit (Stand 31.12.2013) folgendermaßen:

- Bevölkerungsentwicklung 2005–2011: 5,2 % (Stadt: 1,3 %; landesweit: 0,2 %)
- Durchschnittsalter: 37,1 Jahre (Stadt: 43,2; landesweit: 42,7)
- Anteil der unter 18jährigen: 22,1 % (Stadt: 19,3 %; landesweit: 16,4 %)
- Anteil der 65–79jährigen: 7,3 % (Stadt: 14,1 %; landesweit: 15,2 %)

- Anteil der über 80jährigen: 2,5 % (Stadt: 7,3 %; landesweit: 5,2 %)
- Anteil Haushalte mit Kindern: 39,9 % (Stadt: 28,4 %; landesweit: 30,5 %)
- Anteil an Arbeitslosen: 5,7 % (Stadt: 8,6 %; landesweit: 7,3 %)
- Anteil an Langzeitarbeitslosen: 4,9 % (Stadt: 5,3 %; landesweit: 3,2 %)
- Armut: Kinder 7,5 % (Stadt: 9,3 %; landesweit 7,2 %), Jugend 7,7 % (Stadt: 9,9 %; landesweit 5,1 %), Alter 2,5 % (Stadt: 6,3 %; landesweit 3,9 %)
- Anteil der Ausländer: 8,4 % (Stadt: 14,2 %; landesweit: 9,2 %)
- Beschäftigte:
  1.Sektor: 0 % (Stadt: 0,1 %; landesweit: 0,3 %)
  2.Sektor: 23,1 % (Stadt: 21,3 %; landesweit: 34,1 %)
  3.Sektor: 76,9 % (Stadt: 82,6 %; landesweit: 65,6 %)
- Entwicklung der Arbeitsplätze 2006–2010: 6,1 % (Stadt: 3,3 %; landesweit: 4,6 %)
- Steuereinnahmen pro EinwohnerIn und Jahr: 1071,78 € (Stadt: 1134,59 €; landesweit: 1066,55 €)

Operative Sozialplanung

2

> Die praktische Sozialplanung hat die Aufgabe, fachliche Konzepte, politische Richtungsvorgaben sowie Ressourcen-gemäße Steuerungszusammenhänge zu entwickeln und zu verwirklichen. Zu diesem Zweck ist sie je nach Handlungsfeld auf sehr unterschiedliche Verfahren und Instrumente angewiesen. Um die einzelnen methodischen Zugänge operativer Sozialplanung angemessen entfalten zu können, sollen daher zunächst die Bedeutung von Planung für die Praxis Sozialer Arbeit generell dargestellt und im anschließenden Teil dieses Buches die einzelnen Handlungsfelder entfaltet werden.

2.1 Planung als Methode Sozialer Arbeit

Professionelles Handeln ist gekennzeichnet von einer gemeinsamen Wissens- und Methodenbasis innerhalb der jeweiligen Profession. Insofern kommt es darauf an, auch für die Soziale Arbeit allgemein, mehr aber noch für die Sozialplanung und die in ihr geltenden sozialarbeiterischen Gesichtspunkte im Speziellen zu beschreiben, in welcher Form Methoden zum Einsatz kommen (Methodologie). Darüber hinaus muss geklärt werden, welche dieser Methoden besonders geeignet sind sowie auf welche Weise sie zum Einsatz kommen sollen (Methodik), um den speziellen Herausforderungen und Ansprüchen insbesondere in der kommunalen Sozialplanung genügen zu können.

© Springer Fachmedien Wiesbaden 2015
A. Böhmer, *Verfahren und Handlungsfelder der Sozialplanung,*
Basiswissen Soziale Arbeit 2, DOI 10.1007/978-3-658-03320-0_2

2.1.1 Soziale Arbeit im Planungskreislauf von Kommunen

Sozialplanung ist eine zutiefst politisch geprägte Aufgabe in Kommunen. Allerdings hat diese Aufgabe keine grundlegende rechtliche Legitimation, sondern fungiert als freiwillige Tätigkeit kommunaler Sozialpolitik (vgl. Schubert 2013, S. 9; für Details der Realisierung am Beispiel Nordrhein-Westfalens vgl. Schubert 2014). Dies hat zur Konsequenz, dass noch vor aller *konkreten* Planungstätigkeit die *normativen* Grundlagen der Kommunalpolitik bestimmt werden müssen. Diesem Zweck dient die so genannte „*Vorfeldarbeit*" (siehe Abb. 2.1), die – zumeist im Rahmen der Entwicklung eines kommunalen Leitbildes – dafür Sorge trägt, dass die kommunale Vision und deren Umsetzungsstrategie auf eine breitere Basis innerhalb der beteiligten Bevölkerung und auf politisch verantwortete Positionen zurückgreifen können.

In einem sodann zu konkretisierenden Planungszusammenhang wird, abgeleitet von der kommunalen Leitbild-Perspektive, zunächst die *Definition des Planungsziels* erfolgen. Dabei sind die dazu notwendigen Schritte, nämlich die politische Beauftragung, die daraus sich ergebende Entwicklung eines Planungskonzeptes

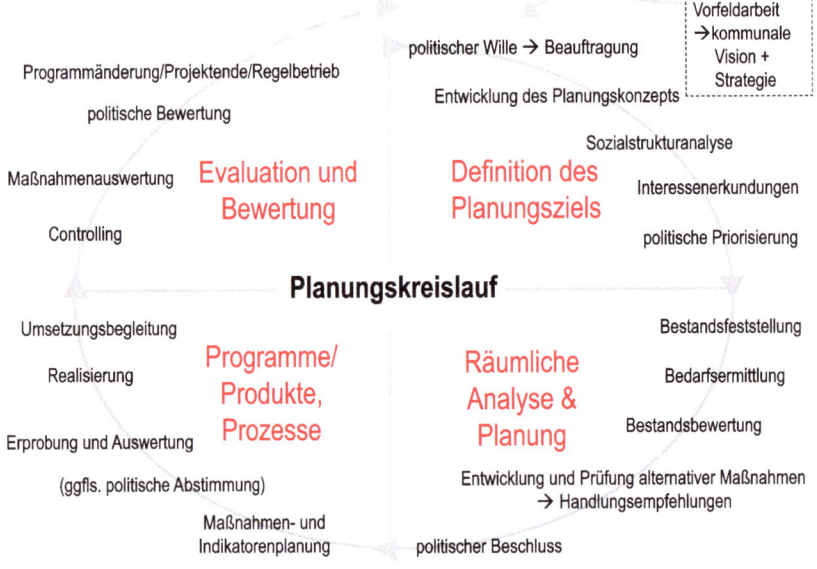

Abb. 2.1 Detaillierter Planungskreislauf. (Quelle: Eigene Darstellung © A. Böhmer)

sowie möglicherweise eine Sozialstrukturanalyse mit anschließenden Interessenerkundungen und politisch zu realisierenden Priorisierungen abzuleiten.

Zur Erarbeitung einer *räumlichen Analyse* und der *Maßnahmenplanung* empfehlen sich, auch aufgrund der rechtlichen Vorgaben (vgl. zumindest für den Bereich der Jugendhilfeplanung § 80 SGB VIII), zunächst eine Bestandsfeststellung mit Bedarfsermittlung und Bestandsbewertung vorzunehmen. Auf diese Weise über das konkrete Planungsfeld und die Bedarfe der KlientInnen informiert, ist es umso leichter möglich, die Entwicklung und Prüfung alternativer Maßnahmen anzugehen. Aus diesen Ergebnissen können schlussendlich Handlungsempfehlungen für die kommunalpolitisch Verantwortlichen abgeleitet werden. Damit lässt sich der politische Beschluss, etwa im Jugendhilfeausschuss fachlich qualifiziert vorbereiten.

Um auf dieser Grundlage *Programme/Produkte und Prozesse* verwirklichen zu können, sollten zunächst die konkreten Maßnahmen und damit einhergehend die jeweiligen Indikatoren entwickelt werden. Mitunter ist es angezeigt, gerade die detailliert konzipierten Indikatoren nochmals eigens politisch abzustimmen, um auf diese Weise sicherzustellen, dass die AuftraggeberInnen (nämlich die kommunalpolitisch Verantwortlichen) nicht nur der geplanten Maßnahme zustimmen, sondern auch deren konkreter Evaluationsgrundlage. Daran kann sich, gerade bei kleineren Projekten, eine Erprobung von Teilbereichen und deren Auswertung anschließen. Sind auf diese Weise hinreichend angemessene Kriterien und Praxiserfahrungen zusammengetragen worden, so steht der Realisierung der geplanten Maßnahme nichts mehr im Weg. In dieser Phase kommt der Sozialplanung lediglich die Umsetzungsbegleitung zu, die konkrete Realisierung des Projektes liegt bei den Trägern der Sozialen Arbeit.

Wurden die Maßnahmen realisiert, so stehen in einem letzten Schritt *Evaluation und Bewertung* an. Dazu sind zunächst die durch das Controlling zu ermittelnden und auszuwertenden Kennzahlen heranzuziehen. Sodann bedarf es einer Maßnahmenauswertung, um auf diese Weise die ermittelten Daten fachlich einordnen sowie die konkreten Erkenntnisse des Gesamtprojektes unter professioneller Hinsicht bestimmen zu können. Sodann wird eine politische Bewertung vorgenommen, die insbesondere nach den mit dem konkretisierten Projekt verbundenen Ziel und dessen Erreichungsgraden fragt. Auf dieser Grundlage kann nunmehr darüber entschieden werden, ob eine Programmänderung eingeleitet werden muss (etwa, weil zu viele Abweichungen von den Zielvorgaben festgestellt werden), ob (beispielsweise aufgrund der großen festgestellten Mängel) das Projekt beendet werden oder aber, ob es in den Regelbetrieb überführt werden und der Planungskreislauf auf einer qualitativ höheren Ebene weitergeführt werden kann.

2.1.2 Soziale Arbeit im Planungskreislauf freier Träger

Auch für die Dienste und Einrichtungen freier Träger und deren koordinierte Steuerung hat Sozialplanung ein besonderes Gewicht. Hier nämlich kommt es einerseits
darauf an, angesichts der trägerspezifischen Normen und Werte (Weltanschauung,
politische Orientierung etc.) angemessene Umsetzungs-, Teilhabe-, Kommunika-
tions- und Bewertungsregeln zu entwickeln, um auch in den sich permanent wandelnden Arbeitsfeldern fachlich wie trägerpolitisch angemessen agieren zu können.
Dies bedeutet, dass die fachlichen Ansprüche unter der Hinsicht von Ökonomisie-
rungstendenzen, Wirkungsorientierung, Inklusion und etlichen weiteren jüngeren
Ansprüchen an die fachliche Arbeit strukturiert, organisiert, geplant und bewertet
werden müssen. So ist es beispielsweise für einen Träger der offenen Jugendarbeit
von einiger Bedeutung, die Ausschreibungen der Kommune für offene Angebote
in Engelsberg, aber auch für Hausaufgabenhilfe oder weitere Dienstleistungen so
„bedienen" zu können, dass er tatsächlich den Auftrag erhält. Unter dieser Hinsicht sind nicht allein ökonomische Konzepte von Bedeutung, um einen ebenso
Markt-fähigen wie die Existenz des Trägers sichernden Preis ermitteln zu können
(zu den Details von Leistungsverträgen in der Sozialwirtschaft vgl. Brinkmann
2010, S. 158 ff.). Genauso ist es von Bedeutung, den *fachlichen* Ansprüchen sowie
den eigenen weltanschaulichen und politischen Normen in hinreichendem Ausmaß
entsprechen zu können. Um dies auch langfristig absichern zu können, bedarf es
trägerpolitisch einiger strategischer Überlegungen und konzeptioneller Umsetzungen, um sich innerhalb der Inszenierung von Wettbewerb auf den Quasi-Märkten
wohlfahrtsstaatlicher Ordnungen (vgl. Dahme und Wohlfahrt 2006) und der auf
diese Weise geschaffenen Konkurrenzsituation hinsichtlich anderer Träger Sozialer Arbeit unter Marketing- und Absatzkriterien entsprechend bewegen zu können.
Dies gilt etwa für den Jugendhilfebereich (SGB VIII) oder auch die Eingliederung
in Arbeit (SGB II). Unter dieser Hinsicht kommt also Sozialplanung die besondere
Aufgabe zu, fachliche, ökonomische sowie strategisch-politische Aspekte in einer
verbindenden Konzeption von Planung zur Geltung kommen zu lassen.

  Des Weiteren ist die Sozialplanung freier Träger von der besonderen Herausforderung der Transformation des Sozialen (vgl. Lessenich 2013; Böhmer 2014a,
c, d) und mit den diesen Prozessen inhärenten Ansprüchen und Veränderungen
bezüglich der Trägerlandschaft und der Handlungsmöglichkeiten wie -notwendig-
keiten konfrontiert. Denn die bereits beschriebene Wettbewerbs-Szenerie auf den
Märkten für soziale Dienstleistungen ist nur eine Seite des in breitem Umfang in
Veränderung befindlichen Sozialstaatsarrangements in westlichen Gesellschaften.
Neben dieser neueren Form der „Ökonomisierung" bezüglich der Produkte der

Träger sozialer Dienste und Einrichtungen werden auch personale, gruppenbezo-
gene sowie sozialräumliche Akteure in anderer Weise als in den Zeiten des Aus-
baus wohlfahrtsstaatlicher Angebote gesehen, adressiert und behandelt. Hierbei
scheint die Grundoption der sog. „Aktivbürger" (Lessenich) zu sein, der sich aktiv
nicht nur für sein eigenes Wohlergehen und berufliches Fortkommen engagiert,
sondern zugleich seine sozialen Netzwerke und größeren sozialräumlichen Bezüge
in eigener Regie und in Konformität zu ökonomischen Vorstellungen des nutz-
bringenden Zusammenlebens zu gestalten versteht. Ein solches Individuum, das
geprägt ist von der individuellen Ausgestaltung erwerbsarbeitsgesellschaftlicher
Postulate wie Fleiß, Eigenverantwortung, strategische Bewirtschaftung der eigenen Biografie u. ä. m. (vgl. Böhmer 2013a, b), wird damit auch zum Adressaten
gewandelter sozialer Dienstleistungen. Diese nämlich sollten unter der hier grob
umrissenen transformierten Perspektive auf Soziales und dessen Produktionen effizient, wirkungsorientiert und möglichst kurzzeitig angelegt sein, um lediglich
vorübergehenden individuellen Hemmnissen hinsichtlich der Teilhabe an der Erwerbsarbeit Abhilfe schaffen zu können. Längerfristige und auf interpersonelle
Vertrauensverhältnisse fußende Bezüge, die eventuell nicht allein akute Störungen,
sondern auch biografische Muster, sozialräumliche Netzwerke oder gar politische
Prozesse mitberücksichtigen würden, erscheinen unter dieser Hinsicht mindestens
als Fremdkörper und reichlich antiquiert.

Ob sich sozialplanerische Prozesse tatsächlich einem solchen Diktat unterwer-
fen oder aber die bereits mehrfach angesprochenen Fachlichkeit zum Anlass nehmen, diese Vorgaben – möglichst gemeinsam mit der NutzerInnen – kritisch zu
reflektieren, darf als unternehmerischer Entscheidungs- und Handlungsspielraum
verstanden werden. Tatsache aber ist auch, dass Sozialplanung der freien Träger
auf sozialmarktliche Strukturen trifft und von deren Verwertungs- und Ertragslogi-
ken immer dann abhängig ist, wenn es um die eigene wirtschaftliche Existenz der
Träger samt ihren Diensten und Einrichtungen geht. Somit ist das Aufgabenspek-
trum der Sozialplanung unter dieser Hinsicht von eminenter unternehmensstrate-
gischer Bedeutung, da nicht allein operative Gesichtspunkte für die Umsetzung
berücksichtigt und demzufolge in den Planungsprozess einbezogen werden müssen, sondern mindestens ebenso sehr strategische und normative Aspekte der freien
Träger ihre Auswirkungen zeigen müssen. Insofern ist die planerische Kompetenz,
die sich in den Trägerstrukturen hinsichtlich Qualifikation des Personals, aber
mehr noch bezüglich der Stellendefinition von SozialplanerInnen niederschlägt,
von großer Bedeutung.

2.2 Indikatoren in der Sozialplanung

Bereits aus den bislang formulierten Zusammenhängen und den mit ihnen einhergehenden Maßstäben sollte deutlich geworden sein, dass Sozialplanung sowohl in kommunaler als auch in der Verantwortung freier Träger ein hochkomplexes Tätigkeitsfeld ist, dass zu seiner Umsetzung und der dabei notwendige Zielerreichung auf vielfältige Verfahren, aber genauso sehr auch auf vielfältige Hinweise für Gelingen oder Misslingen angewiesen ist.

Solche Hinweise dienen insbesondere der Einschätzung des Ist-Standes, sie sind in der Lage, die methodisch durchgeführten Einflussnahmen auf laufende Prozesse abzubilden, und sie dienen dem Zweck, Evaluation differenziert und mit Blick auf die zuvor definierten Zielkorridore angemessen durchführen zu können. Um diesen Aufgaben genügen zu können, sind Maßgrößen notwendig, die erkennen lassen, inwiefern die unterschiedlichen Gesichtspunkte, ihre Wechselwirkung und ihre schlussendlich gemeinsame Darstellung eines Planungsergebnisses erreicht werden konnten. Somit bieten solche Anzeiger die Chance, ein bestimmtes Planungsfeld zu *operationalisieren*, indem mehrere bedeutende Zieldimensionen in Mess- und Erhebungsformate überführt werden. Die Messgrößen können etwa im Hinblick auf die Ausprägung der Sozialraum-Orientierung *Zahlen* über die durchschnittlichen Netzwerkkontakte je Erhebungsperiode sein, aber auch *qualitative Beschreibungen* über die Intensität, die Verlässlichkeit oder die thematische Vielfältigkeit sozialräumlicher Kontakte (für eine grundlegende Einschätzung von Kennzahlen vgl. Halfar et al. 2014, S. 36 ff.; für weiterreichende und detailliertere Darstellungen von Kennzahlen vgl. Halfar et al. 2014, S. 205 ff.). Indem also Operationen für die Messung der fraglichen Zusammenhänge möglich werden, können damit fundierte Auskünfte über die aktuelle Sachlage gewonnen werden.

Mehr noch: Wie bereits das Beispiel der Sozialraum-Orientierung belegt hat, lässt sich ein Planungsfeld *differenziert* und reflektiert durch Indikatoren darstellen, indem die verschiedenen planerischen und dabei fachlichen Dimensionen in Erhebungsoperationen „umgemünzt" werden. Zudem wird auf diese Weise die *Darstellung* der Situation, eventuell bereits im Vergleich zu früheren Zeitpunkten, möglich und erlaubt so die Einschätzung von Verläufen (vgl. insgesamt Döbert 2007, S. 9). Um also ein Planungsfeld wie etwa die Altenhilfe in Engelsberg mehrdimensional in den Blick nehmen und mögliche Aussagen im Planungsfortgang formulieren zu können, sind Indikatoren häufig ein probates Mittel, um Komplexität erfassen und zugleich Übersichtlichkeit realisieren zu können. Generell gilt: „Unter Indikatoren werden […] Messgrößen (,Anzeiger') verstanden, die als Stellvertretergrößen für komplexe, in der Regel mehrdimensionale Gefüge einen möglichst einfachen und verständlichen Statusbericht über die Qualität eines Zustandes liefern, etwa wichtige Aspekte des Zustandes eines zu betrachtenden Gesamt- oder auch Teilsystems." (Döbert 2007, S. 9 f.) Dies kann der Statusbericht über die schon erwähnte Sozialraum-Orientierung eines Trägers Sozialer Arbeit in Engelsberg sein, der mithilfe der Indikatoren Aussagen darüber gewinnen möchte, inwiefern er Fortschritte bei der Neueinführung dieses fachlichen Ansatzes erzielt. Doch auch die Kommune kann solche Anzeiger nutzen, um in Erfahrung zu bringen, in welchem Ausmaß die mit einem Träger vereinbarte Umsetzung eines Versorgungskonzeptes tatsächlich in der definierten qualitativen Ausprägung realisiert werden konnte.

Bei diesen Hinweisen zur Konkretisierung wurde deutlich, dass Indikatoren in der Sozialplanung stets gekoppelt sind mit fachlichen Definitionen (Sozialraum-Orientierung) und mit normativen Vorgaben (definierte qualitative Ausprägung eines Konzeptes). Auf beide Zieldimensionen der Anzeiger ist bei deren Definition, Erhebung und Ermittlung jeweils zu achten, um sie trennscharf voneinander abheben zu können und zugleich die Bedeutung normative Entscheidungen auch im planerischen und evaluativen Zusammenhang transparent machen zu können. Zudem müssen Indikatoren zeitnah weiter ermittelt werden, da sie sich in (kleinen) Sozialräumen mitunter gravierend von gesellschaftlichen Makrotrends unterscheiden können (vgl. Bürger und Schone 2006, S. 88). So kann etwa der Anteil von Menschen unter 18 Jahren oder der Hochaltrigen in Engelsberg deutlich von jenen Daten abweichen, die für die Gesamtstadt, das Bundesland oder andere Planungsräume gelten können.

Allerdings sind nicht allein Kennzahlen vonnöten, um mithilfe von quantifizierten Aussagen Einschätzungen des Planungsprozesses und seiner Ergebnisse vornehmen zu können, sondern für verschiedene Dimensionen der Erbringung sozialer Dienstleistungen kann es im selben Maße plausibel sein, qualitative Beschreibungen für Ausgangs-, Prozess- und Ertragssituation vorlegen zu können. So kann es in Engelsberg hilfreich sein, zum einen die periodisch neu gewonnenen NutzerInnen eines Angebotes für so genannte „Sprachtandems", also das paarweise Erlernen der deutschen und einer weiteren Sprache, beziffern zu können. Zugleich werden aber auch qualitative Aussagen derjenigen, die dieses Angebot tatsächlich nutzen, sowie jener, die sich zu einer Teilnahme nicht durchringen können, wichtige Anhaltspunkte dafür liefern können, ob und inwiefern das Angebot fortgeführt oder weiterentwickelt werden sollte.

Unter dieser Hinsicht werden im nächsten Abschnitt beide Kategorien für solche Indikatoren dargestellt, hinsichtlich der möglichen Ausgestaltung und Nutzung präsentiert sowie mit Blick auf ihre Wechselwirkung diskutiert.

2.2.1 Quantitative Indikatoren

Wie bereits erwähnt, dienen die quantitativen, also auf die Darstellung mengenmä-
ßiger Zusammenhänge angelegten Kennzahlen dazu, für den jeweiligen Planungsraum Größenverhältnisse zu ermitteln, deren Entwicklung darzustellen und sie vor
dem Hintergrund der normativen Definitionen mit Blick auf mögliche Planungs-
konsequenzen einzuschätzen. Insofern ist der Qualitätsanspruch an quantitative
Indikatoren durch die Maßstäbe der Transparenz ihrer Ermittlung, der Verlässlichkeit ihrer Messungen (Reliabilität), der Objektivität, der Belastbarkeit der Aussagegehalte (Validität) sowie der Repräsentativität ihrer Ergebnisse für den Planungsraum bestimmt. Damit kommen den Gesichtspunkten einer angemessenen
Definition der jeweiligen Gesamtheit der zu Befragenden, einer im vorgenannten
Sinne angemessenen Stichprobenziehung, weiteren Reflexionen auf die Qualität
des gewonnenen Datenmaterials (Ausschöpfungsrate u. a. m.) und schließlich der
zielführenden Auswertung des Materials besondere Bedeutung zu. Üblicherweise
werden daher Fragebögen eingesetzt, die mithilfe geschlossener Fragen eindeutige
Antworten und daraus sich ergebende Darstellungen von Größenverteilungen ermöglichen.

Das Design solcher Bögen ist insofern hoch anspruchsvoll, als nicht allein die
Gütekriterien quantitativer Sozialforschung erfüllt sein müssen, sondern auch den
fachlichen sowie lokalen Besonderheiten Rechnung getragen werden muss. Deshalb empfiehlt es sich, eine Analyse möglichst vieler den Planungszusammenhang
beeinflussender Faktoren (sog. Bedingungsfeldanalyse) *vorab* durchzuführen,
um die zur Diskussion stehenden Fragestellungen, Besonderheiten des Planungsraumes und anderes mehr zu ermitteln. Zur Durchführung einer Analyse können
entweder teilstandardisierte Erhebungsbögen vergleichbarer Planungen (z. B. im
selben Planungsraum einige Jahre zuvor oder aber in einem anderen Planungsraum
mit vergleichbaren Planungsinteressen) eingesetzt werden. Ebenfalls üblich sind
ExpertInneninterviews, die aufgrund der Streuung der befragten Personen einen
möglichst breiten Blick in das Erhebungsfeld gestatten. Da solche Interviews in
aller Regel einem qualitativen Design entsprechen, werden deren Besonderheiten
im nachfolgenden Abschnitt 2.2.2 eigens thematisiert. Entscheidend für die Gewinnung quantitativer Indikatoren ist jedoch, dass eine solche Analyse von Einflussfaktoren eine möglichst breite Vielfalt ermittelt, um somit die Grundlage zu
haben, ein entsprechend ausdifferenziertes quantitatives Erhebungsinstrument zu
entwickeln.

In der Praxis ergeben sich in der Weiterarbeit mit den ermittelten Zahlen dort
Probleme, wo diese Zahlen mit unterschiedlichen Einheiten versehen sind (Be-
sucherInnen pro Veranstaltung, Menschen pro Quadratkilometer, Nennung einer
bestimmten Einschätzung pro Gesamtgruppe). Es sind verschiedene Umgangswei-

sen im Hinblick auf die Vereinheitlichung dieser unterschiedlichen quantitativen Indikatoren gebräuchlich. Als erstes Beispiel kann die Vergabe von Schulnoten durch die Befragten angeführt werden. In diesem Zusammenhang gibt es keinerlei Umrechnungsprobleme, da alle erfragten Praxisfelder mithilfe von Indikatoren derselben Maßeinheiten abgebildet werden. Daher sieht die Vereinheitlichung der unterschiedlichen Erhebungsbereiche zunächst recht einfach aus. Werden beispielsweise Zufriedenheitswerte für das Wohnen in Engelsberg, den dortigen öffentlichen Personennahverkehr, die Versorgung mit Gütern des täglichen Bedarfs, Gesundheitsdienstleistungen, Bildungsangebote u. v. m. erfragt, so können diese Werte ohne umständliche Umrechnungsformen zusammengeführt werden. Dabei ist jedoch zu beachten, dass die häufig geübte Praxis, für Ordinalskalen einen „Durchschnittswert" errechnen zu wollen, aus statistischen Gründen unzulässig ist, da den einzelnen Schulnoten keine quantitativen Differenzen hinterlegt sind, sondern in ihrer Rangfolge abgestufte Qualitätsurteile. Sehr wohl aber können Medianwerte ermittelt werden, die den Wert ausweisen, welcher die Gesamtmenge an Qualitätsurteilen in zwei gleich große Teile gliedert. Zudem ist nicht zu unterschätzen, dass solche Schulnoten-bezogenen Befragungen der EinwohnerInnen eines Quartiers oder NutzerInnen einer Dienstleistung lediglich deren subjektive Auffassung zu einem bestimmten Zeitpunkt ermitteln können. Derartige Befunde sind sicherlich von einigem Nutzen, um genau diese Perspektive der Betroffenen einzufangen, objektive Daten lassen sich auf diese Weise jedoch nicht ermitteln. Insofern ist zumindest fraglich, ob sich sozialplanerische Prozesse grundsätzlich und in Gänze auf eine solche Datenqualität stützen sollten.

Eine statistisch sehr viel differenziertere Vorgehensweise stellt die Umwandlung der verschiedenen Indikatoren ihrer jeweiligen Verteilungen in eine Normal-Verteilung (beispielsweise z-Werte) dar. Hierbei werden die Mittelwerte $M = 0$ und die Standardabweichung $SD = 1$ definiert. Somit können die Werte verschiedener Indikatoren zusammengeführt werden. Eine weitere Möglichkeit stellt die Ermittlung von Fallzahlen und deren Umrechnung auf die Bevölkerungsdichte dar. Auf diese Weise können beispielsweise die in einem Kalenderjahr erbrachten Hilfen zur Erziehung, die Fallzahlen der verschiedenen Pflegestufen, die Anzahl der Opioidabhängigen in Substitutionsprogrammen o. a. m. pro 1000 EinwohnerInnen dargestellt und mit anderen Planungsräumen abgeglichen werden, in denen dieselben Fallarten erhoben und in derselben Weise umgerechnet werden. Mit einem solchen Verfahren lassen sich ebenfalls unterschiedliche Fallgruppen, nun bezogen auf Planungsräume, vergleichen. Der Nutzen solcher Vergleiche liegt insbesondere darin, Planungsnotwendigkeiten Indikatoren-gestützt erkennen und vor dem Hintergrund der Vergleiche mit anderen Räumen oder Zeiten bewerten zu können. Insofern bieten gerade die hier thematisierten quantitativen Messzahlen wichtige Anhaltspunkte für die Sozialplanung von Kommunen und freien Trägern.

2.2.2 Qualitative Indikatoren

Durch die Ermittlung qualitativer Aussagen hinsichtlich der Planungsräume, der sozialpolitischen Zielsetzungen, der sozialarbeiterischen Aufgabenstellungen und insbesondere der Perspektiven und Wünsche der NutzerInnen selbst lassen sich ebenfalls wichtige Anhaltspunkte für die Fortführung planerische Prozesse gewinnen. Hierbei nämlich sollen zunächst die Qualitäten sozialer Sachverhalte erhoben und sodann durch Interpretation verstanden werden können. Damit sind, anders als in den quantitativen Verfahren, die jeweiligen subjektiven Einschätzungen von maßgeblicher Bedeutung. Zugleich werden über standardisierte Verfahren möglichst intersubjektive Vergleichbarkeit und methodische Verlässlichkeit hergestellt.

Qualitative Indikatoren lassen sich daher ermitteln, indem insbesondere durch Interviews, aber auch durch Medienanalysen oder andere Zugänge Einschätzungen, Bedeutungen und Praktiken untersucht werden. So können etwa durch Leitfadengestützte Interviews mit älteren BewohnerInnen Engelsbergs deren Wahrnehmungen ihres Umfeldes, ihre diesbezüglichen Einschätzungen (Wünsche, Hoffnungen, Ängste etc.) erfragt und in die jeweils individuellen Bedeutungszusammenhänge der Interviewten eingeordnet werden.

Weitere qualitative Anzeiger sozialer Sachverhalte können durch verschiedene Formen der teilnehmenden Beobachtung gewonnen werden. Hierzu zählen beispielsweise Stadtteilspaziergänge, die entweder durch die ermittelnden Personen allein oder aber in Begleitung von ausgesuchten Menschen aus dem Planungsraum erfolgen können. Die erstgenannte Variante bietet die Chance, unvoreingenommen und nahezu „neutral" Territorien, Akteure und Prozesse zu Gesicht zu bekommen. Die geführte Variante hingegen bietet mehr Möglichkeiten, aus Perspektive der NutzerInnen oder anderer relevanter Akteure wichtige Orte kennen lernen und Zusatzinformationen gewinnen zu können.

Auch im qualitativen Modus der Erhebungen kommt der Datensicherung und Aufbereitung für planerische Zwecke eine besondere Bedeutung zu. Da es nötig ist, auch diese Erkenntnisse intersubjektiv zugänglich zu machen (etwa für die anderen SozialplanerInnen oder auch für die Gremien des Kommunalparlamentes), müssen sie in gut nachvollziehbarer Weise dokumentiert werden. Dazu eignen sich etwa Fotoprotokolle, also Dokumentationen, welche die Erhebungen durch Wort und Bild darzustellen verstehen, oder Wiedergaben, die „O-Töne" der Menschen zum Ausdruck bringen. Solche Darstellungen können zumeist sehr viel eher erkennen lassen, welche Themen und welche damit verbundenen Blickwinkel die NutzerInnen im Planungsraum beschäftigen, als dies allein durch die Darstellung der untersuchenden ExpertIn möglich wäre.

Dabei sind in aller Regel (schon allein wegen der oft geringeren Anzahl der Befragten) keine repräsentativen Ergebnisse zu erwarten. Der planerische Nutzen qualitative Erhebungen ist vielmehr darin zu sehen, dass bislang unbekannte Sichtweisen zur Sprache kommen, Alltagswissen mit seinen eigenen Regularien und Plausibilitäten erhoben werden und für das jeweilige Feld besonders angemessene Konsequenzen formuliert werden können. Gerade diese Feldkenntnis der Interviewten kann insofern wertvolle Dienste leisten, weil damit die für den jeweiligen Planungsraum sinnvoll erscheinenden Lösungsmöglichkeiten ermittelt und diskutiert werden können. Daher sind gerade qualitative Anzeiger wertvolle Hilfen, wenn es darum geht, neue oder aber in ihren Wechselwirkungen bislang nicht sichtbar gewordene Bedeutungen sozialer Sachverhalte im Planungsraum zu erheben.

Die qualitativ ausgerichtete Befragung z. B. einiger psychisch Kranker in Engelsberg kann ergeben, inwieweit bestimmte Versorgungsstrukturen (Tagesstätte, psychosoziale Beratungsstelle o. a.) als den persönlichen Bedürfnissen angemessen oder eben nicht angemessen eingeschätzt werden. Könnte man eine solche Zufriedenheitsabfrage sehr wohl auch noch quantitativ (etwa mit NutzerInnnenraten, s. o.) realisieren, so bietet das qualitative Erhebungsdesign die Chance, zugleich auch die jeweiligen den Fachleuten noch unbekannten Perspektiven für eine Optimierung oder Weiterentwicklung der bestehenden Angebote zu erfragen. Damit muss nicht zwingend verbunden sein, dass alle diese Bedürfnisse und Wünsche im Sinne eines „Wunschkonzerts" erfüllt werden. Sehr wohl aber geben diese Aussagen Hinweise darauf, wie die bestehende Infrastruktur erlebt wird und welche Tendenzen eine Veränderung feststellbar sind.

Werden nun quantitative und qualitative Indikatoren in ihrer Bedeutung für die Sozialplanung abgeglichen, so lässt sich – nicht zuletzt vor dem Hintergrund der zuvor entfalteten Beispiele aus Engelsberg – sagen, dass ein Entweder-Oder, also der Einsatz entweder quantitativer oder qualitativer Indikatoren, kaum sinnvoll scheint. Beide Blickwinkel auf dasselbe Planungsfeld ergänzen einander viel mehr und machen so deutlich, dass statistische Aussagen über den Ist-Stand oder aber rechnerische Fortführungen der bisherigen Verläufe bedeutende Anhaltspunkte dafür geben, wie die mengenmäßigen Entwicklungen einzuschätzen sind. Die qualitativen Indikatoren wiederum heben andere Aspekte ins Gesichtsfeld. Hier nämlich werden subjektive Einschätzungen, individuelle Wünsche, aber auch eventuell unkonventionelle Lösungsmöglichkeiten zur Sprache gebracht. Insofern kann ein Nutzen quantitativer Indikatoren die verlässliche Iststands-Abbildung sein, die qualitativen Indikatoren ihrerseits bieten Möglichkeiten, die Tiefendimensionen sozialer Zusammenhänge oder aber auch neue Dimensionen bekannter sozialer Ordnungen zu erheben.

Damit wird deutlich, dass der perspektivische Blick auf die soziale Praxis allgemein und auf die Herausforderungen für die Sozialplanung im Besonderen einer großen Zahl von verschiedenen Blickrichtungen und diese unterstützender Instrumente und Verfahren bedarf, um einige mögliche und dabei stets möglichst angemessene Antworten der Sozialplanung auf die Entwicklungen der Gesellschaft und in den Kommunen formulieren zu können. Indikatoren fungieren dabei als Anzeiger, die deutlich machen, was ist, was sein kann und auch, was eventuell möglich werden könnte. Daher tun SozialplanerInnen gut daran, eine möglichst große Bandbreite von Indikatoren und Indikatoren-bezogenen Verfahren zu nutzen, um ihre Planungsräume in angemessener Form erheben und bearbeiten zu können.

2.3   Verfahren der Sozialplanung

Die praktische Umsetzung der Sozialplanung ist nicht allein auf die methodologische Verortung innerhalb der Handlungsfelder kommunaler Planung und Sozialer Arbeit verwiesen, um dort, gestützt auf Indikatoren, den Prozess eines Planungskreislaufes für Gemeinden oder aber freie Träger zu verwirklichen. Sehr viel mehr nämlich kommt es darauf an, mögliche Verfahren für dieses operative Planungsgeschehen zu kennen, ihre Möglichkeiten und Grenzen zu reflektieren sowie unter Verwendung von verschiedenen Verfahren angemessene Planungsergebnisse zu erzielen.

Somit ist es zunächst einmal von Bedeutung, den Begriff des Verfahrens an dieser Stelle näher zu erläutern, so dass im Folgenden damit umso verlässlicher gearbeitet werden kann. Für die Sozialplanung sollen deshalb jene Instrumente als Verfahren dargelegt werden, die zunächst dem Zweck des *geregelten Ablaufes* dienen. Insofern sind die Verfahren der Sozialplanung dadurch bestimmt, dass sie zuvor definierten Regeln, für gewöhnlich denjenigen eines Mess- oder Steuerungskonzeptes, möglichst detailgetreu folgen. Demzufolge sind die Auswahlkriterien für ein Verfahren, seine schrittweise Umsetzung sowie die differenzierte Darstellung seiner Ergebnisse und deren Interpretation Gütekriterien für die Regeltreue der Verfahrensanwendung. Gewonnen werden kann durch eine derartige Regelkonformität, dass verschiedene Planungsaufgaben (etwa in verschiedenen Räumen oder aber zu verschiedenen Zeiten) mit denselben Verfahren und deren vergleichbarer Umsetzung angegangen werden. Somit lassen sich die Ergebnisse eher vergleichen, aber auch ein routinierterer Umgang mit den Planungsaufgaben wird unter Maßgabe solcher Regeln ermöglicht.

Fokus eines solchen Vorgehens ist ferner die allgemeine *Planbarkeit* der Aufgaben. Die Verfahren dienen also dazu, dem Grundanliegen der Sozialplanung dadurch Rechnung zu tragen, dass sie durch ihre fallübergreifend vergleichbare Umsetzbarkeit überhaupt erst planvolle Schritte möglich machen. Denn nur, wenn die Vorgehensweisen in einer standardisierten Form konzipiert werden, lassen sie sich auch als Ganze antizipieren und von dort her planen.

Planung in demokratischen Gesellschaftsformen muss sowohl für die MandatsträgerInnen als auch erst recht für die BürgerInnen transparent und nachvollziehbar realisiert werden. Insofern kommt es nicht allein darauf an, mit abgesicherten, weil regelgeleiteten und planbaren Verfahren Ergebnisse vorlegen zu können, die dann in ihrer Unterschiedlichkeit offen gelegt werden und somit die konkrete Planungsstruktur erkennen lassen können. Vielmehr geht es bereits zuvor darum, schon die methodischen Schritte darstellen zu können, um auf diese Weise die einzelnen Phasen bis hin zum Ergebnis der Planungsprozesse nachvollziehbar, und d. h. in demokratischen Prozessen immer auch: kritisierbar, zu entwickeln. Darüber hinaus ist von Bedeutung, dass nicht allein die *Methodik*, sondern eben auch die *Methodologie* (also die Reflexionsebene hinsichtlich der eingesetzten Methoden und ihrer Rahmenbedingungen) für die Sozialplanung zum Thema wird. Methodologische Fragen haben besonders dort ihre Bedeutung, wo es um die Normen und Wertvorstellungen geht, die mit bestimmten Methoden transportiert werden können. So sind Planungsmethodiken gerade dann mit einiger Vorsicht zu genießen, wenn sie aufgrund von als objektiv verstandenen Daten (etwa Messergebnisse und deren statistische Analysen) unmittelbar zu Handlungsempfehlungen fortschreiten wollen. Ein solcher Automatismus nämlich hieße, die Selbstbestimmung der NutzerInnen ebenso wie die politische Entscheidungshoheit der MandatsträgerInnen, aber eben auch die fachlichen Kompetenzen der PlanerInnen nicht angemessen zu bewerten. Denn erst deren – jeweils sicherlich sehr unterschiedlich ansetzenden – Einschätzungen, Kritikpunkte und Lösungsvorschläge lassen es möglich werden, in einer pluralen und offenen Gesellschaft ebensolche pluralen und offenen Planungsansätze und -verwirklichungen zu ermöglichen.

Dabei ist das jeweilige Ziel der Sozialplanung für den gesamten Einsatz von Verfahren, deren Reflexion sowie deren Fortentwicklung maßgeblich, nämlich die *Bewältigung von Planungsherausforderungen*, die sich in modernen Gesellschaften – und in unserem Beispiel insbesondere in deren kommunalen Räumen – dadurch ergeben, dass die Aufgabe der Daseinsvorsorge in einer sozialpolitisch verantworteten, damit auch öffentlich nachvollziehbaren und dort diskutierbaren, Form zum Ausdruck kommt und realisiert wird. Das Verhältnis von Kommune und freien Trägern verdient in diesem Zusammenhang besondere Aufmerksamkeit, da deren Verhältnis im Sinne der kommunalen Daseinsvorsorge und des Subsidiaritätsprinzips eigens auszuloten ist. Diesbezüglich wurde bereits vor etlichen Jahren, genauer am 18. Juli 1967, geklärt:

Daseinsvorsorge und Subsidiarität
„Die Gemeinden sollen sich bei allen Planungen vorher vergewissern, ob
und inwieweit die freien Verbände die Aufgaben erfüllen können. Die freien
Verbände andererseits könnten nicht mit einer Förderung eines Vorhabens
durch die Gemeinde rechnen, wenn sie, etwa aus reinem Prestigebedürf-
nis, eigene Einrichtungen schaffen würden, die ihrer Art nach den örtlichen
Bedürfnissen nicht genügen können oder die nicht erforderlich sind, weil
geeignete Einrichtungen der Gemeinde in ausreichendem Maße zur Verfügung stehen." (BVerfGE 22, 180 [206])

Mit diesem RichterInnenspruch des Bundesverfassungsgerichtes werden die Daseinsvorsorge der Gemeinden und die Subsidiarität der „freien Verbände" gleichermaßen gewahrt und in ein Verhältnis gesetzt, das sich an „den örtlichen Bedürfnissen" orientieren und dort für „eine *gerechte* Sozialordnung" (Hervorh. A.B.), so
die erste Zeile des Urteilstextes, sorgen muss.

Perspektiven und Reflexionen
In diesem Kapitel haben Sie Hinweise darüber erhalten, wie sich Planung als Methode gerade der Sozialen Arbeit verstehen lässt, in welcher Weise sie daher Indikatoren nutzt und schließlich, in welcher allgemeinen Form sich Verfahrens-be-
zogene Formen der Planung begründen lassen. Insofern sollten Sie die folgenden
Fragen und Aufgaben leicht bearbeiten können:

• Welche Schnittstellen sehen Sie unter methodischer Hinsicht zwischen Sozialplanung und Sozialer Arbeit, wenn Sie an die praktischen Handlungsschritte
  denken?
• Welche Indikatoren halten Sie – aus welchen Gründen – gerade im Planungsraum Engelsberg für besonders aussagekräftig? Welchen normativen Grundlagen sehen Sie sich dabei verpflichtet?
• Mit welchen Indikatoren könnten sie Prozesse von Sozialraum-Orientierung,
  Inklusion von unterschiedlichsten Personengruppen, die Teilhabe von Menschen an der Erwerbsarbeitsgesellschaft oder aber auch die Partizipationsmög-
  lichkeiten von Menschen mit Migrationserfahrungen erheben? Ergibt sich aus
  ihrer Sicht ein Unterschied, ob Sie diese Fragen für Engelsberg oder einen anderen Planungsraum beantworten wollen? Welche Konsequenzen hat Ihre Ant-
  wort auf die Ausarbeitung der konkreten Indikatoren?

- Nach welchen planerischen Qualitätskriterien können Sie die Verfahren der Sozialplanung differenzieren?
- Bitte nennen Sie drei Gesichtspunkte, mit denen Sie methodische Aspekte der Verfahren reflektieren können. Nennen sie sodann auch drei Gesichtspunkte, die Ihnen helfen, methodologische Einschätzungen der jeweiligen Verfahren durchzuführen.

Literatur zur Vertiefung

Rohrmann, A., & Schädler, J. (2013). Inklusive Gemeinwesen planen. Konzeptionelle Grundlagen und erste Ergebnisse eines Forschungsprojektes. *Gemeinsam leben, 1,* 20–31.

Der Aufsatz gibt einige Ergebnisse eines Studienprojektes zur Sozialplanung wieder, das sich mit der Planung von inklusiven kommunalen Konzepten befasste. Dabei kommen der Heterogenität und den politischen Pfadabhängigkeiten von Kommunen ebenso Aufmerksamkeit zu wie dem eher zögerlich anlaufenden Agenda-Setting auf kommunaler Ebene.

Spiegel, H. v. (2013). *Methodisches Handeln in der Sozialen Arbeit. Grundlagen und Arbeitshilfen* (5. Aufl., S. 101–137). München: UTB.

Die Autorin thematisiert methodisches Handeln – hier in der Sozialen Arbeit – und macht dabei deutlich, wie Analyse, Planung und das Agieren mithilfe eines „Werkzeugkoffers" zu einem Gesamtkonzept professionellen Handelns beitragen.

Tabatt-Hirschfeldt, A. (2011). Die Kommune als Koordinator lokaler Arrangements. Von der örtlichen Steuerung gemischter Wohlfahrtsproduktion. *Blätter der Wohlfahrtspflege, 2,* 54–56.

In kompakter Form werden die Bedingungen der kommunalen Daseinsvorsorge unter der Perspektive von Governance als gemischter Wohlfahrtsproduktion mit differenzierten Wirkungsbereichen vorgestellt. Dabei kommen auch die Steuerungsfunktion von Indikatoren und deren gemeinsame Bewertung durch die unterschiedlichen Interessengruppen zur Sprache.

Verein für Sozialplanung. (2012). *Positionspapier ‚Inklusive Sozialplanung'.* Speyer: Eigenverlag.

Aus sozialplanerischer Perspektive werden in diesem Papier u. a. Grundlagen, Messinstrumente und Kompetenzprofile vorgestellt, die inklusive Sozialplanung ausmachen. Ein fundierter, leicht lesbarer und perspektivenreicher Text, der viele Anschlüsse an die bestehenden Fachdebatten eröffnet.

Ausgewählte Verfahren der Sozialplanung

▶ Hier erfahren Sie übersichtsartig, welche einzelnen Verfahren die Sozialplanung prägen können. Zu diesem Zweck werden die verschiedenen Vorgehensmodelle mit ihrer praktischen Umsetzung vorgestellt, ihr Ort im Planungskreislauf erläutert sowie ihre Vor- und ihre Nachteile diskutiert.

Planung muss „gemacht" werden, um aus den analytischen und strategischen Bezügen tatsächlich in die Alltagsprozesse kommunaler Aufgabenbewältigung zu gelangen. Damit diese Umsetzung nicht der Beliebigkeit anheim fällt, sind die Umsetzungsverfahren methodisch definiert und operativ abzusichern. Folglich bedient sich Sozialplanung für gewöhnlich solcher Verfahren, die auch in anderen Zusammenhängen bereits ihre – analytische, strategische oder operative – Tauglichkeit unter Beweis gestellt haben.

Sollen daher in diesem Kapitel die Verfahren der Sozialplanung vorgestellt werden, so zeigt sich rasch, dass hier Methoden empirischer Sozialforschung und solche des strategischen wie des operativen Managements gewerblicher Betriebe zum Einsatz kommen. Aus Platzgründen sollen dabei lediglich die wichtigsten thematisiert werden; weitere ließen sich durch Rezeption von Forschungs- oder Managementinstrumenten sicherlich noch gewinnen.

Dabei sei, nicht nur aufgrund der Orientierung an der Profession Sozialer Arbeit für die Entfaltung der Details im sozialplanerischen Handlungszusammenhang, auf die besondere Bedeutung der Fachlichkeit insbesondere dieser Profession verwiesen. Denn die einzusetzenden Verfahren beinhalten für gewöhnlich bereits

© Springer Fachmedien Wiesbaden 2015
A. Böhmer, *Verfahren und Handlungsfelder der Sozialplanung,*
Basiswissen Soziale Arbeit 2, DOI 10.1007/978-3-658-03320-0_3

normative Vorentscheidungen, die sich etwa im Hinblick auf die grundlegende Steuerungskonzeption, Steuerungsziele, deren Wechselverhältnisse oder auch auf Plausibilitäten hinsichtlich der Erhebung und Bemessung von Wirklichkeiten ergibt. Für die sozialarbeiterisch informierte Sozialplanung folgt daraus die Aufgabe, ihre eigenen strukturellen, strategischen und situativen Maßstäbe zu reflektieren, um auf diese Weise ermessen zu können, inwieweit und auf welche Weise sie sich den Normativen ihrer Verfahren anvertrauen kann und ab welchen Prozessschritten des Planungsgeschehens kritische Distanz zu solchen Ingredienzien zu suchen ist. Eines sei dabei aber betont: Ein schlichtes Entweder-Oder, also entweder ganz den Forschungs- und Management-Methoden Folge zu leisten oder aber sich ihrer gänzlich zu enthalten, ist wohl kaum angemessen. Damit nämlich würden alle jene Momente aus der Hand gegeben, deren Sozialplanung mit ihrem *Analyse-*, *Entwurfs-* und eben auch *Steuerungs*auftrag nachzukommen hat. Vielmehr besteht die Notwendigkeit, die Verfahren der Sozialplanung auf die jeweils (unterschiedlichen) mittransportierten Maßstäbe ebenso wie auf ihre Planungs-relevanten Aussageformen kritisch zu prüfen. So ist nicht allein ein schlichtes „manageriales" (Otto) Denken und Handeln abzulehnen, sondern auch eine Aussagegestalt, die sich mit Hilfe von „mathematischem Voodoo" (Rieck) ganz besonders zu armieren und zu legitimieren versucht.

Daher soll auch im Folgenden besonderer Wert darauf gelegt werden, klare, der Sache der Planung angemessene und handhabbare Aussagen zu gewinnen. Dann nämlich erweisen sich die Verfahren der Sozialplanung als fachlich, politisch und praktisch dienlich.

An welchen Stellen die unterschiedlichen Verfahren zum Einsatz kommen können, zeigt die folgende Grafik (siehe Abb. 3.1). Dabei sei darauf hingewiesen, dass diese Verfahren mitunter auch an anderen Orten des Planungskreislaufes sinnvoll Verwendung finden können. Um indes die Grafik nicht zu überladen, wurde für jedes Verfahren lediglich einer ausgewiesen. Insbesondere die Diskussion der verschiedenen Verfahren wird deutlich machen können, in welcher Form und an welcher Stelle des Planungsprozesses sie ebenfalls sinnvoll genutzt werden können.

Darüber hinaus wird deutlich, dass die dargestellten Verfahren auch ein bestimmtes Planungsverständnis „bedienen", dass von der Rationalität der Analyse ebenso wie der daraus abgeleiteten Planungen geprägt ist. Andere Planungs-Grund-Konzepte, die noch stärker (als dies auch hier geschieht) auf nicht allein rationale, sondern eher interessengeleitete, plurale Zwecke und Logiken verfolgende, in Machtkämpfe eingebundene Planungsprozesse in polyzentrischen Territorien abheben würden, benötigten vermutlich (zusätzlich oder ausschließlich) andere Verfahren. Diese können aber hier aus Gründen des Umfanges wie der Übersichtlichkeit bestenfalls gelegentlich zur Sprache kommen.

Abb. 3.1 Orte der Verfahren. (Quelle: Eigene Darstellung © A. Böhmer)

3.1   Sozialraumanalysen

▶ Die Sozialraumanalyse ist ein ebenso klassisches wie vielgestaltiges Verfahren der Sozialplanung. Denn ohne eine Erhebung derjenigen Daten, die ein möglichst zuverlässiges und differenziertes Bild der sozialplanerisch auszugestaltenden Räume erlauben, ist es schlicht unmöglich, ziel- und zielgruppenbezogen zu planen. Darüber hinaus aber kommt es darauf an, die Bedeutung von Räumen für soziale und für planerische Prozesse auseinander zu halten, um nicht vorschnell Planungsabsichten und soziale Wirklichkeiten gleichzusetzen. Zudem müssen die verschiedenen sozialen Dimensionen mit ebenso verschiedenen Verfahren, beispielsweise quantitativen und qualitativen, untersucht und dargestellt werden. Im folgenden Abschnitt erfahren Sie mehr über diese Ansprüche an das Verfahren der Sozialraumanalyse und die Konmsequenzen, die sich daraus für die Planungspraxis ergeben.

Wenn die Planungstheorie von „Sozialräumen" spricht, teilt sie üblicherweise nicht die fachliche Semantik der Sozialen Arbeit. Letztere nämlich verwendet den Begriff der Sozialräume, wenn sie die Produktion sozialer Ordnungen in territorialen Aneignungszusammenhängen beschreibt. Sie thematisiert damit „Raumkonstitutions- bzw. Raum(an)ordnungsprozesse" (Reutlinger 2011, S. 15; vgl. auch Böhmer 2014d), die mit sozialen Interaktionen einhergehen und zugleich auf „entgegenkommende Verhältnisse" (Witte 2010, S. 150) angewiesen sind, um auf diese Weise *„eine relationale (An)Ordnung sozialer Güter und Menschen (Lebewesen) an Orten"* (Löw 2012, S. 224) im strukturierenden wie appellativen Sinne möglich werden zu lassen.

Wenn jedoch im Rahmen der Sozialplanung von „Sozialräumen" die Rede ist, werden damit für gewöhnlich Planungsräume zum Thema gemacht, die im territorialen Zuschnitt Zuständigkeiten etwa der öffentlichen Verwaltung und Zuschreibungen wie „sozialer Brennpunkt" oder auch „Stadtteile mit besonderem Entwicklungsbedarf" auf sich vereinen. Durch diese homogenisierenden Sprech-, Sicht- und daraus resultierende Handlungsweisen jedoch werden die zuvor skizzierten sozialarbeiterischen Blickwinkel auf „Raumkonstitutions- bzw. Raum(an)ordnungsprozesse" weitestgehend verstellt. Denn anstelle schlicht vorab definierter territorialer Eingrenzungen werden mit dem Sozialraum-Bezug Sozialer Arbeit vielmehr die vielfältigen sozialen Interaktionen in den Blick genommen, die verschiedene soziale Bezüge, dann häufig auch: in dabei angeeigneten territorialen Räumen, rekapitulieren, ermöglichen und Ausdruck verleihen. Wenn daher im Folgenden von sozialplanerischen Analysen sozialer Räume die Rede ist, so ist dabei stets die begriffliche wie praktische Kluft mit zu bedenken. Dennoch kann an dieser Stelle nicht schlicht der planerische Begriff durch den sozialarbeiterischen ersetzt werden, da ansonsten die Anschlussfähigkeit an die gängigen planungstheoretischen Diskurse unterbrochen würde. Insofern muss eine reflexive Sozialraumarbeit (vgl. Kessl und Reutlinger 2010) in diesem Zusammenhang ihre reflexive Aufgabe aus der analytischen Distanz zum faktischen Planungsgeschehen betreiben.

3.1.1 Perspektiven der Sozialraumanalyse

In der Sozialraumanalyse kommen unterschiedliche Blickwinkel zum Tragen. Hierbei ist zunächst derjenige der *BewohnerInnen* selbst zu berücksichtigen. Ihre alltägliche Lebensführung in Verbindung mit diesbezüglichen Ressourcen, Bedarfen und etwaigen Problemlagen definiert idealer Weise die Basis der Planungsprozesse. Erst von dort her lassen sich die vorhandenen Bestände sozialer Dienste und Einrichtungen bewerten und womöglich weiter profilieren. Bei der Entwicklung neuer Angebote ist zudem darauf zu achten, dass die Logiken, kulturellen Gepflogenheiten und materiellen wie sozialen Formate der Betroffenen hinreichend Beachtung finden.

In der kommunalen Sozialplanung ist sodann von einiger Bedeutung, der *öffentlichen Verwaltung* die notwendige Aufmerksamkeit zukommen zu lassen. Deren Aufbau- und Ablauforganisation nämlich bestimmt Möglichkeiten, Formen und Geschwindigkeiten planerischer Zusammenhänge in bemerkenswertem Maß. Dass die staatliche Administration dabei in den zurückliegenden Jahren deutliche Zumutungen der Modernisierung erfahren hat, sei an dieser Stelle erwähnt (vgl. Barkowsky 2014; Bogumil et al. 2006, 2007; Bogumil 2004). Dennoch wurden deren Ausprägungen in höchst unterschiedlichem Ausmaß realisiert, so dass auch gegenwärtig von einer – wenn auch unterschiedlich breit gestreuten – Ko-Präsenz klassisch administrativer Prozesse und Mentalitäten neben modernisierten ausgegangen werden kann. Damit wirken diese Verhältnisse auch in die alltäglichen Lebensgestaltung der BürgerInnen und ihre Produktion sozialer Räume hinein.

Den *Trägern der Sozialen Arbeit* kommt im Kontext der Sozialraum-Orientierung nicht allein die Ausgestaltung von Angeboten sozialräumlicher Dienste und Einrichtungen zu. Vielmehr sind sie selbst Teil des sozialräumlichen Arrangements, in dem eigenen Kulturen, Politiken sowie Ein- und Ausschlussmechanismen praktiziert werden. Auf diese Weise sind die Verantwortlichen in den Trägerstrukturen gehalten, ihre Rolle nicht allein unter der (sicher auch relevanten) Perspektive sozialwirtschaftlicher Ertragslagen zu reflektieren. Darüber hinaus nämlich kommt ihnen auch die Aufgabe zu, partizipatorische Formen von Vergesellschaftung im sozialen Einrichtungen sowie eigenes, auf Partizipation angelegtes sozialräumliches Engagement zu entwickeln.

Weitere *Interessengruppen* (*stakeholder*) haben ebenfalls Einfluss auf sozialräumliche Prozesse, da auch sie Bestandteil solcher Räume sind und insofern aufgrund ihrer Interessenlage wie ihrer Einflussmöglichkeiten in unterschiedlichen Formen und Ausprägungen soziale Netzwerkstrukturen und -prozesse prägen. Dazu zählen etwa das Engagement für ihre Angehörigen, nachbarschaftliche Aufmerksamkeit und Unterstützung, aber durchaus auch Milieu- oder Kapital-induzierte Verdrängungsprozesse, wie sie sich nicht selten bei der Planung von sozialen Einrichtungen in Wohngebieten ergeben. Bereits unter dieser Hinsicht wird deutlich, dass Sozialplanung nicht allein auf analytische, planende und operative Instrumente angewiesen ist, sondern ebenso auf moderieren Kompetenzen angesichts einander womöglich widerstreitender Interessenlagen.

Schließlich müssen *sozio-kulturelle Kontexte* der jeweiligen Sozialräume analysiert und reflektiert werden, um damit die Rahmenbedingungen für die Erbringung sozialer Dienstleistungen in ihren möglichen Auswirkungen abschätzen zu können. Dabei sind Gesichtspunkte wie die vorhandenen Milieus, ihre Mischung,

die eventuell vereinheitlichend beschreibbaren kulturellen Gemeinsamkeiten oder
auch Differenzen sowie die sich daraus ergebenden Unterschiedlichkeiten von Individuen, Gruppen, Nachbarschaften und größeren sozialen Zusammenhängen zu
berücksichtigen. Aus der Einschätzung dieser Aspekte nämlich lassen sich Rück-
schlüsse ziehen auf die notwendigen Formen, deren Tragfähigkeit und insbesondere Reichweite im Hinblick auf Lösung und Veränderungsansätze in einem Planungsraum.

3.1.2 Quantitative Methoden der Sozialraumanalyse

Quantitative Methoden dienen der Erfassung soziostruktureller Größen, um auf
diese Weise erste Einblicke in lokale Strukturen, mögliche Bedarfe und eventuelle
Problemlagen von Menschen zu gewinnen. Dabei sei nochmals darauf aufmerksam gemacht, dass die territoriale Eingrenzung von Planungsräumen den vielge-
staltigen Bezügen sozialer Interaktionen nicht hinreichend Rechnung tragen (s. o.).
Da sie aber trotz dieser Einschränkung planerische Praktiken bestimmen, sollen sie
auch im folgenden Zusammenhang erläutert werden.

In der Regel (vgl. ZEFIR 2011, S. 14 f.) geht eine Sozialraumanalyse derge-
stalt vor, dass sie zunächst *Planungsräume definiert*. Hier spielen gewachsene
Zusammenhänge (Dörfer, Stadtteile, Nutzungsformen etc.) zumeist eine wichtige
Rolle, allerdings können durchaus auch Abweichungen von solchen „organischen"
Selbstverständlichkeiten erfolgen, etwa dann, wenn neuere Weiterentwicklungen
dies erforderlich machen könnten. Dazu zählen beispielsweise die Erweiterung
eines Neubaugebietes um weitere Straßen, die Errichtung eines gänzlich neuen
Quartiers, die Änderung von Bebauungsplänen und daraus resultierende künftige
Änderungen in der Bevölkerungsstruktur o. a. m.

Werden in einem nächsten Schritt verschiedene soziostrukturelle Daten (s. u.)
erhoben, so können auf der Grundlage dieser Ergebnisse Planungsräume mit
ähnlichen Ausprägungen der fraglichen Messgrößen zu *Typen* zusammengefasst
werden. Hier lassen sich etwa die überdurchschnittlich hohen Anteile von Haushalten im Sozialtransfer ausweisen, bemerkenswert niedrige (oder auch hohe)
Einkommensverhältnisse etc. Dabei sollte jedoch jeweils berücksichtigt werden,
dass damit keineswegs sämtliche Haushalte des jeweiligen definierten Raumes
dem bestimmten Typus entsprechen, sondern lediglich überdurchschnittlich viele.
Zudem muss deren grundsätzliches Vorhandensein in der Sozialplanung bereits
im Hinblick auf die zu entwickelnden Programme/Produkte und Prozesse fachlich
angemessen eingeschätzt werden: „Es spricht viel dafür, dass aus der sozialräumlichen Perspektive Ungleichheits- bzw. ‚Klasseneffekte' irrigerweise als ‚Raum-'

oder ‚Gebietseffekte' in den Blick genommen werden." Dabei allerdings „gerät der größte Teil von Deprivations- und Unterdrückungsverhältnissen aus dem Blick." (Ziegler 2011, S. 338 f.)

Als letzter analytischer Schritt bieten sich *Vergleiche im Zeitverlauf* an, um erkennen zu können, ob etwa segregierende Prozesse in den vergangenen Jahren zugenommen haben und falls ja, welche Quartiere hier mit ihrer sich wandelnden Sozialstruktur Auskunft darüber geben, wie sich die Ungleichheit innerhalb der Stadtgesellschaft verändert sowie darüber, an welchen Orten residualisierte, also „restliche" Wohnmöglichkeiten für die materiell schlechter gestellten Bevölkerungsteile aufzuspüren sind.

Über den hier skizzierten Dreischritt – Raumdefinition, Typisierung, Zeitvergleich – lassen sich mithilfe der eingesetzten quantitativen Methoden Sozialraumanalysen erarbeiten, die auf der Grundlage statistischer Verteilungseffekte erste Einblicke in soziale Momente, verschiedene Lebenslagen und deren Wechselwirkungen erlauben. Zu diesem Zweck scheint es sinnvoll, die jeweils sozialstrukturell als wichtig erachteten Daten zu erheben. Die folgende Reihung (vgl. bereits ILS et al. 2003, S. 18) stellt diesbezüglich eine Auswahl dar, die im Einzel(planungs)fall jeweils ergänzt und/oder ausgedünnt werden kann:

- Prozentualer Anteil der Unter-3-Jährigen zum Stichtag,
- prozentualer Anteil der 0-bis-14-Jährigen zum Stichtag,
- prozentualer Anteil der Über-65-Jährigen zum Stichtag,
- verfügbares Einkommen je EinwohnerIn zum Stichtag,
- prozentualer Anteil der Bedarfsgemeinschaften nach SGB II,
- prozentualer Anteil der Arbeitslosen an Erwerbspersonen,
- prozentualer Anteil der Ausländer an Gesamtbevölkerung,
- prozentualer Anteil der „Menschen mit Migrationshintergrund" an Gesamtbevölkerung,
- Bevölkerungsdichte: Einwohner pro qkm zum Stichtag,
- prozentualer Anteil der Bevölkerungsveränderung im definierten Zeitraum.

Diese und sicher etliche weitere Daten lassen sich gewinnen, um mit diesen quantitativen Aussagen Einschätzungen vornehmen zu können über die soziale, d. h. auch materielle, auf Altersgruppen bezogene oder bildungsspezifische Situation der EinwohnerInnen. Dieser Hinweis ist insofern nicht völlig trivial, als sich daraus ergibt, dass zunächst einmal zu definieren ist, was denn genau das Erkenntnisinteresse dieser Erhebung ist. Dann nämlich erst werden bestimmte Indikatoren relevant, während andere sich als in diesem Zusammenhang bedeutungslos erweisen. Unter dieser Hinsicht soll also wieder einmal dafür votiert werden, dass zunächst die Ziele, dann die Strategien und schlussendlich operativen Schritte definiert werden. Ansonsten nämlich werden erstens ineffiziente Maßnahmen durchgeführt und zweitens durch ihre detaillierte Messung letztlich stigmatisierend wirkende Indikatoren generiert.

Letzteres lässt sich beispielsweise an der Kennzahl „prozentualer Anteil der ‚Menschen mit Migrationshintergrund' an Gesamtbevölkerung" zeigen. Diese nämlich kann in solchen Zusammenhängen von Interesse sein, in denen migrationspolitische, eventuell auch auf institutionelle Bildung bezogene oder materielle Gesichtspunkte näher beleuchtet werden sollen. Unabhängig von solchen dezidierten Erkenntnisinteressen jedoch stets einen solchen „Migrationshintergrund" erfassen zu wollen, würde bedeuten, die Migrationserfahrung von Einzelnen oder Gruppen nicht nur als für soziale Praxis bedeutsam zu unterstellen, sondern sie zu allererst in dieser Bedeutung zu formulieren. Dies jedoch kann kaum das Interesse einer freiheitlich-demokratischen Kommunalpolitik mit ihrem Anspruch auf Inklusion der Diversifizierten beinhalten.

Im Hinblick auf die einzusetzenden Methoden sind dieselben Qualitätskriterien zu beachten, die allgemein für die quantitative empirische Sozialforschung gelten. Dabei ist die Praxis der Sozialplanung wohl am stärksten von der Aufgabe herausgefordert, repräsentative Stichproben für ihre Erhebungen gewinnen bzw. belastbares Datenmaterial von anderen kommunalen Verwaltungseinheiten erhalten zu können. Da sich dies nicht immer mit der Aufgabenfülle in den kommunalen Planungsressorts koordinieren lässt, sind für dieses Feld mittlerweile vielfältige Dienstleistungsangebote auf dem Markt der kommunalen Beratungsindustrie käuflich zu erwerben (vgl. Huchler 2008). Nicht wenige Kommunen machen davon auch, zum Teil bereits über Jahre hinweg, regen Gebrauch.

Eingesetzt werden für quantitative Sozialraumanalysen Instrumente wie Fragebogen-gestützte Haushaltserhebungen, gerade bei altersspezifischen Planungsaufgaben (Jugendhilfe- oder Altenhilfeplanung z. B.) auch diesbezügliche Fragebögen, die zumeist auf der Grundlage von Stichprobenziehungen verteilt werden. Hier stellt sich insbesondere – für Planungsressorts ebenso wie für Sozialforschungsbüros – die Herausforderung, tatsächlich neben der Repräsentativität eine Rücklaufquote in zumindest befriedigendem Ausmaß sicherstellen zu können. Dabei sind die persönliche Werbung für solche Erhebungen, eventuell sogar mit entsprechenden „Köpfen" des öffentlichen Lebens, oder auch die Verteilung der Erhebungsinstrumente in Verbindung mit Incentives Strategien, hier zu besseren Ergebnissen zu gelangen. Die Erfahrung lehrt jedoch, dass auch solche Maßnahmen sich zusehends abnutzen und es insofern unter methodischer Hinsicht verstärkt darauf ankommt, die ProbandInnen vom Nutzen der Erhebung für sich selbst überzeugen zu können.

Ein weiterer anspruchsvoller Gesichtspunkt quantitativer Methoden der Sozial-raumanalyse ist deren Auswertung bzw. genauer formuliert: der Tiefe dieser Aus-wertung. In den meisten Fällen wird es als hinreichend angesehen, schlichte Aussa-gen über die Mengenverteilungen verschiedener Teilgruppen gewinnen zu können. Allerdings erweist es sich häufig als hilfreich, wenn Sozialplanungsprozesse sich auch auf solche Auswertungen stützen können, welche die Beziehungen zwischen verschiedenen Maßzahlen auswerten bzw. diese zu weiteren Analysezwecken zu-sammenführen können. So kann es etwa interessant sein, die Korrelationen zwi-schen verschiedenen Variablen (z. B. Alter, Bildung, Einkommen, Wohnort etc.) zu berechnen, um auf diese Weise zu weiterführenden Aussagen über die Wechsel-wirkungen verschiedener Teilaspekte zu gelangen. Auch können Clusteranalysen bestimmte „typische" bzw. typisierte Strukturen innerhalb der EinwohnerInnen-schaft zu Tage fördern, aus denen sich besondere Bedarfe für einzelne Teilgruppen eher ableiten lassen. Ferner sind die relativ schlichten, aber in ihrem Aussagegehalt mitunter sehr weit reichenden, Klassifizierungen unter Alters- oder auch Einkom-mensperspektive für die Einschätzung gruppenbezogener Interessen oder auch Be-darfe häufig von einigem Nutzen.

Aus dem hier Dargestellten dürfte deutlich geworden sein, dass quantitative Daten hilfreich sein können, um die Verteilung bestimmter Lebenslagen in kom-munalen Territorien einschätzen und zur Grundlage weiterer Planungsschritte ma-chen zu können. Daraus jedoch sofort Handlungsanweisungen, etwa hinsichtlich einer Definition von „sozialen Brennpunkten" vorzunehmen, wäre, auch dies dürf-te deutlich geworden sein, nicht nur voreilig, sondern fachlich unzulässig. Diese Unzulässigkeit speist sich insbesondere aus dem fachwissenschaftlich aufweisba-ren Zusammenhang einer größeren Heterogenität der Wohnbevölkerung auch bei im Vergleich zu anderen Quartieren variierender Verteilung sozialer Benachteili-gungen. Insofern bedarf es weitere Analysen, um einerseits zusätzliche quantifi-zierbare Aspekte der Lebenslagen von verschiedenen Wohnbevölkerungen ermit-teln zu können. Darüber hinaus aber empfiehlt es sich, auch qualitative Daten zu sammeln, um auf deren Grundlage Wahrnehmungen, Einschätzungen und gegebe-nenfalls bereits Änderungsmöglichkeiten der BewohnerInnen erfassen zu können. Gerade dem letztgenannten Aspekt dienen insofern die qualitativen Methoden und Daten der Sozialraumanalyse.

3.1.3 Qualitative Methoden der Sozialraumanalyse

Qualitative Methoden dienen, wie bereits umschrieben, in der Sozialraumanalyse insbesondere den Zweck, bislang nicht bekannte Gesichtspunkte oder aber Wechselwirkung zwischen zumindest als Einzelaspekte geläufigen Sachverhalten für die Umsetzung in der Planung aus subjektivem Blickwinkel erkennen zu können. Auch in diesem Kontext werden die Methoden der empirischen Sozialforschung, nunmehr im Hinblick auf qualitative Designs, genutzt, um zu entsprechenden Erkenntnissen gelangen zu können. Hierbei werden u. a. folgende Methoden benannt (vgl. Hertzsch o. J.):

- Beobachtungsverfahren,
  die als teilnehmende Beobachtung insbesondere daran interessiert sind, die Praxis alltäglicher Lebensführung beobachten und mit den ihnen inhärenten Qualitäten erfassen zu können (vgl. die diesbezüglich beeindruckenden Ergebnisse in Wacquant 2003). Hierbei wird es, ebenso wie bei allen anderen qualitativen Verfahren, insbesondere von der methodischen Kompetenz der Erhebenden abhängen, das nötige Mischungsverhältnis zwischen forscherlicher Distanz und alltäglicher Lebensnähe herstellen zu können, um auf diese Weise die Eigenlogiken im jeweiligen Forschungsfeld sehen und zugleich aus der für eine Systematisierung des Beobachteten notwendigen Ferne verstehen zu können.
- Stadtspaziergänge
  dienen dazu, sich einen ersten und noch sehr allgemeinen Eindruck von einem Quartier machen zu können. Dabei sind einzeln durchgeführte ebenso wie von EinwohnerInnen oder anderen ExpertInnen begleitete und kommentierte Spaziergänge möglich. Letzteres ergibt natürlich anders gelagerte, häufig auch weiterreichende Informationen und Einblicke. Insbesondere solche begleiteten Stadtspaziergänge werden des Öfteren für Jugendhilfeplanungen genutzt, wenngleich ihnen dieselbe Herausforderung wie bei allen Sozialraum-analytischen Methoden eigen ist, dass sie nämlich im kommunalen Planungsalltag terminlich meist nur schwer unterzubringen sind. Umso interessanter kann es sein, wenn sich entsprechende Fachkräfte auf solche Wege machen und ihre Erkenntnisse zugleich in die entsprechenden Gremien der Sozialplanung (etwa nach §§ 71 [Jugendhilfeausschuss] oder 78 SGB VIII [Arbeitsgemeinschaften]) einbringen.
- Mental mapping
  beinhaltet das Zeichnen von subjektiven Karten, die dem Zweck dienen, für das Individuum oder die befragte Gruppe relevante Orte kenntlich zu machen. Durch den Vergleich solcher individuellen Landkarten können sich die Qualitäten eines Planungsraumes für die Befragten näher bezeichnen lassen.
- Foto- und Filmanalysen,
  meistens mithilfe von Einweg-Kameras o. ä. durchgeführt, bieten ihrerseits wichtige Einblicke in die Wahrnehmung von Individuen. Diese Methode findet insbesondere dort Anwendung, wo etwa jüngere Kinder mit anderen Methoden

der Sozialraumanalyse nur schwer erreicht werden bzw. sich mit deren Hilfe nur schwer artikulieren könnten. Weiter können solche Analysen wertvolle Einsichten in das Leben von Randgruppen vermitteln, die einer fremden BeobachterIn nur schwer zugänglich wären.

- Medienanalysen
  sind dann von Nutzen, wenn öffentliche Diskussionen oder deren Einschätzungen untersucht werden sollen. Dies kann etwa dann der Fall sein, wenn Sozialplanung Konflikte um den öffentlichen Raum, dessen Umgestaltung oder auch eine Ambulantisierung bisheriger stationäre Hilfen begleiten soll. Diese und manche weiteren Aspekte nämlich werden in der medialen Öffentlichkeit nicht nur abgebildet und bieten auf diese Weise wichtige Einblicke in sozialräumlichen Gegebenheiten. Darüber hinaus nämlich prägen Mediendarstellungen auch jeweilige Stimmung und qualifizieren damit die Umsetzbarkeit von Sozialplanungsprojekten. Deswegen kann es hilfreich sein, sich auf die entsprechenden Herausforderungen durch eine solche Analyse frühzeitig einzustellen.

- ExpertInnen-, Fokusgruppen- und Gruppeninterviews
  dienen insbesondere dem Interesse, die Erkenntnisse und Einschätzungen jener nutzen zu können, die einen vertieften Einblick in diejenigen Räume oder Projekte haben, die sozialplanerisch bearbeitet werden sollen. Solche Interviews sind gerade dann eine wertvolle Hilfe, wenn sie der Interpretation anderer qualitativer oder quantitativer Daten aus der Sozialraumanalyse dienen können. Hinzu kommt der Aspekt, dass gerade jene mit vertieftem Einblick in die Planungsräume auch eher darüber Aussagen machen können, wie sich die aktuellen Machtverhältnisse darstellen und wie sie sich auswirken. Gerade solche Gesichtspunkte sind für politische, und für sozialpolitische Prozesse zumal, von einiger Bedeutung.

- Partizipative Verfahren wie Zukunftswerkstätten oder Runde Tische
  dienen vor allen Dingen dem Interesse, die beteiligten BewohnerInnen selbst zu Wort und in den Planungsprozess hinein kommen zu lassen. Insofern muss bei diesem Verfahren darauf geachtet werden, dass tatsächliche Teilhabe möglich wird und solche Methoden nicht allein zur „Alibi-Veranstaltung" degradiert werden. Umgekehrt wird auch vielfach geschildert, dass planungsinteressierte BürgerInnen sich in weit größerem Umfang an der Meinungsbildung innerhalb des Planungsprozesses beteiligen wollen, als das KommunalpolitikerInnen oder Mitarbeitende der öffentlichen Verwaltung für wünschenswert erachten. Hier wird es, auch in künftigen Jahren wohl noch, verstärkt darauf ankommen, solche Kooperationen und partizipativen Maßnahmen im öffentlichen Diskurs hinsichtlich erforderlichem Ausmaß und Umsetzungsqualitäten abzuschätzen, um zu einer für möglichst viele sinnvollen Ergebnislage finden zu können. Je nach Kommunen und Beteiligten scheint der Weg mitunter nicht nur recht weit, sondern auch durchaus steinig sein zu können.

Die hier beschriebenen ebenso wie manche weiteren Maßnahmen zur Gewinnung qualitativer Daten über Planungsräume erfordern nicht zuletzt von denen, die sie anwenden, ein hohes Maß an *Selbstreflexion*, um ihre methodisch gebotene Variation von Nähe und Distanz professionell gestalten zu können, ferner *Feldkompetenz*, um sich im Erhebungsfeld möglichst umsichtig, nicht störend und mit Aussicht auf möglichst viele zweckdienliche Erkenntnisse bewegen zu können, sowie die Fähigkeit, die auf diese Weisen gewonnenen Daten in angemessener Form *auswerten* und in eingängiger Weise *darstellen* zu können. Allerdings „machen" es die auf qualitativem Wege gewonnenen Daten mitunter auch recht leicht, klare Einschätzungen und eindrucksvolle Einblicke vermitteln zu können. Die gewonnenen Original-Zitate etwa oder auch bestimmte Zeichnungen oder Fotografien nämlich sagen mitunter mehr aus als umfängliche sozialwissenschaftliche Bemühungen um die Interpretation der gewonnenen Erkenntnisse.

3.1.4 Einschätzungen zur Sozialraumanalyse

Abschließend kann zum Verfahren der Sozialraumanalyse gesagt werden, dass es einerseits deutlich von den sozialarbeiterisch-fachlichen *Begrifflichkeiten des sozialen Raumes* und der reflexiven Arbeit in diesem zu unterscheiden ist. Die im Prozess der Sozialplanung einzusetzenden Verfahren in ihrer quantitativen wie qualitativen Aussageform bieten allerdings gut nutzbare Erkenntnisse, sofern bei deren Nutzung jeweils bedacht wird, welche methodologischen Grundlagen und welche methodischen Umsetzungen zur Gewinnung dieser Aussagen über Planungsräume geführt haben.

Es wurde bereits darauf aufmerksam gemacht, dass ein kurzschlüssiges Ableiten von sozialpolitischen Maßnahmen aus den Sozialraumanalysen ebenso wenig überzeugend ist wie ein bloß „akademisch" anmutendes Beharren auf unterschiedlichen Begrifflichkeiten. Vielmehr muss es in der Sozialplanung darum gehen, mit analytischer Klarheit und wissenschaftstheoretischer Selbstreflexion angesichts baulicher, materieller, kultureller, sozialer und vieler weiterer Aspekte in ihrem jeweils gegebenen vielfältigen Ausdrucksgestalten innerhalb des Planungsraumes die sinnvollen Analyseverfahren zu wählen, zu realisieren, auszuwerten und für die politischen EntscheiderInnen ebenso wie für die interessierte Öffentlichkeit aufzubereiten. Unter dieser Hinsicht bietet das Verfahren der Sozialraumanalyse eine Vielzahl von Möglichkeiten, *informiert*, fachlich *fundiert* und politisch *anschlussfähig* das weitere Planungsverfahren grundzulegen und zu konzipieren.

3.2   ABC-Analyse

▷   Die Produkte der Sozialplanung sind hinsichtlich Anzahl und Bezug
     häufig so komplex, dass zunächst eine vereinheitlichende Zusam-
     menführung nottut, um überhaupt einmal einen ersten Überblick zu
     ermöglichen. Dies leistet die im Folgenden dargestellte ABC-Analyse,
     wie Ihnen in diesem Abschnitt dargelegt werden soll.

An der Schnittstelle zwischen Finanz- und Sozialplanung kommt ein weiteres Verfahren zum Einsatz: die ABC-Analyse. Mithilfe der Unterscheidung in A-, B- und
C-Kategorien dient dieses Planungsinstrument dazu, herauszuarbeiten, in welchen
Feldern kommunaler Sozialpolitik sich detailliertere Analysen am meisten lohnen.
Diese Fragestellung ist dem Planungslauf insbesondere dort von besonderer Bedeutung, wo es um die Entwicklung und Prüfung alternativer Maßnahmen im Hinblick auf die bisherige Infrastruktur geht (siehe Abb. 3.2). An dieser Stelle sind
nicht allein fachliche Kriterien zu berücksichtigen, sondern zugleich auch ökonomische und politische. Insbesondere die üblicherweise beklagte finanzielle Man-

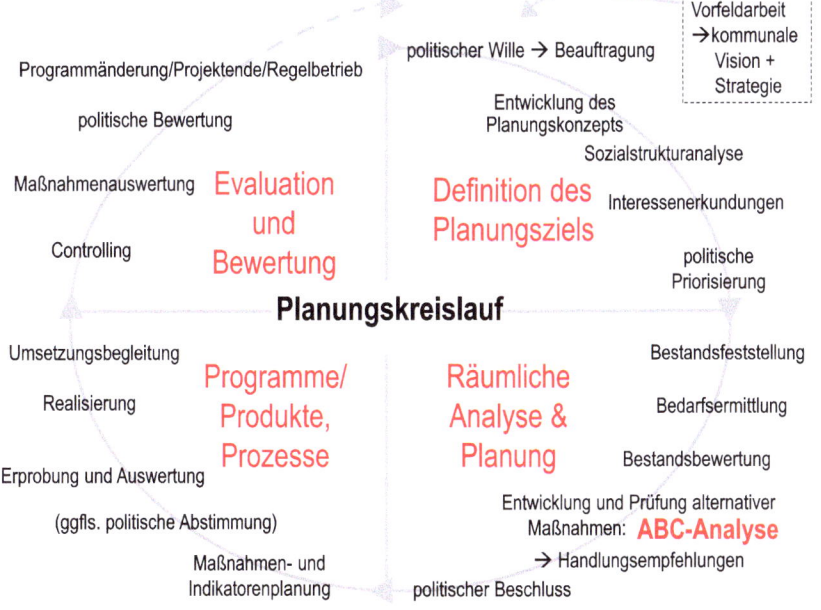

Abb. 3.2 Ort der ABC-Analyse. (Quelle: Eigene Darstellung © A. Böhmer)

gelsituation der Kommunen gibt hier häufig eine Zielrichtung vor. Dennoch ist in diesem Schritt des Planungskreislaufes ein möglichst ausgewogenes Verhältnis der verschiedenen Zielperspektiven sicherzustellen, um der Relevanz aller Dimensionen in angemessener Form Rechnung tragen zu können.

3.2.1 Grundstruktur der ABC-Analyse am Fallbeispiel

Die ABC-Analyse fokussiert zunächst die Situation der Verteilung vorab definierter Ressourcen. In diesem Zusammenhang versucht man mithilfe der hier thematisierten Analyseform, diejenigen Bereiche zu identifizieren, in denen Veränderungen den größten Effekt erzielen können. Ein Fallbeispiel soll dies eingangs erläutern.

> **Fallbeispiel zur ABC-Analsyse**
> Die Kommune plant, ihre Angebote in Engelsberg zu optimieren. Dazu ermittelt sie ihre bisherigen Angebote und deren Auslastung (Durchschnitt der letzten fünf Jahre, größere Schwankungen waren bei diesen bereits seit Längerem etablierten Angeboten nicht zu verzeichnen) (siehe Tab. 3.1).
> Um nun entscheiden zu können, bei welchen Produkten eine vertiefte Analyse Einsparpotenziale oder Möglichkeiten der Weiterentwicklung aufdecken kann, soll zunächst eine ABC-Analyse durchgeführt werden.

Anhand der Produkte und der von ihnen erreichten NutzerInnen zeigt sich, dass der Vergleich der verschiedenen sozialen Dienstleistungen alles andere als leicht fällt.

Tab. 3.1 ABC-Fall – Schritt 1. (Quelle: Eigene Darstellung © A. Böhmer)

Produkt	Kosten p. a. in €	Erreichte NutzerInnen p. a.
Aufsuchende Jugend-Sozialarbeit	120.000	1500 (Einzelkontakte)
Schulsozialarbeit	40.000	400 (Einzel- und Gruppenkontakte)
Allgemeine Sozialberatung	15.000	50 (Erstkontakte; längere Prozesse werden zumeist nicht durch die Beratungsstelle erbracht)
Gruppenangebote für Kinder und Jugendliche	3000	1500 (Einzel- und Gruppenkontakte)
Familienunterstützende Dienste (Hauswirtschaft)	80.000	500 (Einsätze mit unterschiedlicher Dauer)
Ferienspiele	10.000	1000 (TeilnehmerInnentage)

Wie nämlich soll aufsuchende Jugendsozialarbeit verglichen werden können mit allgemeiner Sozialberatung oder den Unterstützungsleistungen im hauswirtschaftlichen Bereich? Was allerdings sehr wohl möglich ist und im Hinblick auf effiziente Ressourcensteuerung für die Kommunen ohnehin von einiger Bedeutung, ist die Frage der Mittel-Verwendung und -bewirtschaftung. Insofern ist ein Verfahren nötig, das unter dieser Hinsicht Wichtiges von Unwichtigen unterscheidet. Daher definiert die ABC-Analyse:

- Kategorie A: sehr wichtig
- Kategorie B: weniger wichtig
- Kategorie C: unwichtig

Bereits im 19. Jahrhundert machte Vilfredo Pareto die Beobachtung, dass 20 % einer Bevölkerung 80 % des Vermögens besaßen (vgl. Lorenz und Rohrschneider 2013, S. 100).[1] Nach dem diesbezüglichen *Pareto-Prinzip* wird üblicherweise davon ausgegangen, dass 20 % der Produkte 80 % der Finanzmittel binden. Von dieser Einschätzung ausgehend, lassen sich daher folgende Größenordnungen für die drei Kategorien definieren:

- Kategorie A: 80 %
- Kategorie B: 15 %
- Kategorie C: 5 %

Mit anderen Worten müssen nun die Produkte der Kategorie A zugerechnet werden, die rund 80 % des gesamten Finanzvolumens auf sich vereinigen, diejenigen mit der Kategorie B, welche ca. 15 % binden, und diejenigen mit C, denen die verbleibenden etwa 5 % zufallen. Inwieweit hier die 80/20 Regel tatsächlich zutrifft, wird die Analyse der obigen Zahlen ergeben müssen.

Um diese Analyse durchführen zu können, sind daher folgende Verfahrensschritte vonnöten:

1. Sammeln der Daten,
2. Strukturieren der Daten nach Größenordnung,
3. dabei erfolgt zugleich das Kumulieren der prozentualen Angaben,
4. Zuordnung der Kategorien zu den einzelnen Datengruppen,
5. nun: vertiefte Analyse der Kategorie A im Hinblick auf Einsparmöglichkeiten oder Ansätze zur Optimierung.

---

[1] Dass die Vermögenungleichheit im Deutschland unserer Tage im internationalen Vergleich mit einem Gini-Koeffizienten von 0,78 bemerkenswert hoch ist, wurde unlängst erneut dokumentiert (vgl. Grabka und Westermeier 2014).

Tab. 3.2 ABC-Fall – Schritt 2. (Quelle: Eigene Darstellung © A. Böhmer)

Rang	Produkt	Kosten	Kumulierte Kosten	
			In €	In %
1	Aufsuchende Jugend-Sozialarbeit	120.000	120.000	44,78
2	Familienunterstützende Dienste (Hauswirtschaft)	80.000	200.000	74,62
3	Schulsozialarbeit	40.000	240.000	89,55
4	Allgemeine Sozialberatung	15.000	255.000	95,15
5	Ferienspiele	10.000	265.000	98,88
6	Gruppenangebote für Kinder und Jugendliche	3000	268.000	100

Anhand des Fallbeispieles sollen diese Schritte nun im Einzelnen entwickelt werden. Dabei kann davon ausgegangen werden, dass Schritt 1 (Sammeln der Daten) mit der oben vorgelegten Tabelle bereits erfolgt ist. Insofern erfolgt nun Schritt 2, nämlich das Strukturieren der Daten nach Größenordnung (siehe Tab. 3.2).

In diesem Kontext bietet das Kumulieren die Chance, das für den nächsten Schritt notwendige Zuordnen der Kategorien bereits dadurch vorzubereiten, dass die diesbezüglichen Größenordnungen erarbeitet werden.

Für den nun anstehenden dritten Schritt (Zuordnung der Kategorien zu den einzelnen Datengruppen) ergeben sich danach keine größeren Probleme mehr (siehe Tab. 3.3).

Im konkreten Fallbeispiel zeigt sich, dass grob folgende Aufteilung vorgenommen wurde:

Tab. 3.3 ABC-Fall – Schritt 3. (Quelle: Eigene Darstellung © A. Böhmer)

Rang	Produkt	Kosten	Kumulierte Kosten		Kategorie
			In €	In %	
1	Aufsuchende Jugend-Sozialarbeit	120.000	120.000	44,78	A
2	Familienunterstützende Dienste (Hauswirtschaft)	80.000	200.000	74,62	A
3	Schulsozialarbeit	40.000	240.000	89,55	B
4	Allgemeine Sozialberatung	15.000	255.000	95,15	B
5	Ferienspiele	10.000	265.000	98,88	C
6	Gruppenangebote für Kinder und Jugendliche	3000	268.000	100	C

- Kategorie A: 75 % (Planzahl: 80 %)
- Kategorie B: 21 % (Planzahl: 15 %)
- Kategorie C: 4 % (Planzahl: 5 %)

Aufgrund der vorgefundenen Verhältnisse kommt diese Aufteilung den zuvor definierten Größenordnungen weitestgehend nahe; einzig die Kategorie B liegt deutlich außerhalb dieses Korridors. Damit zeigt sich, dass die zuvor getroffenen Definitionen in der Praxis nicht immer vollumfänglich realisiert werden können. Deshalb kommt es darauf an, sinngemäße Verschiebungen so in Kauf zu nehmen, dass das grundsätzliche Anliegen des Verfahrens nach wie vor verwirklicht werden kann, nämlich die Identifizierung jener Geschäftsbereiche, die größerer Aufmerksamkeit bedürfen. Somit könnte nun Schritt 4 verwirklicht werden, die vertiefte Analyse gerade der Kategorie A.

Mitunter empfiehlt es sich, die kategoriale Zuordnung auch grafisch zu unterstützen (siehe Abb. 3.3). Dabei nämlich kann abgelesen werden, dass die steilsten Anstiege des Grafen links durch A-Produkte erbracht werden, diejenigen mit dem schwächsten Anstieg rechts durch die C-Produkte. Somit kann bei Unsicherheiten über einzelne Zuordnungen mitunter auch der Kurvenverlauf weitere Anhaltspunkte bieten.

3.2.2 Praktische Anmerkungen zur ABC-Analyse

Einige Aspekt des Beispiels sollen ausdrücklich thematisiert werden, so zunächst die fachliche Einschätzung. In unserem Beispiel nämlich wird deutlich, dass die aufzuwendenden Finanzmittel recht gut miteinander verglichen werden können. Die Produkte hingegen, die mit diesem Summen erstellt werden, sind bereits in ihren Ergebnissen so verschieden, dass selbst die Einheiten ihrer Bemessung (Einzelkontakte, Gruppenkontakte, Erstberatungen etc.) deutlich unterschieden sind. Für den vorliegenden Fall scheint es insofern wenig problematisch zu sein, als das erklärte Analyseziel darin bestand, die – hier tatsächlich vergleichbaren – aufzuwendenden Finanzvolumina zu kategorisieren. Ob dies in allen praktischen Fällen so einfach gelingen kann, darf bezweifelt werden. Insofern müssen diese Aspekte eigens bedacht werden.

Ein Weiteres kommt hinzu. Inwieweit nämlich tatsächlich finanzielle Optimierungen wie die Kategorien B und erst recht C vernachlässigt werden können, ist nicht einzig mit der ABC-Analyse zu definieren. Denn gerade in solchen Fällen, in denen zwar *vom Aufwand her kleine*, allerdings unter strategischer Hinsicht *an Bedeutung große Produktbereiche*, die von entsprechender Relevanz z. B. für die kommunale oder auch die Unternehmensentwicklung sind, nicht mehr hinreichend reflektiert werden, könnten sich entsprechende Fehlplanungen einstellen. Daher

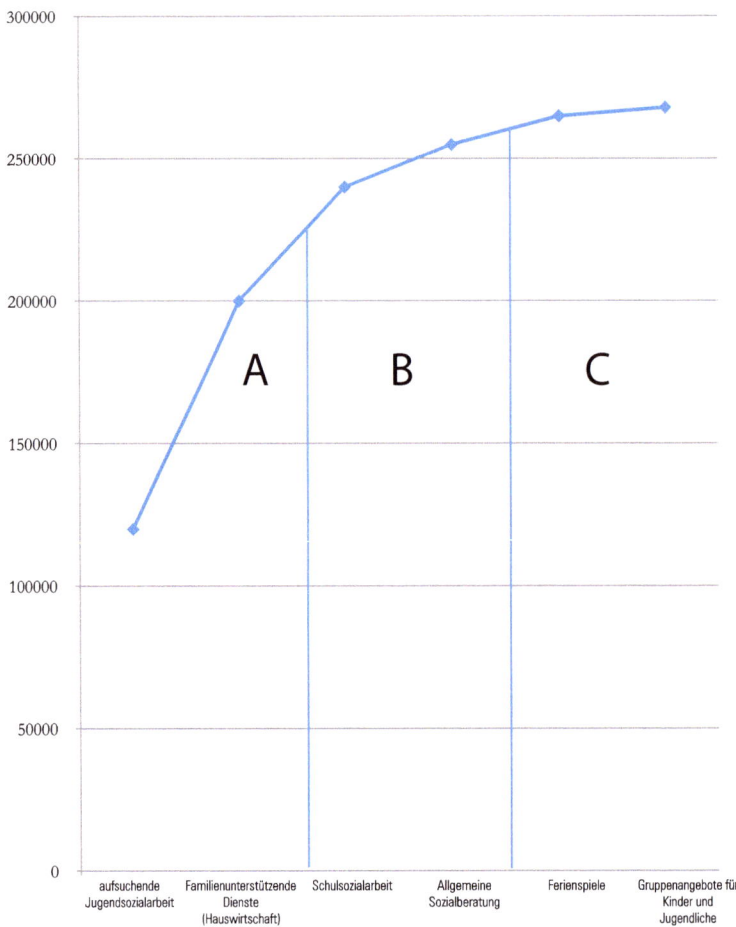

Abb. 3.3 ABC-Fall. (Quelle: Eigene Darstellung © A. Böhmer)

sollte mit dieser Analyseform kein Automatismus der Identifizierung erfolgen. Vielmehr bedarf es der fachlichen, betriebswirtschaftlichen und kommunalpolitischen Einschätzungen, um die Ergebnisse der Analyse sachgerecht einordnen und operationalisieren zu können.

3.2.3   Einschätzungen zur ABC-Analyse

Um die ABC-Analyse abschließend zu bewerten, soll zunächst festgehalten werden, dass sie sich sehr gut eignet, einfache *mengenbezogene Analysen* durchzuführen. Solche Untersuchungen müssen nicht allein, wie im hier vorliegenden Fall geschehen, auf finanzielle Aspekte beschränkt sein. Vielmehr können auch andere Gesichtspunkte wie erreichten NutzerInnen, erforderliche Arbeitskapazitäten o. a. m. auf dieselbe Weise klassifiziert werden. Der Vorteil dieses Verfahrens ist sicherlich seine *einfache* und in der Durchführung ohne große Zusatzinformationen mögliche *Realisierung*. Auch die Fokussierung lediglich eines *einzelnen Gesichtspunktes* erleichtert klar die Verwirklichung.

Einschränkend jedoch sei darauf hingewiesen, dass gerade diese Einfachheit auch in der Praxis dazu verleiten könnte, das Verfahren schlicht zu „exekutieren", es also gewissermaßen wie ein *Automatismus* umzusetzen. Wie jedoch gezeigt werden konnte, bedarf auch ein solches vermeintlich einfaches Verfahren umfangreicher Reflexionen auf das es bedingende Umfeld, das mit diesem Verfahren selbst einhergehende Mess- und Maßstabskonzept sowie die im Detail dann doch mitunter aufwändigeren Reflexionen für die konkrete Umsetzung. Denn auch diese Ergebnisse sind alles andere als schlichte Imperative des planerischen Vollzugs. Insofern gilt hier, was für die Sozialplanung allgemein gilt: Sie bedarf der handwerklichen Virtuosität ebenso wie der sozialarbeiterische Reflexivität. Sofern beides miteinander verbunden wird, kann aus dem ABC-Verfahren mindestens ein erster Hinweis auf das weitere Vorgehen gewonnen werden. Dies mag hoch qualifizierten Fachkräften *in persona* möglich sein, es empfiehlt sich jedoch verstärkt, in entsprechenden *Analyse- und Planungsteams* zu arbeiten, um so die erforderliche methodische wie reflexive Qualität der Sozialraumanalysen gewährleisten zu können.

3.3   Vergleichende, indikatorengestützte Nutzwertanalyse

▶   Die verschiedenen Maßnahmen der Sozialpolitik weisen unterschiedliche Voraussetzungen, Zielerreichungsgrade und Nebeneffekte auf. Diese zu vergleichen und dies auf der Grundlage gemeinsamer Indikatoren zu tun, ist das Ziel der Nutzwertanalyse, die Ihnen mit ihren verschiedenen analytischen Vorarbeiten und daraus resultierenden Ausarbeitungen nun vorgestellt werden soll.

Abb. 3.4 Ort der Nutzwertanalyse. (Quelle: Eigene Darstellung © A. Böhmer)

Wurde die ABC-Analyse durchgeführt und somit definiert, in welchen Bereichen Ressourcensteuerung in besonderem Maße Optimierungspotenzial bietet, so können vor diesem Hintergrund und angesichts der politischen Priorisierungen nunmehr weitere, insbesondere fachlich und politisch definierte Entscheidungshilfen für die anstehende Entwicklung und Prüfung alternativer Maßnahmen innerhalb des Planungsprozesses entwickelt werden (siehe Abb. 3.4).

Gerade im Hinblick auf die unterschiedlichen (fachlichen, ökonomischen oder politischen) Maßgaben empfiehlt es sich, geeignete Indikatoren zu definieren, mit deren Hilfe bereits in der Entwicklungsphase Aussagen über Qualitäten und Erreichungsgrade der jeweiligen Planungsalternativen möglich sind. Angesichts der bereits formulierten Einschätzungen zu quantitativen und qualitativen Indikatoren (vgl. 2.2) können die dort formulierten Aspekte auch hier zur Definition herangezogen werden. Dabei sind diese „Anzeiger" gerade im Zusammenhang der hier vorgestellten Nutzwertanalyse (auch als Scoring-Modell bekannt; zur „Basis-Form" vgl. Zangemeister 1976) insofern von besonderer Bedeutung, als sie sicherstellen können, dass auch eine Vielzahl sehr verschiedener Zielvorstellungen für die Entwicklung der alternativen Maßnahmen in einem Zielsystem Berücksichtigung finden können. Einzig solche Indikatoren, die miteinander definitiv im Widerspruch stehen, können in eine solche Analyse nicht gemeinsam Eingang finden.

3.3.1 Perspektiven der Nutzwertanalyse

Für die Beschreibung der Nutzwertanalyse werden verschiedene Perspektiven eingenommen. Die erste macht kenntlich, dass für Entscheidungen der jeweils zu erwartende *größte Nutzwert ausschlaggebend* sei. Ferner wird angesetzt, dass dieser Nutzen sich *additiv* durch die Verwirklichung verschiedener Gesichtspunkte erreichen lässt. Diese Aspekte wiederum müssen *messbar* sein – oder durch entsprechende Verfahren dazu gemacht werden –, um somit analytische Ergebnisse errechnen zu können. Schließlich wird die Position vertreten, dass die verschiedenen Planungsziele sich in einem einheitlichen Zusammenhang, dem *Zielsystem*, verbinden lassen (vgl. bereits Zangemeister 1976; DVWK 1989).

Ein Motiv, die Nutzwertanalyse anzuwenden, kann dabei insbesondere die soeben skizzierte Möglichkeit der *Berücksichtigung vielfältiger Zielvorstellungen* sein. Damit nämlich wird in diesem Verfahren abgebildet, was die soziale Wirklichkeit postindustrieller Gesellschaften ohnehin ausmacht, nämlich die merklich gesteigerte Komplexität sozialer Prozesse und Strukturen. Insofern ist es einerseits nahezu alltäglich, sich „Mehrzielproblemen" (Götze 2008, S. 180) ausgesetzt zu sehen; andererseits bedarf es gerade zu deren Bearbeitung solider Verfahren, die fundiert und transparent die Erreichung komplexer Zielvorgaben kalkulieren und steuern helfen. Hinzu kommt, dass unter Heranziehung verschiedener Indikatorenkonzepte sowohl *quantitative* als auch *qualitative Gesichtspunkte* gemeinsam berücksichtigt werden können, die allerdings im Verlauf der Analyse insofern weiter bearbeitet werden müssen, als die Frage zu klären ist, ob und wie gerade nominalskalierte (z. B. Unterscheidungen, die keine Rangstufen beinhalten: Personennamen, Geburtsorte o. a.) oder ordinalskalierte Messgrößen (also solche über Rangstufen wie etwa Schulnoten) in mathematisch angemessener Weise genutzt werden können. Zudem wird es mit der Nutzwertanalyse möglich, auch die *individuellen Einschätzungen und Wahrnehmungen* von Fachkräften heranzuziehen und abzubilden. Auf diese Weise lässt sich die Expertise einzelner gezielt in den Produktentwicklungsprozess aufnehmen und dort für die Erstellung passgenauer Maßnahmen nutzen.

3.3.2 Das allgemeine Vorgehensmodell der Nutzwertanalyse

Im Folgenden soll nun das Vorgehensmodell für die zuvor skizzierte Grundstruktur der Nutzwertanalyse vorgestellt werden (siehe Abb. 3.5). Dabei sei insgesamt darauf verwiesen, dass verschiedene Modellentwicklungsstufen („Generationen") in der Fachliteratur beschrieben werden. Das im Folgenden thematisierte ist das allgemeine Modell, das für gewöhnlich mit der ersten Generation des Verfahrens in Zusammenhang gebracht wird.

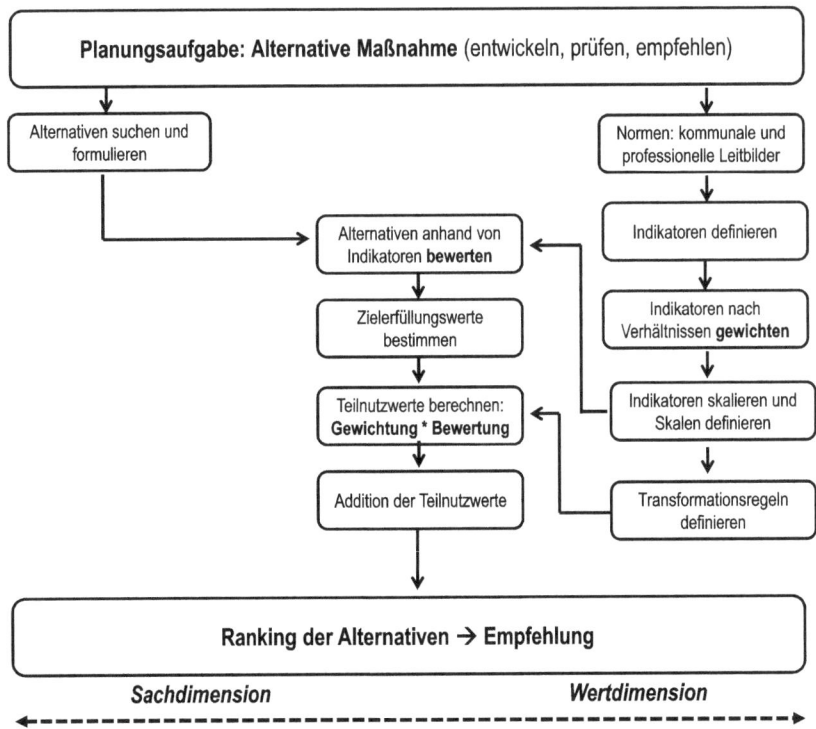

Abb. 3.5 Vorgehensmodell der Nutzwertanalyse. (Quelle: Eigene Darstellung (in Anlehnung an Jacoby und Kistenmacher 1998, S. 154) © A. Böhmer)

Diese Darstellung kann folgendermaßen gelesen werden: Da sich die Aufgabe stellt, verschiedene Maßnahmenalternativen zu entwickeln und unter vorab definierten Kriterien zu prüfen, erfolgt die Nutzwertanalyse idealtypisch zwischen „zwei Polen" zugleich. Einerseits nämlich wird hier die *Sachdimension* dergestalt in den Blick genommen, dass verschiedene sachbezogene Maßnahmen geprüft werden. Die *Wertdimension* kommt solcherart zum Zug, dass unter den vorgegebenen Wertmaßstäben, die sowohl sozialpolitisch als auch durch die Profession Sozialer Arbeit definiert werden können, diesbezügliche Indikatoren gebildet werden.

Zunächst ist daher angesichts von fachlichen Diskursen ebenso wie lokalen oder regionalen Entwicklungen ein Portfolio verschiedener alternativer Maßnahmen zu entwickeln. Dabei ist eine gewisse Realitätsnähe sicher zu empfehlen, andererseits müssen die Realitätspassung oder auch die fachliche Eignung an dieser Stelle noch nicht vollumfänglich geklärt werden. Diese Aufgabe kommt ja gerade der hier vorgestellten Nutzwertanalyse zu. Im wertebezogenen Strang der Analyse müssen nun zunächst vor dem Hintergrund der normativen Vorgaben verschiedene Indikatoren und die ihnen zugrunde liegenden Bündel von Kennzahlen definiert werden. Hierbei sollte einige Aufmerksamkeit der Frage gewidmet werden, in welchem Verhältnis diese Indikatoren zueinander stehen, welcher also politisch und fachlich bedeutender ist als ein anderer. Diese Unterschiedlichkeit in der *Bedeutung* muss sich dann auch niederschlagen in einer unterschiedlichen Gewichtung der verschiedenen Indikatoren untereinander. Üblicherweise werden die Gewichtungen so verteilt, dass sie in ihrer Summe 100 % ergeben (vgl. Hoffmeister 2008, S. 294).

Ein weiteres Qualitätskriterium der Indikatoren ist deren *Nicht-Überschneidung*, d. h. dass dieselben Eigenschaften nicht mit verschiedenen Anzeigern zugleich gemessen werden (vgl. Götze 2008, S. 181). Zudem muss *Nutzenunabhängigkeit* gegeben sein, es darf also nicht ein Indikator vom Maß eines anderen bedingt werden (vgl. Götze 2008, S. 181). Sodann müssen die einzelnen Indikatoren *skalierbar* sein und tatsächlich skaliert werden (oft wird auch dazu eine Skala von 0 bis 100 in Anlehnung an prozentuale Ausprägungen gewählt), um später deren unterschiedlich starke Realisierung in den verschiedenen Alternativen bemessen zu können. Auf diesem Weg lassen sich auch eventuelle Untergrenzen für einzelne Indikatoren definieren, die in der späteren Realisierung einer Maßnahme mindestens erreicht werden müssen, um fachlichen Standards oder politischen Vorgaben genügen zu können.

Gerade hier treten in der Planungspraxis mitunter große Unterscheide auf. Einerseits werden metrisch gegliederte Skalen gefordert (vgl. Jacoby und Kistenmacher 1998, differenzierter für eine erste und eine zweite Generation von Nutzwertanalysen vgl. DVWK 1989, S. 32 ff.), um auf deren Grundlage exakte Werte für die Bewertung der Kriterien erhalten und in die Berechnung von Teil- und sodann Gesamt-Nutzwert überführen zu können. Auf der anderen Seite jedoch kommen nicht selten qualitative Indikatoren zum Einsatz, deren Ausformungen dann häufig nominal- oder ordinalskaliert abgebildet werden (vgl. Götze 2008, S. 181) und insofern nicht einfachhin zur Ermittlung kardinaler Zielerfüllungswerte (vgl. Jacoby und Kistenmacher 1998, S. 154) herangezogen werden können. „Bei qualitativen Zielen entfällt die Möglichkeit, durch quantitative Messung des Zielausmaßes eine Entscheidung herbeizuführen." (Amann und Petzold 2014, S. 97; vgl. auch Fiedler 2014, S. 42; Schreckeneder 2013, S. 84) Dabei aber kommt die Frage auf, inwiefern qualitative Ziele nicht doch durch – angemessene – Transformationen in der Form quantitativer Messergebnisse beschrieben werden können.

Quantify the unquantifiable?
„Many people feel that we should be wary of analysts that try to quantify the unquantifiable. Let us remember, however, that it is also wrong for us not to learn how to quantify the quantifiable. The question is: What is quantifiable?" (Keeney und Raiffa 1993, S. 12)

Insofern ist im nächsten Schritt zunächst abzuklären, wie eventuell auch zur Debatte stehende qualitative Gesichtspunkte quantitativ erfasst werden können. So ist beispielsweise ein in jüngerer Zeit häufiger diskutierter *quantitativer* Indikator für die *qualitative* Gender-Gerechtigkeit im Wirtschaftssystem die Frauenrate in Unternehmensvorständen und Aufsichtsräten. Ähnlich lassen sich auch für sozialpolitische Qualitäten häufig quantitative Aussageformen finden. Das anschließende Beispiel wird dies ebenfalls belegen.

Indikatoren sind also nunmehr die Maßstäbe, mit denen die Planungsalternativen eingeschätzt werden können. In der Sachdimension werden die zuvor entwickelten verschiedenen Planungsalternativen anhand dieser Indikatoren auf ihre Ausprägung der unterschiedlichen fachlichen und politischen Gesichtspunkte, die sich in den konkreten Maßnahmen niedergeschlagen haben, überprüft. Die daran anschließende Transformation der Einschätzungsergebnisse in Teilnutzwerte kann in verschiedener Weise geschehen (vgl. Götze 2008, S. 183):

1. *diskrete* Transformationsfunktionen ordnen ordinalen Klassen der Zielerreichung einen Teilnutzwert zu

Beispiel diskrete Transformationsfunktionen
Indikator „Einsatz von Freiwilligen ist möglich"
a. ja → 1,
b. teilweise → 0,5
c. nein → 0

2. *stückweise-konstante* Transformationsfunktionen ordnen kardinale Werte innerhalb von Intervallen einem bestimmten Teilnutzwert zu

Beispiel stückweise-konstante Transformationsfunktionen
Indikator „Tagessatz für die Betreuung einer KlientIn"
a. 100–200 € → 0,2
b. 200–300 € → 0,3
c. 300–400 € → 0,4

3. *stetige* Transformationsfunktionen geben auch kleine Veränderungen der Zielerreichung unmittelbar in Veränderungen der Teilnutzwerte wieder

Beispiel stetige Transformationsfunktionen
Indikator „Anteil zufriedener an der Gesamtzahl aller NutzerInnen"
a. 10% → 0,1
b. 17% → 0,17
c. 89% → 0,89

Mithilfe dieser Funktionen können die unterschiedlichen Indikatoren im Zuge des Verfahrens tatsächlich zu einem gemeinsamen Nutzwert zusammengeführt werden.

Sind für jede Planungsalternative sämtliche Teilnutzwerte ermittelt und sodann vereinheitlicht worden, erfolgt deren Addition. Auf diese Weise lassen sich Indikatoren-gestützt Gesamtnutzwerte für jede Planungsvariante ermitteln, die, nach Größe geordnet, ein Ranking dieser Alternativen ermöglichen. Aus der Rangordnung wiederum lassen sich sodann Hinweise für Handlungsempfehlungen gegenüber den politisch Entscheidenden (Gemeinderat, Kreistag, Sozialausschuss, Jugendhilfeausschuss etc.) ableiten.

3.3.3 Praxisbeispiel zur Nutzwertanalyse

Um diesem Vorgehen etwas mehr Anschaulichkeit zu verleihen, soll es an folgendem Beispiel dargelegt werden. Für ein *Projekt zur Inklusion psychisch Kranker* in Engelsberg werden verschiedene Maßnahmen entwickelt und überprüft. Im Hinblick auf die Sachdimension werden zunächst verschiedene vorstellbare Alternativen formuliert. Diese könnten sein

a. eine niederschwelligen Tagesstätte,
b. ein Patenprojekt, das sich vor allen Dingen auf die Assistenz bei der Alltagsgestaltung konzentriert,
c. ein Beschäftigungsangebot: eine Fahrradwerkstatt, in der freiwillig mitgearbeitet werden kann.

Ob diese Möglichkeiten fachlich oder politisch tatsächlich sinnvoll sind, kann an dieser Stelle grob reflektiert, muss aber nicht ausführlich, gar mit EntscheidungsträgerInnen, abgestimmt werden, da genau die Klärung dieser Frage mit der Nutzwertanalyse erfolgen soll. Lediglich definitive No-Gos können vorab definiert und in dieser Phase der Entwicklung auch sogleich eliminiert werden.

Im Hinblick auf die Wertdimension müssen nun die Normen berücksichtigt werden, die sich aus dem kommunalen Leitbild, eventuell dem konkreten Planungsanlass sowie aus den Maßstäben der Profession Sozialer Arbeit ergeben. Von dort ausgehend können beispielsweise Indikatoren definiert werden, die Sozialraumorientierung, Armutsfestigkeit sowie Akzeptanz durch die NutzerInnen der Dienstleistung zum Inhalt haben.[2] Diese Indikatoren werden in einem weiteren Schritt in ihrem Verhältnis zueinander gewichtet. Dabei kann der Blick auf das Leitbild der Kommune und den Fachdiskurs Sozialer Arbeit ergeben, dass dem Thema Sozialraum-Orientierung weit mehr Bedeutung zugemessen werden soll als den anderen beiden, dass hingegen Akzeptanz zumindest als gewichtiger denn Armutsfestigkeit eingeschätzt wird. Somit ergibt sich eine Verteilung der Gewichtungen, wie sie in der folgenden Übersicht (siehe Tab. 3.4) abgebildet wird.

Tab. 3.4 Nutzwertanalyse – Schritt 1. (Quelle: Eigene Darstellung © A. Böhmer)

Indikator	Gewichtung	Tagesstätte		Patenprojekt		Beschäftigung	
		Wertung	=	Wertung	=	Wertung	=
Sozialraum-Orientierung	0,5						
Armutsfestigkeit	0,2						
Akzeptanz	0,3						
Summe	1						
Ranking							

[2] Der didaktischen Übersichtlichkeit halber werden die Indikatoren nicht noch weiter in Kennziffern ausdifferenziert. In der Praxis wäre dies sicherlich wünschenswert, um eine genauere Abbildung der verschiedenen Binnendimensionen jedes einzelnen Indikators gewinnen zu können. Mit deren Verarbeitung in der Nutzwertanalyse wäre analog zu dem nun weiter entfalteten Vorgehen zu verfahren.

Der nun anschließende Schritt besteht darin, für jeden der einzelnen Indikatoren eine Skalierung vorzunehmen. Dabei besteht die Herausforderung darin, die oben erwähnte metrische Skala tatsächlich realisieren zu können. Denn im Unterschied zu der rein qualitativ erfolgten Ausgestaltung von Indikatoren, wie sie zuvor dargelegt wurde (vgl. 2.2.2), muss hier nun ein Messkonzept entwickelt werden, dass auch qualitative Gesichtspunkte in metrische Indikatoren und Zielmessungen transformiert (vgl. Jacoby und Kistenmacher 1998, S. 154 f.). Für das gewählte Fallbeispiel kann dies wie folgt aussehen:

1. Sozialraum-Orientierung: Anzahl der Kontakte mit anderen – individuellen oder institutionellen – Akteuren pro KlientIn und Tag innerhalb der alternativen Maßnahme im Verhältnis zu üblicherweise insgesamt nachweisbaren Kontakten (solche Größen lassen sich durch Messung in vergleichbaren Einrichtungen abschätzen),
2. Armutsfestigkeit: Anzahl der kostenfreien Angebote hinsichtlich sämtlicher Angebote der alternativen Maßnahme,
3. Akzeptanz bei der Zielgruppe: Anzahl der NutzerInnen pro Monat wiederum im Verhältnis zu üblicherweise insgesamt gegebenen Kontakten.

Bei den Skalierungen für Sozialraum-Orientierung, Armutsfestigkeit und Akzeptanz können jeweils Prozentwerte gebildet werden (Anteil der positiven im Verhältnis zu allen in der Maßnahme möglichen Umsetzungsmöglichkeiten), so dass sich eine Skalierung von 0 bis 100 analog der prozentualen Ausformung für die Indikatoren anbietet. Diese werden sodann in dimensionslose Teilnutzwerte transformiert.

Im daran anschließenden Schritt (siehe Tab. 3.5) werden die Wertungen der einzelnen Indikatoren für jede der alternativen Maßnahmen zugemessen. Daraus ergibt sich beispielsweise die folgende Übersicht:

Tab. 3.5 Nutzwertanalyse – Schritt 2. (Quelle: Eigene Darstellung © A. Böhmer)

Indikator	Gewichtung	Tagesstätte		Patenprojekt		Beschäftigung	
		Wertung	=	Wertung	=	Wertung	=
Sozialraum-Orientierung	*0,5*	0,6		0,85		0,1	
Armutsfestigkeit	*0,2*	0,75		0,9		0,95	
Akzeptanz	*0,3*	1		0,15		0,2	
Summe	*1*						
Ranking							

Sodann erfolgen lediglich noch die Multiplikation von Gewichtungen der Indikatoren mit den jeweiligen Wertungen, die Addition der Teilnutzwerte im Sinne
einer stetigen Transformationsfunktion (s. o.) und schlussendlich durch Vergleich
der verschiedenen Summen das Ranking, das sich vom höchsten bis zum niedrigs-
ten Gesamtnutzwert erstreckt (siehe Tab. 3.6).

Das Ergebnis dieses Rankings, nämlich die niederschwellige Tagesstätte als
Favorit, stellt sodann diejenige Maßnahme dar, die dem Entscheidungsgremium
– eventuell unter Heranziehung weiterer Analysen – für Engelsberg empfohlen
werden kann. Vor einer solchen Empfehlung kann entweder eine „Sensitivitäts-
analyse" (Fiedler 2014, S. 47) durchgeführt werden. Hier geht es darum, „die
Nutzwertanalyse für verschiedene Szenarien durchzuführen und die Bandbreite
der möglichen Ergebnisse zu ermitteln" (Fiedler 2014, S. 47), um auf diese Weise
die Zuverlässigkeit der ja stets auch mit subjektiven Komponenten durchgeführten
Analyse zu ermitteln. Ferner empfiehlt es sich, weitere der hier vorgestellten oder
andere Verfahren einzusetzen, um die Ergebnisse der Nutzwertanalyse in weitere
fachliche und planerische Zusammenhänge einordnen zu können.

3.3.4 Einschätzungen zur Nutzwertanalyse

Im Anschluss an die Darstellung der Verfahrensweise soll nun der Reflexion dieses
Vorgehensmodells Raum geboten werden. Hinsichtlich der Vorteile der Nutzwertanalyse wird zunächst ersichtlich, dass sie den Vergleich von alternativen Lösun-
gen trotz deren eventueller *Komplexität* ermöglicht. Dabei stellen sich die Skalierung und Messung verschiedener fachlicher wie kommunalpolitischer Maßgaben
als im Detail durchaus anspruchsvoll heraus, da sie eine umfängliche Verbindung
planerischer, sozialarbeiterischer, finanz- und kommunalpolitischer Zielsetzungen
zugleich genügen müssen. Ist jedoch diese Kernaufgabe der Nutzwertanalyse

Tab. 3.6 Nutzwertanalyse – Schritt 3. (Quelle: Eigene Darstellung © A. Böhmer)

Indikator	Gewichtung	Tagesstätte		Patenprojekt		Beschäftigung	
		Wertung	=	Wertung	=	Wertung	=
Sozialraum-Orientierung	*0,5*	0,6	*0,3*	0,85	*0,425*	0,1	*0,05*
Armutsfestigkeit	*0,2*	0,75	*0,15*	0,9	*0,18*	0,95	*0,19*
Akzeptanz	*0,3*	1	*0,3*	0,15	*0,045*	0,2	*0,06*
Summe	*1*	*0,75*		*0,65*		*0,3*	
Ranking		*1*		*2*		*3*	

vollbracht, lassen sich die Teilnutzwerte ebenso wie der Nutzwert insgesamt fast schon bequem ermitteln. Damit ist ein weiterer Vorteil insofern benannt, als sich zeigt, dass die Nutzwertanalyse *fachliche Kriterien* ausdrücklich einbezieht – und sogar gut daran tut, sich zusammen mit klassischen betrieblichen *Finanz-Kennzahlen* auch die Verwirklichung fachlicher Angelegenheiten zu eigen zu machen, um den aktuellen Ansprüchen von Sozialplanung genügen zu können.

Die Nachteile der indikatorengestützten Nutzwertanalyse bestehen zunächst darin, dass sich die *Datenermittlung* schwierig gestalten kann. Insbesondere „müssen Zielkriterien, deren Gewichtungen, Zielerreichungswerte sowie zumeist Transformationsfunktionen bestimmt werden. Dabei ist für die Zielgewichte und für die Teilnutzenwerte, die mittels der Transformationsfunktionen gewonnen werden, kardinales Meßniveau erforderlich." (Götze 2008, S. 187) Ferner hat der zunächst als positiv verstandene Aspekt der Einbeziehung von Expertisen derjenigen Fachkräfte, welche die Nutzwertanalyse durchführen, natürlich auch seine Schattenseite. Denn der Einfluss *subjektiver Einschätzungen* kann die Vergleichbarkeit der Analyseergebnisse mindern. Daher wird zumeist empfohlen, dass nicht eine Person allein den Nutzwert berechne, sondern zunächst mehrere unabhängig voneinander, um anschließend die Ergebnisse abgleichen und gegebenenfalls korrigieren zu können. Darüber hinaus ist darauf aufmerksam zu machen, dass die *Systematik der Bewertung* nicht immer hinreichend transparent wird. Dem kann dadurch Abhilfe geschaffen werden, dass nicht allein das Ranking als Analyseergebnis kommuniziert wird, sondern zudem auch die verschiedenen Bemessungskriterien und deren konkrete Ausprägungen je alternativer Maßnahme. Außerdem ist noch darauf aufmerksam zu machen, dass ein solches Verfahren – zumindest in seiner klassischen Form – die *häufig inkrementelle Planungspraxis* (bottom up statt wie im hiesigen Verfahren: top down) übersieht. Dieses Argument schmälert freilich nicht die Bedeutung der Nutzwertanalyse für die Erarbeitung und Überprüfung alternativer Maßnahmen, doch muss eben in der Praxis der Sozialplanung damit gerechnet werden, dass auch andere „Pfade" der Generierung von Planungsalternativen beschritten werden.

Somit kann abschließend festgehalten werden, dass die Nutzwertanalyse in der praktischen Sozialplanung gute Verwendung finden kann, um die häufig komplexen Planungsaufgaben methodisch und theoretisch weitgehend abgesichert bewältigen zu können. Dass sie hingegen auch ihre spezifischen Herausforderungen beinhaltet, macht sie auf den zweiten Blick zumindest durchaus anspruchsvoller, als sie eventuell im Planungsalltag tatsächlich zur Anwendung kommt. Dies zu berücksichtigen und in diesen Alltag einzubinden, ist die besondere Herausforderung, die sich der SozialplanerIn mit diesem Verfahren stellt.

3.4   Möglichkeiten des Kostenvergleichs

▶   Im folgenden Teil Kapitel erfahren Sie mehr über die Möglichkeiten des
    Kostenvergleichs in der Sozialplanung. Für gewöhnlich werden näm-
    lich gerade die finanziellen Gesichtspunkte sozialer Maßnahmen – und
    insbesondere deren Zuwächse – in der öffentlichen Diskussion beson-
    ders kritisiert. Insofern kommt es für die kommunale Sozialplanung
    verstärkt darauf an, kostengünstig zu agieren und die verschiedenen
    Entwürfe der Sozialplanung nicht zuletzt auf ihre Konsequenzen für
    neu entstehende Kosten hinzu befragen. Daher hängt gerade vom Kos-
    tenvergleich in hohem Maße der Erfolg sozialplanerischer Prozesse im
    operativen Alltag kommunaler Arbeit ab.

3.4.1   Ein Fallbeispiel

Die Kommune hält in Engelsberg eine Begegnungsstätte für ihre älteren Mitbürger-
rInnen vor. Aufgrund einer konzeptionellen Neuausrichtung soll nun eine verstärkte Öffnung in den Sozialraum erfolgen. Zu diesem Zweck diskutiert der Sozialausschuss des Gemeinderates folgende betriebliche Möglichkeiten:

1. Einrichtung eines Ehrenamt-Projektes,
2. Schaffung einer Personalstelle (Umfang: 50 %), die Sozialraum-Arbeit mit der
   Betreuung der BewohnerInnen verbinden soll.

Der Controlling-Bereich der Kommunalverwaltung meldet, dass unter Wahrung
der weiteren politischen und ökonomischen Prioritäten für einen Projekt-Zeitraum
von 3 Jahren insgesamt bis zu 84 T € zur Verfügung stehen können. Für den Sozialausschuss ebenso wie für die Kommunalverwaltung ergibt sich nun die Frage,
wie – unter fachlicher ebenso wie unter ökonomischer Hinsicht – nun eine sach-
liche Entscheidung gefällt werden kann. Für diese Aufgabe stehen in der Sozialplanung unterschiedliche Methoden und Instrumente zur Verfügung. Einige von ihnen
wurden bereits dargelegt, im Hinblick auf die ökonomischen Aspekte jedoch fehlt
sicherlich noch ein Zugang: derjenige über den Vergleich der anfallenden Kosten
(siehe Abb. 3.6).
    Es sind Vorhaben wie diese, die für die Sozialplanung das Erfordernis be-
deuten, unterschiedliche Maßnahmen im Hinblick auf die anfallenden Kosten zu
vergleichen. Dabei sind, dies dürften die bisherigen Verfahren dargelegt haben,
die Kosten sicherlich nicht das alleinige Kriterium, das über die Umsetzung von

Abb. 3.6 Ort der Kostenvergleichsrechnung. (Quelle: Eigene Darstellung © A. Böhmer)

Maßnahmen entscheiden kann. Dennoch spielen sie eine gewichtige Rolle in der kommunalen Entwicklung neuer Dienste und Einrichtungen. Daher sollen sie auch in den folgenden Abschnitt unter der Perspektive der Verfahren der Sozialplanung besondere Beachtung erfahren.

Um daher die je nach Maßnahme unterschiedlich hoch anfallenden Kosten beziffern zu können, bedarf es verschiedener betriebswirtschaftlicher Analysen. Im Folgenden soll insbesondere der Kostenvergleich nach Kostenarten thematisiert werden, um auf diese Weise erste kalkulatorische Aussagen im Hinblick auf die Auswahl der jeweiligen Maßnahme formulieren zu können.

Damit sich die diesbezüglichen Anforderungen genauer reflektieren lassen, sei zunächst ein Blick auf den fraglichen Ort innerhalb ökonomischer Zusammenhänge gerichtet (vgl. allgemein Halfar et al. 2014, S. 84 ff.). In der Kosten-Leistungs-Rechnung der Betriebswirtschaft werden alle in einer Abrechnungsperiode angefallenen Kosten nach verschiedenen Gesichtspunkten unterschieden. Dabei lassen sich Kosten als betriebliche Stromgrößen dem kalkulatorischen Vermögen eines Betriebs zuordnen und wie folgt definieren:

Kosten

„Wert aller verbrauchten Dienstleistungen und Güter pro Periode für die Erstellung der betrieblichen Kernleistung sowie aller erbrachten Leistungen im Rahmen der betrieblichen Kerntätigkeit" (Halfar et al. 2014, 85)

So wird zunächst differenziert nach *Kostenarten*, die Auskunft darüber geben, *welche* Kosten in einem Unternehmen bzw. in einer Gemeinde angefallen sind. Mithilfe der *Kostenstellen* versucht man weiter darüber Auskunft zu erhalten, an welchen *Stellen innerhalb des Betriebsablaufes* diese Kosten verursacht wurden. Die *Kostenträgerrechnung* wiederum fragt nach den „*Produkten*", die im Betriebsablauf erstellt wurden, um ihnen die jeweils angefallenen Kosten zurechnen zu können.[3] Dabei sind in der Sozialplanung die Kostenarten von einigem Interesse, da sie sich bereits vor einer Dienstleistungserbringung zumindest näherungsweise prognostizieren und insofern für die Kalkulation eines Vorhabens ebenso wie für dessen politische Einschätzung nutzen lassen.

3.4.2   Kostenvergleich nach Kostenarten

Sollen daher Kostenvergleiche nach Kostenarten durchgeführt werden, ist zunächst darüber nachzudenken, wie die unterschiedlichen Kostenarten beziffert werden und wie Kostenarten, -stellen und -träger jeweils angemessenen aufeinander abgebildet werden können. Dabei lassen sich unterschiedliche Vorgehen wählen, wie das hier skizzierte Ablaufschema (siehe Abb. 3.7) deutlich macht.

Letztlich zielen alle drei Blickwinkel auf die Frage, welche Preise sinnvollerweise für die wirtschaftlich angemessene Vermarktung (oder eben, im Hinblick auf die kommunale Daseinsvorsorge, für die sozialpolitischen angemessene Gewährleistung) von Dienstleistungsangeboten angesetzt werden können.

Kosten, die lediglich für einen Kostenträger allein anfallen, lassen sich unproblematisch diesem unmittelbar zu rechnen (Einzelkosten bzgl. Kostenträger). Solche Kosten jedoch, die nicht allein diesem einen Kostenträger zuzumessen sind, sondern die für mehrere oder gar für allgemeine Prozesse innerhalb der Organisation anfallen, müssen anderweitig verrechnet werden. Diese sog. Gemeinkos-

---

[3] Die Kostenträgerrechnung ist allerdings nicht zu verwechseln mit Kosten, die ein Kostenträger innerhalb des sozialwirtschaftlichen Dreiecksverhältnisses (LeistungsberechtigteR, DienstleistungserbringerIn sowie eben Kostenträger) erstellt. Hier liegen schlicht unterschiedliche Semantiken für dieselbe Bezeichnung vor.

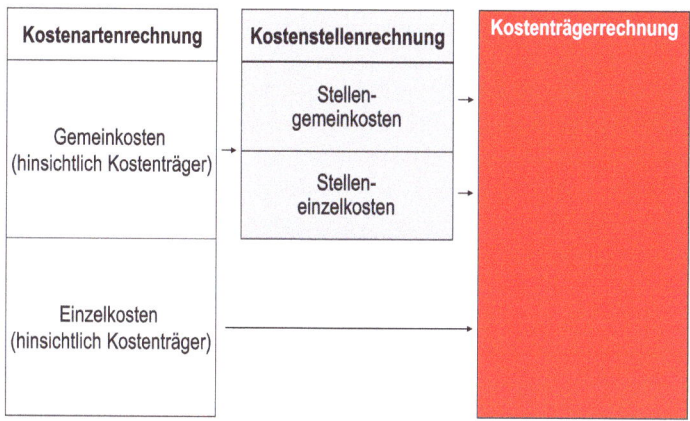

Abb. 3.7 Kostenvergleiche (Kostenarten, -stellen, -träger). (Quelle: Eigene Darstellung (nach Weber und Kabst 2009, S. 342) © A. Böhmer)

ten, solche also die all*gemein* etwa für Overhead-Kosten oder für eine allgemeine Haftpflichtversicherung anfallen, werden in der Regel zunächst den Kostenstellen zugerechnet. Dabei kann es wiederum möglich sein, einzelne Gemeinkosten exakt einer Kostenstelle zuzuweisen, so dass über diese Vermittlung von Einzelkosten der Kostenstellen diese wiederum den Kostenträgern zugerechnet werden können. Solche jedoch, die als Gemeinkosten in mehreren Kostenstellen anfielen oder aber keiner direkt zugesprochen werden können (etwa Beratertätigkeiten für den Vorstand und verschiedene Führungsebenen, Software-Ausstattung der allgemeinen Verwaltung o. a. m.) müssen wiederum über verschiedene Schlüssel von Stellengemeinkosten in die Kostenträgerrechnung transferiert werden.

Wie bereits erwähnt, soll zunächst ein Blick auf die *Kostenartenrechnung* gerichtet werden, um der Frage nachgehen zu können: „Welche Kosten sind entstanden?" Hier werden zunächst alle Kosten auf *einfache Weise* erfasst und systematisiert. Oft ist dabei von besonderem Interesse, inwieweit sich Wachstumsraten ausweisen lassen. Im Sinne des internen Rechnungswesens werden hier kalkulatorische Kosten zugrunde gelegt, also solche, die nicht durch rechtliche Vorgaben (etwa das Handelsgesetzbuch, HGB) definiert werden, sondern durch die betriebsinterne Abschätzung der betrieblich relevanten Kosten (vgl. auch die prägnante Grafik in Lachnit und Müller 2012, S. 46; dort auch Hinweise auf eine voranschreitende Harmonisierung von internem und externem Rechnungswesen).

Dieses Vorgehen der Kostenartenrechnung ist, für Kommunalverwaltungen ebenso wie für gewerbliche Betriebe, im Berufsalltag recht unkompliziert zu handhaben. Dennoch lassen sich bestimmte Nachteile nicht von der Hand weisen. So liegt es in der Natur der Sache, dass Kosten i.a. nicht immer einem bestimmten Produkt zugeordnet werden. Auch unternehmensinterne Veränderungsgründe wie eine interne Restrukturierung, die Eröffnung von Außenstellen oder aber die Schließung solcher Stellen werden nicht eigens berücksichtigt. Schließlich handelt es sich bei der Kostenartenrechnung um den Umgang mit statischen Größen, die in der Regel der dynamischen Entwicklung eines Geschäfts- oder Politikfeldes kaum gerecht werden können.

In der Kostenartenrechnung werden z. B. dargestellt (vgl. auch Götze 2008, S. 51):

- Personalkosten
  Hierzu zählen Lohn, Sozialversicherungen (z. T. inkl. betrieblicher Altersvorsorge) etc.
- Sachkosten
  Damit gemeint sind etwa Ausstattung, Raumkosten, Material, Betriebsmittel etc.
- Abschreibungen
  Diese meinen den Werteverzehr einer Anschaffung – hier: kalkulatorisch berechnet i.a. über den Nutzungszeitraum hinweg.
- Zinsen,
- Steuern, Gebühren, Beiträge sowie
- Kosten für Fremdleistungen,
  die extern eingekauft werden, um sie nicht im eigenen Betrieb herstellen zu müssen.

In der Praxis sind mitunter in der Kalkulation durch „PraktikerInnenregeln" bereits Kombinationen mehrerer Kostenarten gebräuchlich. Ferner erfolgt die Berechnung in aller Regel auf Teilkostenbasis, um somit Gemeinkosten nicht dann einem Produkt zuzurechnen, wenn eine solche Kalkulation nicht dadurch legitimiert werden kann, dass ausschließlich dieser Kostenträger tatsächlich zur Verursachung dieser Kosten beigetragen hat. Dies gilt insbesondere für kurzfristige Entscheidungen, in denen die Fix- und die Gemeinkosten ohnehin angefallen sind und durch die Erstellung eines neuen Produkts zunächst lediglich variable Kosten (v. a. Personal- sowie Materialkosten) berücksichtigt werden müssen (vgl. Lachnit und Müller 2012, S. 70; zur Abgrenzung von Fix- und Gemeinkosten vgl. Lachnit und Müller 2012, S. 85).

Insofern bietet die Kostenartenrechnung die Möglichkeit, die Maßnahmen der Sozialplanung im Hinblick auf ihre Kosten für Implementierung kurzfristig und grob zu kalkulieren. Sollen solche Maßnahmen in den Regelbetrieb überführt werden, müssen einerseits umfänglichere Analysen erfolgen und andererseits die langfristigen Konsequenzen insbesondere für anfallende Gemeinkosten bezüglich der jeweiligen Kostenträger neu durchgerechnet werden.

3.4.3 Kostenvergleichsrechnung als statische Methode der Investitionsrechnung

In einem nächsten Schritt soll nun die Kostenvergleichsrechnung vorgestellt werden, die zwar in der Praxis häufig Verwendung findet, allerdings gerade aufgrund ihrer Vorzüge (der gut handhabbaren Einfachheit und der wenigen notwendigen Daten) durchaus auch ihre Schwachstellen aufweist. Konkret wird hierbei das Ziel verfolgt, die Kostenvergleichsrechnung als statische Methode der Investitionsrechnung einzusetzen, die mit gleich bleibender Datenlage („statisch") kalkuliert, selbst wenn tatsächlich weitere Entwicklungen innerhalb eines Projektes oder Dienstleistungsangebotes neue Investitionsentscheidungen bedingen. Dies gilt nicht zuletzt bei unterjährigen Veränderungen, wenn in der statischen Kostenvergleichsrechnung das Geschäftsjahr als Zeitraum der Berechnung zugrunde gelegt wird.

Begrenztheit statischer Kostenvergleiche
In der Investitionsrechnung sind statische Verfahren davon geprägt, dass sie die zeitlichen Veränderungen von Investitionen und ihren Ergebnissen nicht in den Blick nehmen. Da diese Unterschiede aber mitunter wichtige Konsequenzen für den Verlauf eines Projektes und damit auch für die Betrachtung der dazu notwendigen Investitionen haben, bleiben für die Investitionen relevante Gesichtspunkte unbeachtet. Dass statische Verfahren dennoch in der Praxis häufig zur Anwendung kommen, hat seinen Grund darin, dass sie nur wenige Informationen heranziehen und recht einfach zu realisieren sind (vgl. auch Graumann 2011, S. 364 ff.).

Die Kostenvergleichsmethode kommt deshalb zum Einsatz, wenn beispielsweise

- abgewogen werden soll, ob eine Neuanschaffung sinnvoll sei;
- zu klären ist, ob Fremdbezug oder Eigenproduktion vorzuziehen sei (siehe Abb. 3.8);
- bei zwei möglichen Alternativen die kostengünstigere gefunden werden soll.

Abb. 3.8 Fremdbezug. K Kosten, x Ausbringungsmenge. (Quelle: Eigene Darstellung (in Anlehnung an Graumann 2011) © A. Böhmer)

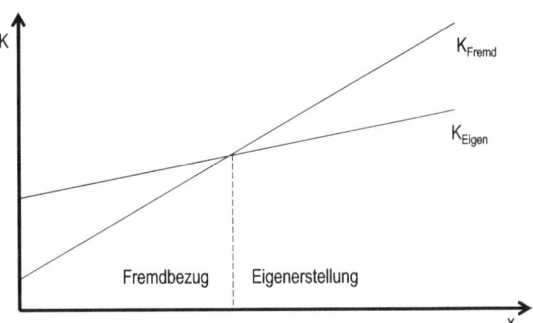

Hierbei funktioniert die Kostenvergleichsmethode bei Alternativen mit gleichen Leistungsmengen durch den Vergleich der Gesamtkosten und bei ungleicher Abgabe der Leistungen durch den Vergleich der Stückkosten (vgl. Hoffmeister 2008, S. 53 ff.) bzw. für den Fall der Sozialplanung und der Sozialen Arbeit durch den Vergleich der Kosten pro NutzerIn.

Darüber hinaus wird auch die sog. Gewinnvergleichsmethode beschrieben, die nach den möglichen Gewinnen (gesamt, pro Stück bzw. Fall) sowie nach den Rentabilitäten fragt (vgl. Fiedler 2014, S. 55 ff.; Hoffmeister 2008, S. 70 ff.). Im Folgenden werden, aufgrund der sozialpolitischen Rahmung der Analysen, insbesondere Kostenvergleiche durchgeführt und die Frage nach den Gewinnen, Rentabilitäten oder auch Amortisierungen lediglich sekundär betrachtet.

Anhand zweier Beispiele[4] soll nun dargelegt werden, in welcher Form sich die Kostenvergleichsmethode nutzen lässt, um insbesondere die Aufgaben der Sozialplanung in angemessener und kostensensibler Weise zu bearbeiten.

Beispiel 1: Beratungsstelle

Zwei Investitionsvarianten zur Schaffung einer Beratungsstelle in Engelsberg stehen für die Kommune zur Auswahl; Zinsen sollen nicht erwirtschaftet werden, es wird von Vollauslastung ausgegangen, Beratungen erfolgen für gewöhnlich an lediglich einem einzigen Termin (siehe Tab. 3.7).

---

[4] Aus Gründen didaktischer Reduktion wurde auf die Nennung spezifischerer Versorgungsformen und der dazugehörigen detaillierten Finanzierungsvarianten verzichtet. Die vorliegenden Zahlenbeispiele erheben also keinen Anspruch auf dezidierte Abbildung empirischer Finanzierungsströme, sondern auf transparente Darstellung der Rechenmodalitäten. Einen differenzierten Überblick über sozialwirtschaftliche Finanzierungsformen bietet Brinkmann 2010, S. 125 ff.

Tab. 3.7 Kostenvergleichsmethode – Beispiel 1. (Quelle: Eigene Darstellung © A. Böhmer)

	Konzeption 1	Konzeption 2
Kosten für die Anschaffungen (Immobilie, Ausstattung etc.) in €	250.000	100.000
Nutzungsdauer in Jahren	10	10
Restwert in €	0	0
Fallzahlen p. a.[a]	1000	500
Fixkosten p. a. in € (ohne Abschreibungen)	25.000	15.000
Variable Kosten in €/Beratung	70	120
Fallpauschale von Kostenträger in €	120	150

[a] per annum (lat.: pro Jahr)

Es kann davon ausgegangen werden, dass es sich bei den variablen Kosten z. B. um Löhne handelt. Zur Begründung kann argumentiert werden, dass Mitarbeitende bei Unterauslastung auch anderen Arbeitsfeldern zugeordnet werden können (vgl. Götze 2008, S. 52; davon z. T. abweichend Lachnit und Müller 2012, S. 85). Die Anschaffungen sollen linear über den gesamten Nutzungszeitraum abgeschrieben, Zinsen nicht erwirtschaftet werden.

Werden nun die einzelnen Positionen gelistet, ergibt sich folgende Übersicht (siehe Tab. 3.8).

Unter den erwähnten kalkulatorischen Abschreibungen ist der unternehmerisch definierte Werteverzehr der Immobilie zu verstehen, der sich aus den Anschaf-

Tab. 3.8 Kostenvergleichsmethode – Lösung 1. (Quelle: Eigene Darstellung © A. Böhmer)

	Konzeption 1	Konzeption 2
Betriebskosten fix in € p. a. (ohne Abschreibungen)	25.000	15.000
kalkulatorische Abschreibungen p. a.	25.000	10.000
Betriebskosten variabel in € p. a.	70.000	60.000
Gesamtkosten in € p. a.	*120.000*	*85.000*
Gesamtkosten in €	*1.200.000*	*850.000*
Fallzahlen p. a.	1000	500
Fallkosten in €/Fall	120	170
Fallerlös in €/Fall	120	150
Gewinn in €/Fall	*± 0*	*− 20*
Gesamtgewinn in € p. a.	*± 0*	*− 10.000*

fungskosten, der Nutzungsdauer und dem Restwert ergibt. Als Bestandteil des *internen* Rechnungswesens kann sich dieser Wert deutlich von denen des *externen* unterscheiden, das insbesondere handels- und steuerrechtliche Maßgaben zu beachten hat.

Insgesamt zeigt sich, dass trotz der zunächst der unterschiedlichen Anschaffungskosten dem Projekt mit den dort höheren Kosten letztlich der Vorzug gegeben werden sollte, da es aufgrund seiner höheren Fallzahlen geringere Kosten verursacht, selbst wenn die Fallerlöse hier geringer sind. Eine zusätzliche Analyse hingegen erfordert die Beantwortung der Frage, wie ein solches Konzept fachlich einzuschätzen ist, das mit geringeren Gesamtkosten die doppelte Anzahl der NutzerInnen versorgen kann. Hier wäre evtl. mit Hilfe der Nutzwertanalyse (vgl. 3.3) eine gesonderte Untersuchung anzustellen.

Auch muss gefragt werden, ob die höhere Zahl potentieller NutzerInnen dem tatsächlich gegebenen Bedarf entspricht. Dies dürfte aber die im Planungskreislauf zuvor verortete Bedarfsanalyse beantwortet haben.

Beispiel 2: Kontaktbüro
Zwei Investitionsvarianten zur Errichtung eines niederschwelligen Kontaktbüros für Menschen in Krisensituationen werden für Engelsberg geprüft. Zinsen sollen nicht erwirtschaftet werden, es wird von Vollauslastung ausgegangen, eine Refinanzierung über Eigenmittel wird nicht angesetzt (siehe Tab. 3.9).

Werden nun die einzelnen Positionen zusammengetragen, ergibt sich die skizzierte Übersicht (siehe Tab. 3.10).

Tab. 3.9 Kostenvergleichsmethode – Beispiel 2. (Quelle: Eigene Darstellung © A. Böhmer)

Standort	Standort A	Standort B
Kosten für die Anschaffungen (Immobilie, Ausstattung etc.) in €	200.000	160.000
Nutzungsdauer in Jahren	10	8
Restwert in €	20.000	0
Fallzahlen p. a.	500	300
Fixkosten p. a. in € (ohne Abschreibungen)	25.000	25.000
variable Kosten in €/Fall	100	80
Fallpauschale von Kostenträger in €	200	200

Die Analyse dieser Übersicht zeigt zunächst, dass Standort A im Vergleich der Kosten pro Fall günstiger ist und daher gewählt werden sollte, sofern die deutlich höheren Gesamtkosten dieses Standortes (aus kommunaler Sicht) kein Ausschlusskriterium darstellen. Sollte Letzteres zutreffen, wäre angesichts der negativen Ertragssituation für Standort B zu prüfen, ob solche Verluste für das Beschlussgremium (Sozialausschuss o. a.) akzeptabel sind (zur Preispolitik in Märkten mit unterschiedlich stabilen Preisen vgl. Amann und Petzold 2014, S. 136). Es zeigt sich, dass für die Beurteilung dieser Fragestellungen weitere Gesichtspunkte mit berücksichtigt werden müssen. Dazu zählt zunächst die Frage, inwieweit andere, bereits bestehende oder erst projektierte, Maßnahmen von dieser Entscheidung betroffen sind. Ebenso ist zu prüfen, inwieweit das fragliche Projekt für die strategische Ausrichtung der Sozialpolitik in der Kommune von Bedeutung ist. Auch daran bemisst sich der „politische Wert" des Vorhabens und insofern der eventuelle monetäre Spielraum. Letztlich und sicher von wesentlicher Bedeutung ist die Frage nach den Bedarfen; da die Standorte unterschiedliche Fallzahlen „bewältigen" können, lässt sich auch von hierher eine Entscheidungshilfe gewinnen.

Im Zweifelsfall müsste ein neues Analyseverfahren anderer Standorte oder aber die konzeptionelle Anpassung der fachlichen Arbeit an den untersuchten Standorten prüfen. Für die Zwecke einer solchen Transformation bisheriger Planungsvorgaben, die also auf Zukunft hin orientiert sind, dürfte sinnvoll sein, was Buchholz für vergangenheitsbezogene Abweichungsanalysen empfiehlt, nämlich „dass […] die Kostenverantwortlichen der einzelnen Unternehmensbereiche einbezogen werden, da sie über das Wissen verfügen, welche Kostentreiber verschiedene Kos-

Tab. 3.10 Kostenvergleichsmethode – Lösung 2. (Quelle: Eigene Darstellung © A. Böhmer)

Standort	Standort A	Standort B
Betriebskosten fix in € p. a. (ohne Abschreibungen)	25.000	25.000
Kalkulatorische Abschreibungen p. a.	18.000	20.000
Betriebskosten variabel in € p. a.	50.000	24.000
Gesamtkosten in € p. a.	*93.000*	*69.000*
Gesamtkosten in €	*930.000*	*552.000*
Fallzahlen p. a.	500	300
Fallkosten in €/Fall	186	230
Fallerlös in €/Fall	200	200
Gewinn in €/Fall	*14*	*– 30*
Gesamtgewinn in € p. a.	*7000*	*– 9000*

tenkategorien beeinflussen beziehungsweise beeinflusst haben." (Buchholz 2013, S. 209; zu strategischen Kostensenkungspotenzialen und -maßnahmen vgl. Buchholz 2013, S. 210 f.) Planerischen Neuausrichtungen solchen Ausmaßes jedoch erfordern ein beachtliches Ausmaß an zusätzlichen Zeitressourcen, das den Planungsablauf demgemäß belasten kann.

3.4.4 Einschätzungen zur Kostenvergleichsrechnung

Zum Abschluss der Darstellung dieses Verfahrens sollen dessen Vor- und Nachteile kurz dargestellt werden. Auch für die Kostenvergleichsrechnung spricht sicherlich ihre *einfache Durchführbarkeit*. Sofern belastbare Daten (s. u.) vorliegen, können mit wenigen Rechenschritten Einschätzungen der Kostensituation eruiert werden.

Ein weiterer positiver Aspekt der Kostenvergleichsrechnung ist der *Fokus auf finanzielle Fragen*. Diese sind nach wie vor Gegenstand umfangreicher kommunalpolitischer Diskurse, so dass deren Reflexion auch im Zusammenhang der Sozialplanung zweckmäßig und sinnvoll erscheint.

Sodann macht dieses Verfahren planerische wie politische Entscheidungen transparent und eignet sich daher insbesondere für *kommunikative Prozesse* in teilhabeorientierten Planungszusammenhängen. Dabei lassen sich zunächst die finanziellen Spielräume sozialplanerischer Maßnahmen ermitteln und beschreiben. Damit können etwaige Planungsveränderungen in ihren finanziellen Möglichkeiten und daraus resultierenden Konsequenzen ausgelotet werden und somit Abweichungen von bis dahin gültigen Planungsauffassungen realistischer, weil finanzpolitisch begründbar, zur Umsetzung bringen.

Die problematischeren Seiten des Verfahrens sollen ebenfalls benannt werden. So wurde bereits auf die *Statik des Verfahrens* angesichts von dynamischen Planungs- und Finanzverhältnissen verwiesen. Hinzu kommt, dass die Kostenvergleichsrechnung, ihre Anlage entsprechend, den Fokus auf monetäre Aspekte richtet. Damit kann die Gefahr einhergehen, sich *einseitig* auf die geldbezogenen Aspekte der Planung zu konzentrieren. Andere Gesichtspunkte, die mindestens genauso von Relevanz sind, könnten dabei zu wenig Beachtung erfahren.

Aufgrund der an den Gegebenheiten der Kostenarten orientierten Analyseperspektive besteht bei der Kostenvergleichsmethode auch die Gefahr, dass potentielle *finanzielle Alternativen nicht hinreichend deutlich* werden, da weiterreichende Gesichtspunkte nicht beachtet werden.

Ein weiteres kardinales Problem, das die gesamte Praktikabilität des Verfahrens infrage stellen kann, stellt die *Datenqualität* dar, mit der die Analyse durchgeführt werden kann. „In der Praxis besteht die größte Schwierigkeit in der Beschaffung zuverlässiger Daten." (Fiedler 2014, S. 54) Insofern kommt es bei diesem wie bei den übrigen Verfahren ebenfalls verstärkt darauf an, mit solider Datengrundlage und darauf aufbauender Auswertungssystematik agieren zu können. Gerade daran dürfte sich die Praktikabilität dieses wie auch der anderen Verfahren entscheiden.

3.5 Projektplanung

▶ In diesem Abschnitt des Bandes erfahren Sie mehr über die Projekt-arbeit, wie sie insbesondere im Hinblick auf deren Planung, aber auch die operative Umsetzung der bisherigen sozialplanerischen Prozesse, beschrieben werden kann. Insofern werden zwar nicht alle Details der Projektarbeit vorgestellt, doch lernen Sie diejenigen Aspekte und Inst-rumente kennen, die für die Sozialplanung bzw. für die Umsetzung ihrer Planungsergebnisse von besonderer Bedeutung sind. Dabei gibt es immer wieder Überschneidungen zwischen der eigentlichen Planung und der konkreten Realisierung von Planungsvorhaben. Diese Schnitt-mengen können dazu genutzt werden, den Übergang von Planung in Projektsteuerung und wieder zurück auszuloten sowie zugleich festzu-stellen, dass Sozialplanung neben dem planerischen Geschäft durch-aus auch unmittelbare Realisierungsmöglichkeiten bietet.

Allgemein wird unter Projekt verstanden „ein Vorhaben, das im Wesentlichen durch die Einmaligkeit der Bedingungen in ihrer Gesamtheit gekennzeichnet ist" (DIN 69901). Eine solche Bedingungslage findet sich im Planungsgeschehen ins-besondere dort, wo es um die Realisierung von Programmen/Produkten und Pro-zessen geht (siehe Abb. 3.9). In dieser Phase nämlich geschieht der Übergang von planerischen in praktische Umsetzung eines eventuell gänzlich neuen Angebotes oder aber der Ausbau des bestehenden in einem neuen Ausmaß. Somit ist die Pla-nung und teilweise die Steuerung, Umsetzung und Ergebnisbewertung der Reali-sierung auch von Bedeutung für die Sozialplanung.

3.5.1 Charakteristika der Projektplanung

Fiedler (2014, S. 2 f.) zählt folgende Charakteristika für Projekt-förmige Unterneh-mensprozesse auf, die sich leicht variierte Form auch für Projekte in der Sozialpla-nung identifizieren lassen:

Abb. 3.9 Ort der Projektplanung. (Quelle: Eigene Darstellung © A. Böhmer)

- zeitliche Begrenzung

  Für die Sozialplanung bedeutet dies eine vorgegebene Befristung für die Umsetzung und Auswertung der geplanten Maßnahme. Dabei ist das jeweilige Maß solcher Fristen von den konkreten Projekten abhängig. Die Ausweitung eines ambulanten Jugendhilfe-Angebotes kann eventuell binnen Jahresfrist auf den Weg gebracht werden. Ein weit vernetztes Beratungs- und Versorgungsprojekt der Suchtberatung wird dafür deutlich größere Zeiträume benötigen, um sämtliche Schnittstellen der beteiligten Dienste und Einrichtungen prüfen und anpassen zu können.

- finanzielle und personelle Einschränkungen

  Die Handlungsfelder der Sozialplanung sind für gewöhnlich von klar umgrenzten personellen und finanziellen Ressourcen und deren Steuerung bestimmt. Sollen aus dem „laufenden Geschäft" heraus Projekte entwickelt und umgesetzt werden, müssen diese ohnehin begrenzten Personal- und Sachmittel klar umschrieben, zugeteilt und gesteuert werden. SozialplanerInnen können diesbezüglich Teile des Fachcontrollings zukommen.

- definiertes Ziel
  Da in aller Regel fachpolitische Gremien (Sozialausschuss des Gemeinderates, Jugendhilfeausschuss o. a.) die formalen Auftraggebenden für sozialplanerische Prozesse sind und sie zugleich ihre politischen Maßgaben realisiert sehen wollen, müssen die jeweiligen Projektziele möglichst klar definiert werden. Zu diesem Zweck empfiehlt es sich, Indikatoren festzulegen, die inhaltlich und hinsichtlich des Ausmaßes eine Kontrolle der Zielerreichung erlauben. In dieser Hinsicht wird weiterhin die Angemessenheit der sog. Wirkungsorientierung diskutiert (vgl. Albus et al. 2010; Nüsken 2010; Merchel 2013; Otto und Ziegler 2006). Unter der Perspektive der Sozialplanung scheint weniger fraglich, *ob* wirkungsorientiert zu arbeiten sei, sondern sehr viel mehr, *wie* fachlich angemessene Kennzahlen gewonnen werden können, um eine sozialarbeiterisch angemessene Wirkungsorientierung zu realisieren. Auch unter dieser Hinsicht wird deutlich, dass die Fachlichkeit Sozialer Arbeit im Planungs- wie im Projekt-Realisierungsprozess von besonderer Bedeutung ist.
- Arbeit in bereichsübergreifenden Teams
  Da die Fähigkeiten für die Generierung neuer Dienstleistungen speziell gefunden werden müssen und in dieser Hinsicht fähige Mitarbeitende vor dem Hintergrund der knappen Personalressourcen mit eingeschränktem Maß zur Verfügung stehen, müssen häufig Projektteams zusammengestellt werden, die aus unterschiedlichen Bereichen der Kommunalverwaltung oder eben der Trägerstrukturen stammen. Hierbei gilt zum einen, dass die unterschiedlichen Bereichskulturen Berücksichtigung finden müssen, zum anderen sind auch verschiedene fachliche Profile (SozialarbeiterIn, Angestellte in der Sozialverwaltung, ErzieherIn, HeilerziehungspflegerIn, andere Verwaltungsmitarbeitende, Angehörige des technischen Dienstes etc.) zu koordinieren. Diese verschiedenen Perspektiven und Herkünfte fungieren also einerseits als Ressourcen, bedürfen aber andererseits der besondere Aufmerksamkeit und zuweilen auch Moderationstätigkeit, um ein Projekt erfolgreich werden zu lassen.
- großer Umfang
  Neuerungen gehören in vielfältigen Formen zum Berufsalltag der Sozialplanung. Um daher den Aufwand der Projektarbeit zu rechtfertigen, wird insbesondere ein großer Arbeits- oder aber finanzieller Umfang gefordert, um auch in der Sozialplanung projektbezogenes Arbeiten formal zu realisieren.
- hohes Maß an Unsicherheit
  Wie in vielen Bereichen, in denen Neues entwickelt werden soll, ist auch in der Projektphase der Sozialplanung ein hohes Maß an unsicheren und riskanten Faktoren anzunehmen. Insofern gilt grundsätzlich, dass Projekte scheitern können. Dies scheint ein zunächst trivialer Sachverhalt zu sein, der jedoch in der Praxis häufig übersehen wird. Insofern bedarf es während der sozialplaneri-

schen Projektphase zunächst spezifischer Maßnahmen des planerischen Risiko-
managements. Des Weiteren sind, gerade in größeren Projekten, kontinuierliche
Controlling-Maßnahmen vonnöten, um riskante Entwicklungen frühzeitig identifizieren und möglichst korrigieren zu können.

Auf diese Weise wird sichtbar, wie vielfältig die Prozesse in einem Projekt sein
können, um der dem Projekt gestellten Aufgabe in seiner Komplexität tatsächlich
entsprechen zu können.

3.5.2 Die Rollen im Projekt

In einem Projekt der Sozialplanung (vgl. für allgemeine Projektplanung Schreckeneder 2013, S. 45) lassen sich verschiedene Rollen unterscheiden (siehe Abb. 3.10):

* AuftraggeberIn,
* Lenkungsausschuss,
* Projektleitung,
* Mitglieder des Projektteams,
* Servicestellen wie Controlling, allgemeine Verwaltung u. a.,
* NutzerInnen.

Der Schwerpunkt der hier vorliegenden Darstellungen zur Sozialplanung liegt auf
den planerischen Bezügen der Kommune. Somit ist die *AuftraggeberIn* jeweils das

Abb. 3.10 Rollen im
Projekt. (Quelle: Eigene
Darstellung (in Anlehnung
an Schreckeneder 2013,
S. 45) © A. Böhmer)

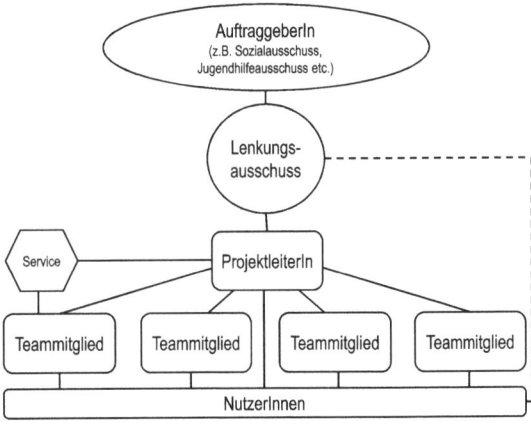

zuständige Kommunalparlament bzw. sein einschlägiger Ausschuss. Hier werden die grundsätzlichen Beschlüsse zur Realisierung von Prozessen der Sozialplanung gefällt, hier werden die fachpolitischen Themen definiert und somit werden hier auch die Grundlagen der Projekte im sozialpolitischen Zusammenhang gelegt. Die AuftraggeberIn wiederum richtet, vermittelt durch die Kommunalverwaltung, einem Projekt-bezogenen *Lenkungsausschuss* ein. Dieser Ausschuss ist dafür zuständig (vgl. auch Hohner 2007, S. 827), das Projekt zu starten, Zwischenberichte der Projektgruppe entgegenzunehmen und zu bewerten, Nachsteuerungen durchzuführen, Arbeitsaufträge zu deren Umsetzung zu definieren, deren eventuelle Korrekturen zu genehmigen und schließlich den Endbericht entgegenzunehmen sowie ihn einer abschließenden politischen Bewertung durch die AuftraggeberIn zuzuführen.

Insofern hat der Lenkungsausschuss bedeutende Funktionen im Hinblick auf die strategische Steuerung des Projektes, dessen operative Realisierung jedoch liegt zunächst in der Hand der *Projektleitung*. Sie teilt die einzelnen Aufgaben zu, überwacht deren Umsetzung, moderiert den operativen Gesamtprozess (insbesondere unter zeitlicher und Ressourcen-bezogener Hinsicht) und leistet als Mitglied des Lenkungsausschusses die Vermittlung zwischen operativer und strategischer Ebene des Projektes. Ein nicht zu unterschätzender Bereich ihrer Betätigungen ist darüber hinaus ist die Motivation der Mitwirkenden. Der Projektleitung zugeordnet werden die verschiedenen *Mitglieder des Projektteams*, die aufgrund ihrer inhaltlichen Expertise (oft auch verschiedener Fachrichtungen; vgl. Hohner 2007, S. 826) und günstigstenfalls auch aufgrund ihrer Teamfähigkeit für diese gesonderte Aufgabe vorgesehen werden. Dem Team und seiner Leitung zugeordnet werden *Servicestellen*, die das Team dadurch unterstützen, dass sie ihm Routine- und Spezialarbeiten abnehmen, von denen das Team in seiner Projektrealisierung somit entlastet ist. Hierzu zählen etwa das Controlling, das im Hinblick auf Fach- und Finanzcontrolling (vgl. skeptisch zu dieser Differenzierung Halfar et al. 2014, S. 38)[5] die vorab definierten Kennzahlen kontinuierlich erhebt und auswertet, um sie sodann an die Projektleitung zum Zweck der Information, Steuerungsunterstützung sowie weiterer Planung zu leiten. Eine weitere Servicestelle ist in der allgemeinen Verwaltung zu sehen, die bestimmte allgemeine Aufgaben wie etwa das Sicherstellen von im Projekt benötigten Ressourcen (Fuhrpark, Büromaterial etc.) übernimmt.

---

[5] Allerdings liegt dort der Fokus dieser Skepsis auf dem *Controlling* in der Sozialwirtschaft, hier hingegen der Schwerpunkt der Begriffswahl auf der binären Struktur von *Sozialplanung* als fachlich und politisch bestimmter Handlungsform. Die Letztgenannte wiederum ist in spezifischer Weise mit finanziellen Aspekten verkoppelt.

Anders als in der üblichen Projektstruktur ist damit jedoch noch nicht der gesamte Projektzusammenhang entfaltet. Wichtiger Bestandteil nämlich im Hinblick auf die Definition der Projektziele und ihrer Teilabschnitte, aber auch in anderen Bezügen wie etwa der angemessenen Formen von Umsetzung und Auswertung der Projektphasen sind diejenigen, um die es in Sozialpolitik und Sozialplanung primär gehen soll und die in einer Demokratie letztlich die AuftraggeberInnen allen kommunalen Handelns sind, die *NutzerInnen*. Sie nämlich müssen, wie allgemein in der Erbringung von Dienstleistungen, als externe Faktoren (vgl. Schröder et al. 2007, S. 303; verweisen auf Corsten) in den Prozessen sozialplanerischer Projekte mitwirken, da sie diejenigen sind, für die, aber eben auch mit denen die Projekte der Sozialplanung ins Leben gerufen werden. Insofern muss sichergestellt werden, wie sie mindestens Kontakte zur Projektleitung und in die operativen Prozesse der Projektrealisierung bekommen. Denkbar sind hier entweder regelmäßige Kontakte im Sinne von Austauschforen oder aber öffentliche Versammlungen in ausgesuchten Phasen des Projektprozesses (vor Beginn, wenn es um die Zieldefinition geht, zur Zwischenevaluation oder auch zur Einschätzung des Gesamtergebnisses am Ende des Projektes). Zudem ist vorstellbar, dass einzelne NutzerInnen an den Sitzungen des Lenkungsausschusses teilnehmen.

3.5.3   Die Aufgaben im Projekt

Zum Zweck der weiteren Konkretisierung sollen nun die verschiedenen Aufgaben innerhalb der Projektstruktur näher beschrieben werden:

*   AuftraggeberIn
    Ihr kommt zunächst die Aufgabe zu, die Aufträge für die Planung des Projkts sowie für dessen tatsächliche Umsetzung zu erteilen. Des Weiteren definiert sie den Lenkungsausschuss, etwa hinsichtlich seiner Mitglieder, seiner Tagungsfrequenz, seiner dezidierten Kompetenzen u. ä. m. Auch leitet sie diesen Ausschuss in aller Regel selbst. Zudem ernennt sie die Projektleitung und klärt deren Arbeitsform, Personalkompetenzen u. ä. m. im Hinblick auf die bestehende Aufbau- und Ablauforganisation der Kommunalverwaltung.
*   Lenkungsausschuss
    Er nimmt die Arbeitsergebnisse des Projektteams entgegen und beurteilt sie gemäß vorab festgelegten Maßstäben (Indikatoren). Ferner führt er die jeweils notwendigen Entscheidungen auf der Grundlage der Berichte aus dem Projektprozess herbei, um so dessen Voranschreiten sicherstellen und zugleich die defi-

nierte Zielerreichung gewährleisten zu können. Hierbei ist eine seiner zentralen Aufgaben, die jeweils neue Phase des Projektes zu genehmigen („Freigabe").

- Projektleitung
Ihr obliegt es zunächst einmal, das Team einzurichten, indem sie die fraglichen Personen vorschlägt, deren Zeitbudget kalkuliert und ihre jeweiligen Einsätze terminiert und abstimmt. Insbesondere aber plant, steuert und kontrolliert sie den gesamten Projektprozess, was bereits im allgemeinen Projektmanagement keine ganz geringe Aufgabe darstellt. Projekte jedoch in sozialpolitischen Gemengelagen und mit sozialplanerischem Anspruch durchzuführen, stellt insofern eine Verschärfung der Aufgabe dar, als sie nicht allein inhaltlich und finanziell, sondern nunmehr auch besonders politisch geprägt ist. Dies bedeutet zum einen, dass die Öffentlichkeit ein weit größeres Interesse an solchen Projekten haben und bei eventuellen Krisen auch durchaus rasch mit merklicher Kritik aufwarten kann.

Darüber hinaus kommt, wie bereits geschildert, den NutzerInnen der projektierten Dienste und Einrichtungen eine besondere Rolle zu. Insofern ist es für die Projektleitung erforderlich, die von ihnen formulierten Erwartungen, Vorschläge und Kritikpunkte mit Wertschätzung und Realitätssinn in den Projektprozess zu integrieren. Auch ist es von einiger Bedeutung, dass die Projektleitung selbst „Feldkompetenz" mitbringt, um auf diese Weise den Kontakt mit den NutzerInnen angemessen und differenziert gestalten zu können.

Ferner leitet die Projektleitung die Teamsitzungen. Sie ist auch kraft Amtes Mitglied des Lenkungsausschusses, um, wie bereits erwähnt, auf diese Weise den Transfer zwischen operativer Projektarbeit und administrativer sowie strategischer Projektsteuerung gewährleisten zu können.

- Mitglieder des Projektteams
Sie bearbeiten ihre jeweiligen Arbeitspakete, die, zumeist im Rahmen eines Team-internen Abstimmungsprozesses oder von der Projektleitung, angesichts ihrer disziplinären und persönlichen Qualifikationen eigens für sie inhaltlich, zeitlich, bezüglich der bereitgestellten Ressourcen sowie im Hinblick auf den Gesamtzusammenhang des Projektes definiert worden sind. Somit berichten sie auch über den jeweiligen Sachstand, in dem sich ihrer Arbeitspakete aktuell befinden. Es liegt in der Natur der Sache, dass sie als Team-Mitglieder an den Teamsitzungen teilnehmen. Außerdem dokumentieren sie ihre einzelnen Arbeitsschritte und -ergebnisse, um auf diese Weise Transparenz und gegebenenfalls steuernde Resonanz durch die Projektleitung zu ermöglichen.

- Servicestellen
Sie bereiten das jeweilige Projekt im Rahmen ihrer Aufgabenfelder (Controlling, Verwaltung, technischer Dienst, IT etc.) vor und stellen auch während des

Projektverlaufs die Unterstützung mit entsprechenden Dienstleistungen sicher. Sie koordinieren außerdem verschiedene, zeitgleich ablaufende Projekte. Im Hinblick auf spezifische Fragen können die Servicestellen auch die AuftraggeberIn beraten, so dass diese etwaige kritische Phasen des Projektes sachlich korrekt einschätzen und womöglich durch angepasste Auftragsformulierung fördern kann. Ein weiterer wichtiger Aspekt der Servicestellen ist die Unterstützung der Projektleitung mit entsprechendem Know-how, Dienstleistungen und Ausrüstung.

- NutzerInnen
Sie fungieren zunächst als die bürgergesellschaftlichen AuftraggeberInnen. Dies gilt zumindest dann, wenn die der Planungspraxis zugrunde liegende Theorie dem EDD-Konzept, Engage – Deliberate – Decide, folgt (vgl. Selle 2011, S. 128). Hierbei ist das Ziel, all diejenigen am Prozess zu *beteiligen*, die als Interessengruppen an einem Austausch bottom-up teilnehmen können. Die gemeinsamen *Verhandlungen* führen dann im günstigen Fall zu einer konsensuellen oder doch von der Mehrheit getragenen *Entscheidung*. Diese für die Planungspraxis großer Projekte mögliche Konzeption (im Unterschied dazu beschreibt Selle DAD: Decide – Announce – Defend; vgl. Selle 2011, S. 128) hat dann zur Folge, dass gerade jene, welche die projektierte Dienstleistungen nutzen sollen, auch in den Verhandlungs- und Entscheidungsprozess einbezogen werden müssen. Dies hat aber, wie Selle ebenfalls feststellt, zur Folge, dass Planungsprozesse und Projektrealisierungen keineswegs vor den EDD-Prozessen in ihren Ergebnissen feststehen. Dem muss die Sozialplanung allgemein, aber mehr noch die Projektumsetzung im Speziellen, Rechnung tragen.

Die von den NutzerInnen formulierten Einschätzungen sind für die Definition des Projektes, dessen Umsetzung sowie dessen Bewertung nach erarbeitetem Abschluss von grundlegender Bedeutung. Indem sie ferner ihre Feldkenntnis beitragen und auch Feedback geben, fungieren sie damit als Instanz für „Basis-Qualität", die mitentscheidend dafür ist, inwieweit das Projekt tatsächlich realisiert werden kann und angenommen wird.

3.5.4   Der Ablauf eines Projekts

Um den Ablauf eines Projektes schematisch darstellen zu können, lassen sich vier Phasen unterscheiden (vgl. Schreckeneder 2013, S. 64 ff.):

1. Vorprojektphase

   In dieser Phase muss zunächst einmal geklärt werden, ob überhaupt ein Projekt durchgeführt werden soll, welches dies faktisch sein und wie es konkret verwirklicht werden muss. Damit kann man den Abschnitt des Planungskreislaufes von Erteilung des Auftrages bis hin zum politischen Beschluss für das konkrete Projekt dieser Phase zuordnen.

   Inhaltlich werden, ebenfalls wie innerhalb des Planungskreislaufes, die inhaltlichen Ziele dieser Maßnahme politisch abgestimmt und fachlich zumindest grob beschrieben.

2. Projektdefinitionsphase

   Dieser Abschnitt des Projektprozesses hat die Aufgabe, das Projekt detailliert zu definieren. „Geplant werden insbesondere die einzelnen Aufgaben und die dafür erforderlichen Ressourcen sowie anfallende Kosten." (Fiedler 2014, S. 85) In diesem Zusammenhang sind hier auch die verschiedenen Mitarbeitenden festzulegen, ebenso die Aufbauorganisation des Projektteams. darüber hinaus muss die Kommunikationspolitik in die Projekt-Umwelt hinein abgestimmt werden. Schlussendlich werden die verschiedenen Schnittstellen in die Projektumwelt (z. B. Kommunalverwaltung, Strukturen der freien Träger Sozialer Arbeit, allgemeine Öffentlichkeit etc.) definiert, geprüft, angepasst und ihre Ausgestaltung permanent fortgeschrieben.

   Dies lässt sich gut durch das vom Auftraggeber abzufassende Lastenheft erfassen, in dem die vom Projekt erwarteten Aufgaben im Hinblick auf das Gesamtziel des Projektes genauer definiert sind. Der Auftragnehmer seinerseits verfasst auf dieser Grundlage sein Pflichtenheft, um damit zum einen den konkreten Auftrag in den Planungen der Arbeitsprozesse abbilden und zum anderen die sich damit ergebenden Anforderungen an die Ablauforganisation des Projektes festlegen zu können (vgl. DIN 69901-5). Somit wiederum können die verschiedenen Instrumente für die operative Projektphase festgelegt (vgl. 3.5.5), detailliert konzipiert und in einem zeitlichen Ablaufhorizont eingeordnet werden. Mitunter werden hier sog. Kick-off-Veranstaltungen oder -Meetings an den Anfang gesetzt, um gewissermaßen den „Startschuss" für die nun anstehenden Arbeitsprozesse zu geben. Im Hinblick auf die konkrete Durchführung des Projektes wird für die Definitionsphase formuliert: „Meist geht diese Phase fließend in die Durchführungsphase über." (Schreckeneder 2013, S. 111)

3. Durchführungsphase

   Dieser Abschnitt der Projektarbeit ist von der konkreten Umsetzung des in der Sozial- und in der Projektplanung erarbeiteten Programms bestimmt. Dabei kommt der Projektleitung eine bedeutende Aufgabe zu, insofern sie insbesondere dafür verantwortlich ist, die einzelnen Arbeitspakete zu definieren, ihre – fristgerechte – Realisierung zu kontrollieren, somit das Erreichen der einzelnen

„Etappenziele", der Meilensteine, im Blick zu haben, etwaige Fristverschie-
bungen durch Anpassungen des Gesamtprojektplanes zu berücksichtigen und
schlussendlich auf diese Weise in der Durchführungsphase das Erreichen des
vorab definierten Zieles zu gewährleisten (zu den erwähnten Instrumenten vgl.
den folgenden Abschn. 3.5.5).

Insofern steht die Projektleitung gerade in dieser Phase „mit einem Bein" in der
operativen und „mit dem anderen Bein" in der strategischen Projektarbeit. Operativ nämlich muss sie gewährleisten, dass die Team-Mitglieder ihrer Arbeitspakete erledigen und dabei die institutionell definierten Mitwirkungsformen
durch die NutzerInnen tatsächlich verwirklicht werden. Strategisch wiederum
muss die Teamleitung im Lenkungsausschuss berichten und bei Verzögerungen
oder anderen Komplikationen innerhalb des Projektablaufes auf die Anpassung
der bislang konzipierten Projektstruktur hinwirken.

So aufwändig gerade diese Phase der Projektarbeit auch sein mag, unter der
Hinsicht von Sozialplanung ist sie – zumindest operativ – durchaus weniger
spektakulär. Sozialplanung ist nämlich für gewöhnlich nicht mit der unmittel-
baren Umsetzung der Projektarbeit betraut, sondern kann eher im Sinne der
bereits erwähnten Servicestellen dort Zuarbeit leisten, wo ihr für die Projekt-
schritte notwendige oder doch zumindest wichtige Daten entweder vorliegen
oder es ihr leicht fällt, solche bereitzustellen. Solche Daten können beispielsweise diejenigen der sozialen Struktur im Hinblick auf die dezidiert angesprochenen NutzerInnen sein. Zudem ist es häufig empfehlenswert, aus ähnlich
gelagerten Projekten früherer Zeiten oder von anderen Orten operatives Wissen
in die Umsetzungsphase einzuspeisen. Dies können zum Beispiel Erkenntnisse
um feldspezifische Stolpersteine, Best-Practice-Modelle anderer Standorte,
das Wissen um (verwaltungsinterne oder bei lokalen Trägern angesiedelte)
ExpertInnen mit für den Projektablauf notwendigen spezifischen Kompetenzen
o. a. m. sein. Unter strategischer Hinsicht wiederum kann es – gerade aufgrund
der breit gelagerten fachlichen und fachpolitischen Einblicke der Sozialplanung
– sicher von einigem Nutzen sein, wenn die Sozialplanung im Lenkungsausschuss vertreten ist und auf diese Weise beratende und je nach Projektstruktur
auch mitentscheidende Funktionen wahrnehmen kann.

4. Projektabschlussphase

Ist das definierte Ziel des Projektes erreicht, sind die Abschlussarbeiten nunmehr zu Ende zu bringen. So sollten die Ausmaße der Zielerreichung überprüft,
dokumentiert und einer ersten Bewertung zugeführt werden. Die noch offenen
Abrechnungen werden abgeschlossen. Team-Mitglieder und beteiligte Nutzer-
Innen werden über den aktuellen Sachstand in Kenntnis gesetzt, bekommen
den ausdrücklichen Dank der Verantwortlichen übermittelt und werden aus der
Arbeit am konkreten Projekt verabschiedet. Gerade in größeren Projektzusam-
menhängen kann dies gut in einer eigenen Feierlichkeit verwirklicht werden.

Sollten im Rahmen des Projektes größere Erweiterungen oder gar Neuerrichtungen von Diensten und Einrichtungen realisiert worden sein, werden die Neuerungen mit einem ebenfalls feierlichen Akt der NutzerInnen sowie der Öffentlichkeit übergeben. Zudem können erste Überlegungen für Folgeprojekte angestellt werden.

3.5.5 Ausgesuchte Instrumente der Projektarbeit

Für die Projektarbeit liegt eine Vielzahl von Instrumenten und Softwareprodukten vor. Diese können hier aus Gründen des Umfangs nicht vollständig dargestellt werden. Insofern sollen lediglich die Grundlagen für den Einsatz solcher Instrumente vorgestellt und unter der Perspektive der Sozialplanung reflektiert werden.

- Projektstrukturplan
  Der Projektstrukturplan (vgl. Schreckeneder 2013, S. 118 ff.) bietet zum einen die Gesamtübersicht des Projektes. Zum anderen dient er als Grundlage für weitere Planungen, besonders für solche, die Abläufe, Termine, Ressourcen und Kosten strukturieren. Es empfiehlt sich, ein sog. Baumdiagramm zu erstellen, um auf diese Weise Übersichtlichkeit und die Kommunizierbarkeit an Außenstehende (Auftraggebende, stakeholder etc.) sicherstellen zu können (siehe Abb. 3.11).
  Der Projektstrukturplan dokumentiert daher
  1. den Namen des Projektes,
  2. seine Struktur hinsichtlich Phasen, Funktionen und Objekten,
  3. die Arbeitspakete, also diejenigen Portionierungen von Tätigkeiten innerhalb eines Projektes, die „vollständig einem Mitarbeiter oder einer organisatorischen Einheit übertragen werden können" (Fiedler 2014, S. 90). Hinsichtlich ihres Kosten- oder auch zeitlichen Umfanges sollten solche Arbeitspakete jeweils 2-5 % des Gesamtprojektes nicht überschreiten (vgl. Fiedler 2014, S. 90).
- Meilensteinplan
  Meilensteine dokumentieren „neuralgische" Teilziele im Projektverlauf. Dieses Charakteristikum rührt daher, dass bestimmte Zeitpunkte für den weiteren Verlauf des Vorhabens von besonderer Bedeutung sind (vgl. DIN 69900). Dazu zählen beispielsweise Anfang und Ende des gesamten Projektes, auch die Bewilligung der Finanzierung oder die Gewinnung der erforderlichen Mitarbeitenden. Hier geht es jeweils darum, dass „geprüfte und bewertete Arbeitsergebnisse vorliegen" (Hohler 2007, S. 825). Insofern ist es sinnvoll, die Umsetzung der mit diesen Meilenstein verbundenen Aufgaben zu terminieren, da insbeson-

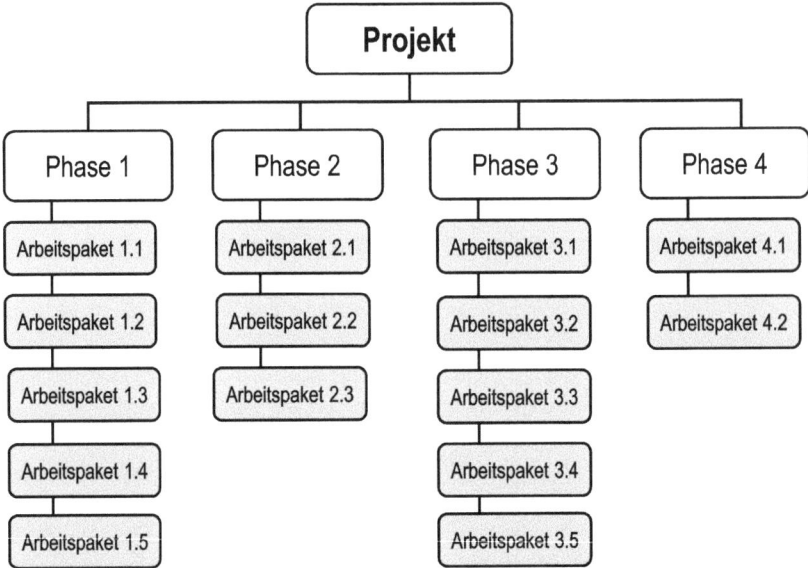

Abb. 3.11 Projektstrukturplan. (Quelle: Eigene Darstellung (vgl. Schreckeneder 2013, S. 121) © A. Böhmer)

dere die zeitliche Struktur des Projektes (v. a. der vorgegebene Endtermin) für den Prozess wichtige Grenzen setzt bzw. ihn in spezifischer Weise strukturiert (siehe Abb. 3.12). Konkret sollten, etwa auf Grundlage der Lasten- und Pflichtenhefte, die relevanten Zeitpunkte innerhalb des Projektes, an denen die vorgegebenen Arbeitspakete vollendet wurden, als Meilensteine definiert und in einen Gesamtplan (siehe Abb. 3.13) übertragen werden.

Ein solcher „Grobterminplan" (Schreckeneder 2013, S. 109) ermöglicht insofern die näherungsweise zeitliche Steuerung des Projektes, offenbart etwaige zeitliche Verzögerungen und gibt bereits erste Hinweise auf mögliche Störungen für den Gesamtablauf. Von besonderer Bedeutung sind in diesem Zusammenhang (vgl. Fiedler 2014, S. 90):

- Statusmeilensteine,
- vertragliche Verpflichtungen,
- Zahlungen,
- Quality Gates, „Tore" in einem Entwicklungsprojekt also, die erst durchschritten werden dürfen, wenn ein vorab definiertes Qualitätsniveau erreicht und nachgewiesen worden ist
- u.ä.m.

Meilenstein	zugehöriges Arbeitspaket	Beschreibung Meilenstein	Soll-Termin	Ist-Termin
M 4	2.3 Bedarfe künftiger NutzerInnen erheben und auswerten	repräsentative Befragung von 30 NutzerInnen liegt vor und ist ausgewertet	30.06 2015	26.06.2015

Abb. 3.12 Meilenstein. (Quelle: Eigene Darstellung © A. Böhmer)

- Balkenplan
  Mithilfe des Balkenplans werden die verschiedenen Arbeitspakete in ihrer zeitlichen Zuordnung abgebildet (siehe Abb. 3.14). Der Nutzen einer solchen Übersicht besteht darin, dass die verschiedenen Arbeitsschritte innerhalb des Gesamtprojektes überblickshaft dargestellt, in ihrer (zeitlichen) Abhängigkeit voneinander erfasst und somit die Konsequenzen von zeitlichen, ressourcen- bezogenen oder anderen Störungen rasch nachgebildet und für den gesamten Projektverlauf analysiert werden können.

Meilenstein	Arbeitspaket	Soll-Termin	Ist-Termin	Status
M 1	AP 1.1	5.5.15	12.5.15	🟥
M 2	AP 2.1	29.5.15	29.5.15	🟨
M 3	AP 2.2	15.6.15	17.6.15	🟨
M 4	AP 2.3	30.6.15	26.6.15	🟩
M5	AP 3.1	31.7.15	23.7.15	🟩

🟥 Zeitverzug

🟨 im Zeitplan

🟩 vor Zeitplan

(Kalibrierung: Kalenderwochen)

Abb. 3.13 Meilensteinplan. (Quelle: Eigene Darstellung © A. Böhmer)

	1/2015	2/2015	3/2015	4/2015	5/2015	6/2015	7/2015	8/2015	9/2015
Projekt-Funktion 1	AP 1								
			AP 2						
			AP 3						
Projekt-Funktion 2				AP 4					
								AP 5	
Projekt-Funktion 3				AP 6					
					AP 7				

Abb. 3.14 Balkenplan. (AP = Arbeitspaket). (Quelle: Eigene Darstellung © A. Böhmer)

3.5.6 Einschätzungen zur Projektarbeit

Zum Abschluss des Unterkapitels Projektplanung soll nun einige Einschätzungen zum Gesamtverfahren formuliert werden.

In der Sozialplanung ist insgesamt ein strukturiertes Vorgehen angemessen. Insofern ist das Verfahren der Projektplanung und -arbeit als ebenfalls strukturierter Prozess sicherlich sehr gut *kompatibel* mit sozialplanerischen Vollzügen. Hinzu kommt, dass die Definition von Prozess- und Ergebnisqualität innerhalb des Projektes üblicherweise von einem hohen Maß an *Übersichtlichkeit* geprägt sind, die ihrerseits die Rückführung des in der Projektphase erarbeiteten Produkts in die kommunale Daseinsvorsorge erleichtern. Insofern kann gesagt werden, dass die strukturierte und fokussierte Vorgehensweise in der Projektarbeit positiv einzuschätzen ist, zumal sie in einem definierten Rahmen zugleich über ein ausgeprägtes Maß an *Flexibilität* verfügt (vgl. insbesondere die Ausführungen in 3.5.5).

Andererseits ist anzumerken, dass bei aller Flexibilität doch zumeist ein eher *top-down strukturierter Prozess* die Projektplanung und ihre Umsetzung prägt. Damit jedoch werden einerseits viele Gesichtspunkte vorab festgelegt, noch bevor der operative Prozess ergeben kann, inwieweit diese Festlegungen auch der Realität im Planungsfeld entsprechen. Hinzu kommt, dass diese feldbezogenen Realitäten maßgeblich davon abhängig sind, welche konkreten *Bedarfe*, aber auch welche zum Teil nur schwer antizipierbaren *Interessen* auf Seiten der NutzerInnen vorliegen. Somit ist die Ermittlung eben dieser Interessen für die Projektarbeit im Besonderen ebenso wie für die Sozialplanung im Allgemeinen kein sonderlich einfaches, aber dennoch dringend erforderliches Unterfangen, um die jeweilige operative Arbeit strategisch, aber mindestens genauso auch normativ rückbinden zu können. Ein weiterer limitierender Aspekt des Projektverfahrens stellt das offenkundig nicht geringe *Anforderungsportfolio* im Hinblick auf die Projektleitung dar.

Ihr kommt nämlich im Hinblick auf die fachliche Steuerung, mehr aber wohl noch bezüglich der organisationalen Koordinierung die zentrale Aufgabe zu. Insofern sind die Anforderungen gerade an ihre fachlichen wie persönlichen Kompetenzen ausgesprochen groß – und somit auch durchaus prekär. Im Hinblick auf jüngere Großprojekte lässt sich zudem feststellen, dass Projektarbeit mitunter durch *Einflüsse und (neue) Vorschriften* eingeschränkt bzw. bezüglich der Ressourcensteuerung herausgefordert wird, die bei Projektbeginn in Gänze wohl nur schwerlich zu überblicken sind. Ein letztes Argument aus Perspektive der Sozialplanung sei hinsichtlich der Projektplanung und -arbeit dahingehend formuliert, dass sich hinsichtlich der *Gestaltungsmöglichkeiten* doch lediglich *wenige Ansatzpunkte* ergeben. Vielmehr ist Sozialplanung in dieser Phase ihres Kreislaufes wohl vor allen Dingen darauf beschränkt, den Akteuren in der Planungsumsetzung assistierend zur Seite zu stehen.

Abschließend lässt sich sagen, dass auch mit dem Verfahren der Projektplanung sinnvolle Fortführung sozialplanerischer Grundlegungen gewonnen werden können. Andererseits sind die Möglichkeiten dieses Verfahrens gerade angesichts der Spezifika, die sich im kommunalen Planungs- und Handlungsfeld der Sozialpolitik ergeben, eigens zu reflektieren, um die – tatsächlich vorhandenen – Möglichkeiten dieses Verfahrens sinnvoll zur Anwendung bringen zu können.

3.6   Verfahren für Evaluation und Controlling

▶   Im folgenden Abschnitt erfahren Sie, wozu und wie Ergebnisse der Sozialplanung bewertet werden. Dabei lernen Sie die Bedeutung von Kennzahlen und andere Indikatoren im Neuen Steuerungsmodell abschätzen und mit Hilfe eines jüngeren Bemessungskonzeptes sozialwirtschaftlicher Produkte, dem Social Return on Investment, die Wertdimensionen sozialer Dienstleistungen zu ermitteln.

Für das vorliegende Verständnis von Sozialplanung wurde als konzeptionelle Grundlage der Regelkreis gewählt. Es geht also allgemein darum,

1. die Regelgröße zu definieren (Definition des Planungsziels),
2. Maßnahmen zur Erreichung der Regelgröße zu erarbeiten (räumliche Analyse und Planung),
3. diese Maßnahmen zu realisieren (Programme/Produkte, Prozesse) und
4. die Ergebnisse auf die Grade ihrer Zielerreichung hin zu überprüfen (Evaluation und Controlling).

Abb. 3.15 Ort von Controlling und Evaluation. (Quelle: Eigene Darstellung © A. Böhmer)

Im Hinblick auf den letztgenannten Aspekt fällt auf, dass gerade der Begriff „Controlling" im deutschen Sprachgebrauch mitunter sehr einseitig bewertet wird, da sich die Analogie zum Terminus „Kontrolle" nahezulegen scheint. Ein differenzierterer Blick jedoch auf diese Phase des Planungskreislaufes zeigt, dass das hierbei verfolgte Ziel zunächst einmal darauf gerichtet ist, Informationen über vorhergehende Prozesse und ihre Ergebnisse zu versammeln, um sie für weitere sozialplanerische Zusammenhänge nutzen zu können (siehe Abb. 3.15). Anstelle von Kontrolle und womöglich sogar Sanktionen stehen also zunächst einmal Erfahrungslernen, Reflexion und Optimierung auf der Agenda. Insofern ist auch dieser Abschnitt mit dem (konzeptionell weiteren) Begriff der Evaluation als „ein Verfahren zur Messung und Überprüfung der Wirksamkeit und Wirkungen von Programmen und Maßnahmen" (IGC 2010, S. 65) sowie mit Controlling als einem betriebswirtschaftlich deutlich spezifizierten Analyse- und Prognose-Verfahren überschrieben.

Hierbei dienen die nun vorzustellenden Verfahren von Controlling und Evaluation zunächst einmal lediglich dem Zweck, die im Planungskreislauf bis hierher gemachten Erfahrungen zusammenzuführen, ökonomisch, fachlich und politisch bewertbar zu gestalten und somit eine Grundlage für die politische Entscheidung zu schaffen. Dieser politischen Entscheidung kommt die Aufgabe zu, fundiert über eine Programmänderung, das mögliche Programmende oder aber die Überführung des im Planungskreislauf entwickelten Programmes oder seiner Produkte in den Regelbetrieb zu entscheiden. Controlling wie Evaluation haben insofern Servicefunktionen, da sie nicht selbst Entscheidungen definieren können. Ihre Aufgabe besteht vielmehr darin, durch die Auswahl geeigneter Verfahren die Arbeit der EntscheidungsträgerInnen zu begleiten, indem sie deren möglichen Reflexionen und Diskursen fundierte Argumente bereitstellen.

3.6.1 Controlling als Fach- und Finanzcontrolling

Wurde bereits die Servicefunktion von Controlling erwähnt, sollen zunächst die grundlegenden Aufgaben dieses Feldes definiert werden. Dabei wird die Unterscheidung von Fach- und Finanzcontrolling nicht allenthalben geteilt (vgl. bereits 3.5.2), doch soll hier keine Systematik sozialwirtschaftlichen Controllings entwickelt werden, sondern der Fokus vornehmlich auf die kommunale Sozialplanung. Da es dort dezidierte Ressort-Spezifizierungen für Finanzen und für Soziales gibt, die gleichermaßen die Planungen sozialer Dienstleistungen durch die Kommune prägen, wird auch im Folgenden an der Differenzierung nach dem Umgang mit Fach- und mit Finanz-Fragen festgehalten.

> **Definition: Controlling**
> „Controlling unterstützt die Unternehmensführung bei der Planung und Kontrolle und sichert die Versorgung des Managements mit entscheidungsrelevanten Informationen." (Fiedler 2014, S. 11)

Deshalb lässt sich Controlling insbesondere mit folgenden vier Aufgaben beschreiben:

1. Beschaffen von Informationen auf der Grundlage von dafür entwickelten Strukturen und Prozessen,
2. Planen von unternehmerischen Aktivitäten,
3. Steuern von Aktivitäten auf der Grundlage von Informationen und Zwischenauswertungen,

4. Analysieren von Ergebnissen der unternehmerischen Aktivitäten, um die Zielerreichung qualifizieren und um Vorschläge unterbreiten zu können, die künfti-
ges Handeln optimieren.

Gewissermaßen quer zu diesen vier Grundfunktionen liegt die Aufgabe, diese Felder zu koordinieren. Auch dies kommt dem Controlling zu.

In Analogie zu den drei Ebenen des Managements, wie sie bereits für die Vorfeldarbeit der Sozialplanung dargelegt wurden (2.1.1), kann auch das Controlling
durch die Ebenen des normativen, strategischen und des operativen Handelns beschrieben werden. Zumeist wird sich Controlling in strategischen und operativen
Zusammenhängen bewegen, um im Unternehmens- bzw. im kommunalen Verwal-
tungsalltag die Unterstützung der Führungskräfte gewährleisten zu können.

In diesem Zusammenhang kommt der Definition, Auswertung, Einordnung und
Weiterentwicklung von Kennzahlen besondere Bedeutung zu (vgl. 2.2). Mit deren
Hilfe nämlich kann das Controlling einerseits den Fokus auf die zentralen unternehmerischen bzw. kommunalen Zusammenhänge richten, sodann deren Entwicklungen abbilden und interpretieren sowie künftige Entwicklungen im Controlling-
System vorbereiten und schließlich abbilden. Zu solchen jüngeren Entwicklungen
können gegenwärtig Fortschreibungen der internationalen Regelungen zur Bilan-
zierung, aber auch – für die kommunalen Planungen sicherlich noch wichtiger –
die Herausforderungen angesichts der jüngsten Finanzkrise und der sich daraus
ergebenden schwierigen kommunalen Wirtschaftslage (zu Letzterer vgl. etwa die
Übersichten in Bertelsmann Stiftung 2013) gezählt werden.

Zur eingangs bereits erwähnten Sorge, dass Controlling womöglich einer diszi-
plinierenden Kontrolle verpflichtet sei, gesellt sich mitunter eine zweite hinzu, die
nämlich, dass Controlling einseitig auf finanzielle Aspekte schiele. Damit jedoch
würden, so der Vorwurf weiter, wichtige fachliche Aspekte Sozialer Arbeit aus-
geblendet. Stattdessen würden „betriebswirtschaftliche Instrumente und Managementwissenschaftliche Leitbilder als Programm einer affirmativen Sozialpolitik-
und Sozialarbeitsforschung" (Dahme und Wohlfahrt 2012, S. 79) eingesetzt, die
den tradierten Grundlagen Sozialer Arbeit massiv zuwiderliefen.

Vor einem solchen Hintergrund ist also danach zu fragen, wie sich Controlling angesichts der politischen Gesichtspunkte gerade des Sozialsystems in angemessener Weise einsetzen lässt. Bereits vor geraumer Zeit wurde auf die Differenz von Input, Output und Outcome in der Jugendhilfe aufmerksam gemacht
(vgl. BMFSFJ 2000, S. 130 ff.). So wurden unter Input finanzielle, unter Output
angebotsspezifische und unter Outcome qualitative Gesichtspunkte subsumiert.
Unabhängig davon, ob diese spezifische Auf- und Zuteilung auch gegenwärtig in
dieser Form vorgenommen werden sollte (vgl. anderweitig 3.6.3), wird doch deut-

lich, dass eine Perspektivenvielfalt innerhalb des Controllings angesetzt werden kann, die finanzielle und fachlich-sozialarbeiterische Fragestellungen gemeinsam bearbeiten lässt.

Wie bereits im Hinblick auf quantitative und qualitative Indikatoren (vgl. 2.2) vermerkt, lassen sich ferner qualitative Aspekte mit ebensolchen Indikatoren abbilden. Doch auch quantitative Aussageformen eignen sich, sofern sie in spezifischer Weise genutzt werden, durchaus dazu, qualitative Sachverhalte in sozialplanerischen und sozialarbeiterischen Bezügen zum Ausdruck zu bringen. Dabei ist insbesondere die Herausforderung, fachliche Gesichtspunkte in einer Weise zu operationalisieren, die sie auch in den quantitativen Zusammenhängen des Controllings „auffindbar" macht (zu den Aspekten des Fachcontrollings allgemein vgl. Moos et al. 2013). Sinnvoll ist ein solches Vorgehen gerade deshalb, weil einerseits quantitative Instrumente vorliegen, die somit auch für ein Fachcontrolling fruchtbar gemacht werden können. Zum anderen ist es schlicht notwendig, im Rahmen des hier vorgelegten Planungsverständnisses Ergebnisse zu überprüfen und dies in einer nachgerade fachlich angemessenen Weise zu tun.

Demgemäß ist für das Fachcontrolling einerseits zu klären, ob überhaupt und wie sich fachliche Inhalte in Kennzahl überführen lassen. Des Weiteren muss definiert werden, wie die erhobenen Kennzahlen interpretiert und ihrerseits für planerisches und politisches Vorgehen operationalisiert werden. Wo dies jedoch in der Sozialplanung gelingt, kann damit gerechnet werden, dass ein höheres Maß an Überprüfbarkeit der fachlichen Ergebnisse erzielt und zugleich eine breite Legitimation der fachlichen Arbeit sozialer Dienste und Einrichtungen möglich werden kann. Für Engelsberg ließe sich dies an verschiedenen quantitativen Indikatoren zeigen:

- Zufriedenheit der NutzerInnen: Auslastung einer Einrichtung im Zeitvergleich (bei ansonsten gleich bleibenden äußeren Bedingungen),
- Gendergerechtigkeit: veränderte Auslastung einer Einrichtung vor und nach einer Gender-spezifischen Anpassung des Programms (bei ansonsten gleich bleibenden äußeren Bedingungen) im Hinblick auf die Gender-Klassifizierungen,
- Beziehungsqualität in der Schulsozialarbeit: Korrelation von NutzerInnen-Zufriedenheit und Beratungserfolg (vgl. Baier und Heeg 2011, S. 75 f.).

Für das ebenfalls notwendige Finanzcontrolling dürften sich aus den zuvor entfalteten Darlegungen (vgl. insbes. 3.4) die jeweils angemessenen Konsequenzen der Datenformate und -qualitäten hinsichtlich der Beschaffung von Informationen, dem Planen, Steuern und Analysieren von auf die Finanzen bezogenen Kennzahlen ergeben.

Zusammenfassend können also für das Fachcontrolling in der Sozialplanung folgende Qualitäten definiert werden:

1. Der Planungsprozess muss zielgerichtet verlaufen.
2. Die Ziele des Planungsprozesses umfassen auch fachlich-sozialarbeiterische Inhalte.
3. Die in der Planung berücksichtigten fachlich-sozialarbeiterischen Inhalte lassen sich quantitativ operationalisieren.
4. Die quantitative Operationalisierung der Planungsziele erfolgt regelmäßig und zeitnah.
5. Die quantitative Operationalisierung der Planungsziele wird übersichtlich und auch für nicht-fachliche Kreise verständlich dargestellt.
6. Die quantifizierten Planungsziele werden regelmäßig, zeitnah, übersichtlich und auch für nicht-fachliche Kreise verständlich analysiert.
7. Die Analyse der quantifizierten Planungsziele beinhaltet auch Vorschläge für Steuerungsentscheidungen und künftige Prozesse der Sozialplanung.

Unter diesen Voraussetzungen ist zu erwarten, dass Controlling in ökonomisch wie sozialarbeiterisch angemessener Weise praktiziert werden und somit für die Steuerung kommunaler Entwicklungsprozesse angemessene, aussagekräftige und belastbare Daten bereitstellen kann.

3.6.2 Produkthaushalt

Im Rahmen des Neuen Steuerungsmodells wurde in der Kommunalverwaltung in Deutschland seit Beginn der 1990er Jahre die Adaption des New Public Management eingeführt. Daraus ergab sich eine Neuausrichtung öffentlicher Verwaltung, die insbesondere durch Management-bezogene Logiken und Instrumente geprägt war (zur historischen Rekonstruktion des Prozesses vgl. Barkowsky 2014, S. 190 ff.). Hierzu zählen etwa die neu zu implementierende Konzernstruktur, das Kontraktmanagement, *one stop agencies* oder Produkthaushalte (vgl. Böhmer 2014c).

Prägend für diese Neuausrichtung war insbesondere, dass im Rahmen der Output-Orientierung weniger nach monetären Zuflüssen in Verwaltungsaktivitäten gefragt wurde, sondern nunmehr beschrieben werden sollte, welche Leistungen („Produkte") im Rahmen der kommunalen Verwaltungstätigkeit erbracht werden (vgl. Barkowsky 2014, S. 195). Im Verlauf der weiteren Entwicklung zum Neuen

Steuerungsmodell wurden diese Produkte zusammengefasst zu Produktgruppen und diese wiederum zu Produktbereichen, so dass eine eigene Produkthierarchie im Haushalt abgebildet wird (siehe Tab. 3.11).

Zu diesem Zweck wurde auch eine Umstellung der bisherigen Finanzverwaltung angestrebt. Die Input-orientierte Kameralistik wurde ersetzt durch die Output-Steuerung der „Doppik", die in Anlehnung an die Kosten-Leistungs-Rechnung der Privatwirtschaft gestaltet wurde (vgl. Holtkamp 2011, S. 60; Bogumil und Holtkamp 2010, S. 386). Somit soll nunmehr auch über Produktbudgets gesteuert werden. Zugleich kann diese Steuerung im interkommunalen Vergleich wettbewerblich genutzt werden (vgl. Barkowsky 2014, S. 195). Inwieweit ein solches Vorgehen tatsächlich von Erfolg gekrönt war, ist auch in jüngeren Debatten keineswegs ausgemacht (vgl. die skeptische Einschätzung in Bogumil und Holtkamp

Tab. 3.11 Produkt. (Quelle: Eigene Darstellung (in Anlehnung an MAIS NRW 2011, S. 170 f.) © A. Böhmer)

Beispiel: Sozialpädagogische Familienhilfen		
Produktbereich	Produktgruppe	Produkt
Kinder-, Jugend-, Familienhilfe	Unterstützung von Familien	Hilfen zur Erziehung
Leitziele	*Produktgruppenziele*	*Produktziele*
• Junge Menschen werden in ihrer Entwicklung gefördert • Eltern erfahren Beratung und Unterstützung in ihrer Erziehungstätigkeit. (vgl. § 1 Abs. 1 f. SGB VIII)	• Junge Menschen werden in ihrer individuellen und sozialen Entwicklung gefördert • Es wird dazu beigetragen, Benachteiligungen zu vermeiden oder abzubauen (vgl. § 1 Abs. 3 SGB VIII)	• Familien werden in ihren Erziehungsaufgaben, • bei der Bewältigung von Alltagsproblemen, • der Lösung von Konflikten und Krisen sowie • im Kontakt mit Ämtern und Institutionen unterstützt (vgl. § 31 SGB VIII)
Zielwerte	*Zielwerte*	*Zielwerte*
• Rate der positive standardisierten Feedbacks von Eltern nach HzE steigt im Verhältnis zur Rate des Vorjahres um 5 % (Stichtag: jeweils 31.12.)	• Für jeden Bezirk des Allgemeinen Sozialen Dienstes ist eine Akteurskonferenz „Kinder und Jugendliche" eingerichtet • Mindestens 2 Eltern-Info-Abende werden pro Jahr und ASD-Bezirk angeboten	• Mindestens 90 % der Beendigungen von SPFH werden mit standardisiertem Verfahren fachlich positiv bewertet • Auch nach 1 Jahr sind 70 % der abgeschlossenen SPFH-Fälle unauffällig

2012 sowie dies. 2010, S. 387; im Hinblick auf Produktorientierung hingegen be-
fürwortend MAIS NRW 2011, S. 28).

Derzeit ist der Produkthaushalt ein zentrales Konzept, mit dem die Ergebnisse
der Kommunalverwaltung erhoben und effizient gesteuert werden sollen. So wurde
bereits im Rahmen einer Bestandserhebung zum Neuen Steuerungsmodell (NSM)
2006 resümiert: „Das NSM hat dadurch, dass mittels Berichts- und Kennzahlenwe-
sen, Kosten- und Leistungsrechnung und Produktdefinitionen die Transparenz des
Verwaltungshandelns zweifelsohne verbessert wurde, die Rahmenbedingungen
und Voraussetzungen für wirksame gesamtstädtische Steuerung verbessert". (Bogumil et al. 2006, S. 20 f.) Nunmehr ist es erforderlich, diese Rahmenbedingungen
und Voraussetzungen auch tatsächlich für kommunale Planungs- und Steuerungs-
prozesse zu nutzen.

Vor diesem Hintergrund also kommt das Verfahren des Produkthaushaltes zum
Tragen. Dabei werden im Hinblick auf die Realisierung zunächst Produkte und
Projekte vom Kommunalparlament beschlossen und im Haushalt mit Kennzahlen
hinterlegt (vgl. MAIS NRW 2011, S. 36). Abgebildet werden diese Beschlüsse
im Produkthaushalt, der somit normative, strategische und operative Ebenen miteinander verbindet. Dies geschieht, indem sich der Produkthaushalt an den normativen Maßgaben – etwa des kommunalen Leitbildes – orientiert, diese mit strategisch relevanten Kennzahlen ausstattet und deren Konsequenzen für die operativen
Prozesse verbindet. Die Realisierung des produktbezogenen Haushaltes lässt sich
damit detailliert beschreiben:

Praxis des Produkthaushaltes

„Zu jedem Produkt ist im produktorientierten Haushalt ein Produktdaten-
blatt anzufertigen. Dieses beinhaltet Produktname, Zuordnung zu Produkt-
gruppe und -bereich sowie eine kurze Produktbeschreibung. Weiterhin sind
für jedes Produkt Ziele zu definieren [...] und es ist für jedes Produkt der
Zielerreichungsgrad mithilfe geeigneter Kennzahlen/Indikatoren zu messen
und im Produkthaushalt abzubilden. Des Weiteren ist ein Produktverantwort-
licher aufzuführen, der dem System der dezentralen Ergebnisverantwortung
folgend, sowohl für die inhaltlichen Ziele als auch für den Ressourcenver-
brauch Verantwortung trägt. Nicht zuletzt sind die geplanten Aufwendungen
und Erträge für den Zeitraum der mittelfristigen Finanzplanung, sowie der
Ist-Wert des Vorjahres abzubilden." (MAIS NRW 2011, S. 66)

In diesem Zusammenhang ist es Aufgabe von Sozialplanung, bei der Erstellung der sozialpolitisch relevanten Produkte der Kommune insofern mitzuwirken, als diese Produkte im Kontext des Planungskreislaufes geplant (z. B. durch ABC-Analyse, Nutzwertanalyse, vorab erstellt Kostenvergleiche) und generiert werden (beispielsweise mittels Projektplanung und -arbeit). Für die Phase von Controlling und Evaluation kann nunmehr auf die vorab definierten Kennzahlen und Indikatoren zurückgegriffen werden, die zunächst im Zusammenhang der normativen und strategischen Vorgaben erarbeitet, sodann den einzelnen Produkten zugeordnet und im Hinblick auf Soll- und Ist-Größen im Controlling abgeglichen werden.

Die Produktbeschreibung wie der Produkthaushalt insgesamt sind insofern adäquate Mittel, um das im Neuen Steuerungsmodell entwickelte Verwaltungsverständnis bis hinein in die unmittelbare Dienstleistungserbringung zu verwirklichen. Um die sozialarbeiterisch-fachlichen Standards gewährleisten zu können, ist besonders die Sozialplanung mit ihren konzeptionellen und evaluativen Anteilen gefragt.

3.6.3 Social Return on Investment

Um die beiden Aspekte des Controllings, Fach- und Finanzcontrolling (vgl. 3.6.1), unter der Perspektive der Sozialplanung näher in den Blick nehmen zu können, sind gerade hier spezifische Konzepte der Umsetzung vonnöten. Insofern soll der zuvor entwickelte Produktbegriff der öffentlichen Verwaltung konkretisierend innerhalb der beiden vorgenannten Dimensionen entfaltet und im Folgenden auf seine Tauglichkeit innerhalb des Controllings von Kommunen geprüft werden.

Das – speziell für Controlling in Non-Profit-Organisationen entwickelte – Konzept der International Group of Controlling mit seinem „IGC Spinnenmodell" (IGC 2010) kann im Folgenden spezifische Hinweise darauf liefern, wie Controlling im Kreislauf der Sozialplanung weiter verwirklicht werden kann.[6] In dem erwähnten IGC-Modell werden die unterschiedlichen Ist-Werte verschiedener Dimensionen ermittelt, die sich jeweils zwischen zwei Polen erstrecken:

- „Dimension 1: Voice Funktion – Dienstleistung
- Dimension 2: Autonomie – hoher Fremdregulierungsgrad
- Dimension 3: Bedarfs-/Werteorientierung – Nachfrage-/(Erlös-) Orientierung
- Dimension 4: interne Zielvorgaben – externe Zielvorgaben
- Dimension 5: Beitrags- und spendenfinanziert – erlösfinanziert
- Dimension 6: solidarisch – kompetitiv

---

[6] Dabei entsteht der Charakter des „Spinnenmodells" durch die Darstellung in Netzdiagramm-Form.

- Dimension 7: Freiwilligkeit – Zwangsmitgliedschaft
- Dimension 8: geringer Formalisierungsgrad – hoher Formalisierungsgrad
- Dimension 9: Ehrenamtlichkeit – Hauptamtlichkeit" (Halfar 2009b, S. 7)

Hierin werden die Ist- den Soll-Daten gegenüber gestellt. „Das Spinnenmodell soll verdeutlichen, dass die Non-Profit-Organisation als ‚non for profit' Organisation möglicherweise definitorisch das ‚Gegenteil' der Profit-Organisation darstellt, aber empirisch eher durch andere Akzentuierungen, andere Gewichtungen, andere Mixes gekennzeichnet ist, was zu anderen Effizienzmustern führen und andere Wirkungsgrade erzeugen kann." (Halfar 2009a, S. 670) Insofern bietet die Analyse dieser verschiedenen Dimensionen bereits wichtige Hinweise auf die (differenten) Profile der jeweiligen sozialwirtschaftlichen Akteure. Von dort ausgehend und unter ausdrücklicher Berücksichtigung des unternehmerischen Leitbildes lassen sich sodann die erbrachten Dienstleistungen controllen und evaluieren.

In diesem Zusammenhang werden „NPO-Wirkungsdimensionen" (IGC 2010, S. 47 ff.) definiert, die für sozialplanerisches Controlling unter dezidiert pragmatischem Zuschnitt (vgl. IGC 2010, S. 48) von Bedeutung sein können (siehe Abb. 3.16). Die IGC-Arbeitsgruppe unterscheidet dabei

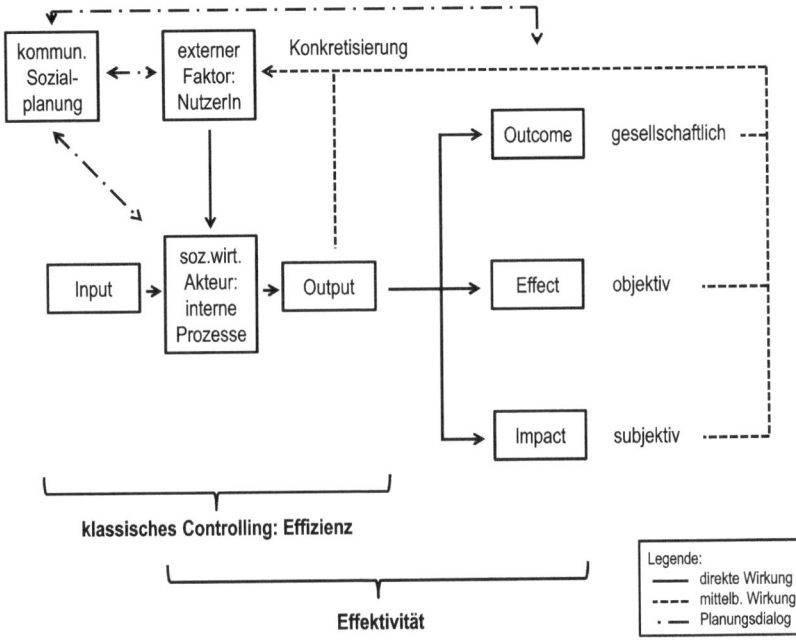

Abb. 3.16 Social Return on Investment in der Sozialplanung (in Anlehnung an IGC 2010, S. 47). (Quelle: Eigene Darstellung © A. Böhmer)

- *Outcome* als den Bereich objektiver Effektivität, welcher die gesellschaftliche Wirkung der Produktion sozialer Güter im Sinne des Gemeinwohls abbildet,
- *Effect* als die Dimension objektiver Zielgruppen-Effektivität, mit deren Hilfe Aussagen über die Zielerreichung für die im Blick befindlichen Interessengruppen formuliert werden können,
- *Impact* als subjektive Größe für Zielgruppen-Effektivität, so dass durch deren Maßgaben die individuell wahrgenommene Wirkung zum Ausdruck kommen kann, und
- *Output* als „quantitative Leistungsmenge" (IGC 2010, S. 48), die mit Blick auf die Effizienz innerhalb einer Organisation eingeschätzt werden soll.

Mit diesen vier Dimensionen soll der Absicht entsprochen werden, nicht allein Ziele zu definieren und sich hinsichtlich der Ergebnisse schlicht auf Wirkungsvermutungen zu verlegen, sondern mehr noch die Spezifika der Produktionsweisen sozialer Dienstleistungen mit Blick auf dezidierte Wirkungen zum Ausdruck zu bringen und zugleich „monetär messbar" (Moos et al. 2013, S. 42) zu machen. Insofern bieten diese vier Dimensionen einen Maßstab für die Einschätzung des hier erarbeiteten Produktbegriffs kommunaler (Sozial-)Politik in einem weitgehend klar definierbaren Zielkorridor.

Zudem zeigt sich die zentrale Position der NutzerInnen, die für die Erbringung sozialer Dienstleistungen als sog. „externer Faktor" unabdingbar sind. Deren spezifisches Mitwirken (oder eben auch ihre Verweigerungshaltung) ist, weniger für die Berechnung als vielmehr für die Einschätzung der Ergebnisse des SROI, für die Ergebnisdimensionen der sozialwirtschaftlichen Produktionsprozesse von großer Bedeutung. Doch nicht allein für die Produktion, sondern eben auch für Evaluation und Reflexion der Ergebnisse sind die NutzerInnen von herausgehobener Bedeutung, da an ihnen Erfolg oder Misserfolg der Dienstleistungserbringung zumindest mittelbar abgelesen und mit ihnen gemeinsam ausgewertet werden können.

Sozialplanung, hier insbesondere dialogisch konzipiert, ist bei solchen Entwicklungen von mehrdimensionalen Ergebnissen insofern beteiligt, als sie die verschiedenen planerischen Schritte vorab zu realisieren hat und zugleich, aufgrund ihrer dialogischen Struktur, die unterschiedlichen Interessen und Ressourcen der verschiedenen stakeholder abfragt, aufnimmt und in den Planungs- wie (mittelbar über Prozessbegleitungen) in den Erbringungsprozess integriert. Unter dieser Hinsicht kann der SROI also klar strukturiert errechnet werden, zur Einordnung der Ergebniszahlen jedoch müssen die skizzierten Eigenheiten der Dienstleistungsproduktion ebenso wie jene der Sozialplanung mit berücksichtigt werden.

Damit ergibt sich für die Ergebnisdimensionen des SROI im Speziellen der Sozialplanung:

Outcome

Outcome bemisst unter der hier herangezogenen Perspektive die kollektive Effektivität der Produktion sozialer Güter hinsichtlich ihres Beitrags zum Gemeinwohl. Bei dieser Bemessung sind nicht allein die Erträge für die Wohlfahrt zu berücksichtigen, sondern ebenso sehr die dazu fälligen Transaktionskosten, die im Rahmen der Erbringung sozialer Dienstleistungen für Transaktionen wie das Schließen von Verträgen entstehen, sowie die Qualität des Ergebnisses. Ferner sind jene Kosten in Anschlag zu bringen, die dann entstanden wären, wenn die jeweilige soziale Dienstleistung nicht erbracht worden wäre. Unter dieser Perspektive ergeben sich insbesondere Bezüge zwischen den im Rahmen des Controllings ermittelten Kennzahlen und den Aufgaben der Daseinsvorsorge der Kommunen.

Effect

Effect ist hier zu verstehen als von den NutzerInnen mit erwirktes und objektiv als angemessen bewertetes Erreichen der vereinbarten Wirkung einer sozialen Dienstleistung. Hierzu sind die individuellen Produktionsprozesse aufgrund der Besonderheiten sozialer Dienstleistungen wie Immaterialität, Uno-actu-Format[7], Unteilbarkeit und Nichtspeicherbarkeit jeweils mit den einzelnen Interessen-Gruppen zu reflektieren und zugleich an objektivierten Kriterien (Indikatoren) zu messen.

Impact

Impact bedeutet, dass die sozialwirtschaftlichen Produkte im Rahmen der gemeinsamen Erstellung zusammen mit den NutzerInnen auch auf die Bewertung durch Kommunikation angewiesen sind. Dabei ist besonders zu berücksichtigen, wie sich Wertzuwächse subjektiv für die NutzerIn ergeben. Solche Zuwächse können in sämtlichen Aktivitäten des Produktes aufgefunden werden, da die NutzerInnen durchgängig an den Ergebnissen der sozialen Dienstleistung mitwirken. Die Immaterialität und die Individualität der erbrachten Dienstleistungen sind eigens zu reflektieren, da subjektive Einschätzungen gerade von diesen Gesichtspunkten geprägt werden können.

Gleichwohl entscheidet sich an der Einschätzung der Qualität im Sinne einer NutzerInnen-gemäßen Brauchbarkeit sozialer Dienstleitungen der Erfolg oder Misserfolg kommunaler Projekte. Denn ob ein soziales Angebot tatsächlich nachgefragt wird, korrespondiert mit der Einschätzung von fallspezifischem Nutzen,

---

[7] Uno actu = lat. in einem Akt. Die Produktion und Konsumption einer sozialen Dienstleistung fallen „in einen (und denselben) Akt". Beispiel: Die Produktion einer Beratung durch die SozialarbeiterIn wird in diesem einen Akt durch die NutzerIn sogleich konsumiert, also angenommen, verweigert oder umgeformt.

den – hier – die NutzerInnen insbesondere wegen der wahrgenommenen Qualität des Produktes erwarten.

Output

Output kann mengenmäßig bewertet werden. Es gilt v. a., die besonders kostenintensiven Bereiche der kommunalen Daseinsvorsorge in den Blick zu nehmen und dabei die komplexen Strukturen nicht allein der Dienstleistungserbringung, sondern ebenso sehr solcher Bereiche wie beispielsweise Kommunikation oder auch Infrastruktur zu gewärtigen. Effizienz in diesem Sinne herzustellen und ggfls. zu steigern, ist somit – vornehmlich – von den Kostenträgern zu erwarten.

Für die operative Umsetzung werden fünf Schritte beschrieben, um den SROI in seinem Umfang zu ermessen (vgl. Halfar 2013):

1. Auf der *institutionellen Ebene* wird ermittelt, welche Summen von der öffentlichen Hand an die Organisation gezahlt und welche von dieser zurück geleitet wurden. Insofern werden öffentliche Zuschüsse und Entgelte mit entrichteten Steuern und Beiträgen zu den Sozialversicherungen verrechnet.
2. Im Hinblick auf die individuelle Ebene wird nach den Sozialtransfers an die NutzerInnen und von ihnen zurück an die öffentliche Hand gefragt.
3. *Vermiedene Kosten und entgangene Erträge* werden auf der nächsten Ebene abgeglichen. Hierbei wird die – möglichst realitätsnahe – Rechnung aufgemacht, wie die finanzielle Situation aussehen würde, falls es das betreffende Unternehmen mit seinem sozialen Dienstleistungsangebot nicht gäbe (vgl. für das Beispiel einer Wohnungsloseneinrichtung Lehmann und Ballweg 2012, S. 476 f.).
4. *Wirkungen für die Regionalökonomie*, die durch unmittelbare Auswirkungen der Wirtschaftstätigkeit der Organisation in der Region möglich werden, zudem induzierte Wirkungen, also solche, die in anderen Unternehmen (etwa Zulieferern) entstehen, sowie auch hier vermiedene Kosten innerhalb der Region (z. B. für ALG I und II).
5. Schließlich sind die Steigerung der *Lebensqualität* und die *Bildungsrendite* zu nennen, die auf Ebene der NutzerInnen durch die von sozialwirtschaftlichen Unternehmen angebotenen Dienstleistungen entsprechend weiter entwickelt werden können. Auch zu dieser Perspektive des SROI liegen Messinstrumente vor (vgl. Halfar 2013).

Zusammenfassend zeigt sich, dass die Betrachtungsweise des Social Return on Investment einerseits die verschiedenen Ergebnisdimensionen sozialwirtschaftlichen Handelns abzubilden vermag und andererseits damit auch die häufig auf monetäre Aspekte fixierte öffentliche Debatte entdramatisieren kann. So konnten jüngst

Kukula et al. in ihrer Studie zur ökonomischen Rolle der freigemeinnützigen Sozialwirtschaft in Rheinland-Pfalz, bezogen auf jene Regionen, in denen diese Einrichtungen ihren jeweiligen Standort haben, für die Handlungsfelder Kinder- und
Jugendhilfe, Eingliederungshilfe sowie Altenhilfe nachweisen, dass die gesamtgesellschaftlich ausweisbaren Rückflüsse für die Ausgaben der öffentlichen Hand in
diesen sozialen Sektoren bei immerhin 72 % lagen (vgl. Kukula et al. 2014, S. 28).
Oder, um es in absoluten Zahlen auszudrücken, wurden im erwähnten Bundesland rund 1,9 Mrd. € Leistungsentgelte und sonstige Förderung von Seiten der
öffentlichen Hand geboten; durch Steuern und Sozialversicherungsbeiträge, Um-
satzsteuerrückflüsse durch den Konsum der Mitarbeitenden sowie – aufgrund des
Konsums in der jeweiligen Region – indirekte und induzierte Beschäftigung und
deren steuerliche sowie Sozialversicherungs-bezogene Abgaben flossen insgesamt
rund 1,4 Mrd. € zurück (vgl. Kukula et al. 2014, S. 28). Da zudem auch freiwillig
Engagierte in den Einrichtungen tätig sind, kommt die – insgesamt eher konser-
vativ kalkulierende – Gesamtberechnung zu noch weitaus positiveren Ergebnissen
(vgl. Kukula et al. 2014, S. 30). Somit können die AutorInnen resümieren:

> **Tatsächliche Kostenbelastung der öffentlichen Hand extrem
> überzeichnet**
> „In der vorliegenden Studie wurde transparent gemacht, zu welchen Ergeb-
> nissen man kommt, wenn man von den Bruttokosten ausgehend die Netto-
> kosten für die öffentliche Hand berechnet. […] Wenn man diese Rückflüsse
> berücksichtigt, dann wird unmittelbar deutlich, dass die einseitige Fokussie-
> rung auf die Bruttokosten für die Sozialwirtschaft die tatsächliche Kosten-
> belastung der öffentlichen Hand extrem überzeichnet." (Kukula et al. 2014,
> S. 32)

Der SROI bietet insofern wertvolle und weit reichend fundierte Konzepte, um
einer „gefühlten Kostensteigerung" im Sozial- und Gesundheitswesen mit seiner
mehrgliedrigen Kalkulation belastbare Zahlen und, auf der Grundlage eines dezidierten Gesellschaftskonzeptes, gewichtige Argumentationshilfen für die Erbringung sozialer Dienstleistungen in volkswirtschaftlichen Gesamtzusammenhängen
entgegenhalten zu können.

3.6.4 Monitoring- und Sozialberichte

Evaluation und Controlling fußen maßgeblich auf der Dokumentation von Ergebniszahlen und daraus gebildeten Indikatorenwerten. Werden diese Daten systema-

tisch dokumentiert, können sie Eingang finden in die einschlägigen Monitoring-
und Sozialberichte, die somit die Aufgaben von

- Dokumentation,
- Interpretation und
- Prognose

umfassen. Unter dieser Hinsicht sollen die Ergebnisberichte ebenfalls als Verfahren für Evaluation und Controlling zum Thema gemacht werden. Dass sie darüber
hinaus als Bestandteile derjenigen Planungsphase fungieren können, in welcher
der Planungskreislauf – auch auf Grundlage von Sozialberichten – die Konzipie-
rung des konkreten Planungsablaufes vorsieht, wurde an anderer Stelle bereits ausführlich vorgestellt und reflektiert (vgl. Böhmer i. E.).

In einer ersten definitorischen Annäherung lassen sich Sozialberichte verstehen
als kontinuierliche Beobachtung der als sozial relevant angesehenen Sachverhalte.
Kritisch (vgl. allgemein Kessl und Otto 2007) lässt sich dazu bemerken:

Kommunale Sozialberichterstattung als ,Territorialisierung des Sozialen'
„Kommunale Sozialberichterstattung hat sich in der Bundesrepublik
Deutschland zu einer besonderen Form der ,gesellschaftlichen Dauerbeob-
achtung' entwickelt. Dass es heute so etwas wie kommunale Sozialberichte
gibt, ist selbst Ausdruck einer ,Territorialisierung des Sozialen', nämlich
des Bedeutungszuwachses kommunaler Sozialpolitik im bundesdeutschen
Sozialstaat, und insbesondere einer Kommunalisierung sozialstaatlicher
Intervention zur materiellen Existenzsicherung und zur Arbeitsmarktinteg-
ration von Bevölkerungsgruppen, denen Armut und Ausgrenzung drohen."
(Bartelheimer 2007, S. 273)

Im Licht dieser Überlegungen wird deutlich, dass Sozialberichte einerseits ein
mittlerweile viel genutztes und intensiv gepflegtes Instrument der Sozialplanung
darstellen. Zum anderen zeigt sich auch, dass gegenwärtige Sozialstaatlichkeit sich
nicht selten einer „Territorialisierung" bedient, um auf diese Weise einen – im Verhältnis zu früheren Organisationsformen gesellschaftlicher Solidarität – veränderten Zugriff auf diejenigen Personengruppen zu nehmen, die innerhalb gesellschaftlicher Funktionsräume an den Rand oder sogar ins gesellschaftliche Aus gedrängt

zu werden drohen. Unter dieser Hinsicht ist also auch das Evaluationsinstrument der Sozialberichte mit einiger fachpolitischer Sorgfalt reflexiv zu nutzen.

Grundsätzlich lässt sich jedoch festhalten, dass Sozialberichte in der bislang vorgestellten Form mit ihrer Versammlung von sozialstatistischen Daten als Grundlage für und Indikatoren-Pool der Ergebnisse von Sozialplanungsprozessen dienen können. Im hier entwickelten Zusammenhang soll, wie bereits angedeutet, lediglich der letztgenannte evaluative Aspekt thematisiert werden. Es lässt sich festhalten, dass den Sozialberichten für gewöhnlich ein gesellschaftlicher Aufklärungs- und ein sozialplanerischer Auftrag (vgl. Bartelheimer 2007, S. 275) zugleich zuerkannt werden. Um der Aufklärungsfunktionen entsprechen zu können, müssen zunächst belastbare und aussagekräftige Daten gesammelt sowie nach Möglichkeit im temporalen Längsschnitt dargestellt und bewertet werden. Aus diesem Zusammenhang nämlich lässt sich darüber aufklären, wie sich in den untersuchten Territorien soziale Gemengelagen in der Vergangenheit gebildet und bis zum aktuellen Sachstand verändert haben. Inwieweit dann welche Einflussfaktoren für solche Entwicklungen anzusetzen sind, namentlich inwiefern sozialpolitische Interventionen der Kommunalpolitik hier ihre Folgen zeigen, lässt sich erst in einem weiteren, nunmehr interpretierenden Schritt ermessen. Der sozialplanerische Auftrag, der ebenfalls mit den Sozialberichten verbunden wird, ließe sich zum einen im Hinblick auf die neuen planerischen Prozesse definieren, sehr viel mehr aber sicherlich im hier zu diskutierenden Zusammenhang mit Blick auf die Ergebnisse und, *cum grano salis*, auf die „Wirkungen" der Sozialplanung.

Im Hinblick auf die Inhalte der Sozialberichte, die in aller Regel Daten zu sozialstatistisch definierten Fragestellungen versammeln, ist eigens zu reflektieren, welche Ziele auf der kommunalpolitischen Metaebene erkennbar sind. Insofern ist zu prüfen, ob die „hidden agenda" der versammelten Daten zunächst lediglich der Beantwortung der Frage dient, wie eine Kostenreduktion in den Feldern kommunaler Sozialpolitik geleistet werden kann, oder ob neben den effizienzbezogenen Fragen nach dem kommunalen *Output* tatsächlich jene nach einem gesamtgesellschaftlichen *Outcome*, also dem Nutzen für die verschiedenen gesellschaftlichen Gruppen, insbesondere die KlientInnen selbst (vgl. 3.6.3 sowie Bornewasser 2014, S. 52), zum Thema gemacht werden. Wenn schon nicht die gesamte „Sozialplanung als Fachcontrolling zu bezeichnen" (Burmester 2011, S. 308) ist, weil eben nicht allein analytische und auf deren Grundlage prognostische Schritte zu verzeichnen sind, sondern Sozialplanung auch noch weiteren (strategischen und operativen) Inhalten verpflichtet ist, so zeigt sich doch, dass das Element der Sozialberichte innerhalb der Sozialplanung für die Darstellung von Output und Outcome, eventuell auch Effect und Impact (vgl. 3.6.3) ein bedeutendes Forum darstellen kann.

Im pragmatischen Zusammenhang kommunaler Verwaltung wird zumeist eine „kartografische Vereindeutigung" von Siedlungsräumen gefordert (Bartelheimer 2007, S. 275), die somit kaum den fachlichen Standards Sozialer Arbeit genügen kann. Zu diesem Zweck nämlich müssen die individuellen sozialen Gefüge und Netzwerke ebenso thematisiert werden wie deren gesellschaftliche und sozialpolitische Rahmenbedingungen. Um solche über schlichte Territorialisierung hinausreichende Strukturen und Prozesse eher erfassen und planerisch nutzen zu können, sind nicht zuletzt partizipative Strukturen zur Interpretation von Berichten und ihren Daten vonnöten. Neben den verschiedenen Output-bezogenen Gehalten lassen sich nämlich aus der Perspektive der verschiedenen stakeholder die Aspekte von Outcome, Effect und Impact dann erfassen, wenn diejenigen, deren Maßstäbe hier abgeglichen werden sollen, tatsächlich auch selbst die Zusammenhänge in den Blick nehmen und in ihrer Bedeutung wie in ihren Konsequenzen interpretieren können.

Sozialberichte eignen sich jedoch nicht als kontinuierliches Instrument der Sozialplanung, da die üblichen Zeiträume ihrer Abfassung (nicht selten 5-10 Jahre) in aller Regel allzu groß sind (vgl. Böhmer i.E.). Insofern muss auch der Aufgabenstellung einer „gesellschaftlichen Dauerbeobachtung" (Bartelheimer) differenziert begegnet werden. Zunächst kann sicherlich festgehalten werden, dass eine perpetuierte Beobachtung tatsächlich beabsichtigt wird, sich aber nur bedingt operativ nutzen lässt, da sich eben die Auswertung wie die Bewertung der beobachteten Sachverhalte (bislang) nicht ebenso kontinuierlich darstellen lassen. Die Nutzung für politische Steuerungsbemühungen ist insofern ebenfalls derzeit nicht kontinuierlich gegeben. Des Weiteren ist fraglich, inwiefern tatsächlich sozialarbeiterisch-fachliche Gesichtspunkte reflektiert, in angemessen operationalisierter Form erhoben und schließlich auch für effiziente politische Steuerung kommunaler Prozesse nutzbar gemacht werden können. So stellt sich beispielsweise die Frage, mit welchem Nutzen der Anteil von „Menschen mit Migrationshintergrund" definiert und erfasst werden soll. Viel sinnvoller schiene unter fachlicher, weil auf Integration in (erwerbsarbeits)gesellschaftliche Zusammenhänge ausgerichteter, Hinsicht die Erhebung derjenigen Personenzahlen, die von solchen Integrationsprozessen aufgrund von strukturellen oder individuellen Einschränkungen ausgeschlossen werden. Zu deren Erfassung jedoch sind die Erfassungen von „Migrationshintergründen", also Bezüge zu Migration über z. T. mehrere Generationen zurück, kein sonderlich plausibles Konzept, sofern nicht die damit einhergehenden gesellschaftlichen Zuschreibungsprozesse nicht nur erfasst, sondern ggfls. fortgesetzt werden sollen. Anstelle der nur sporadisch aktualisierten und in solchen Zeitintervallen nutzbaren Sozialberichte wäre eher mit Monitoringberichten und weiteren -instrumenten zu arbeiten wäre, welche die andauernde Datenlieferung zumindest eher bewerkstelligen könnten.

Abschließend lassen sich verschiedene Qualitätsaspekte für Sozialberichte beschreiben:

- Ihre Leitgedanken werden aus dem *normativen Kommunalmanagement* (Leitbild) gewonnen.
- Auf dieser Grundlage sind sie weiter geeignet, *aktuelle Themenfelder* zu identifizieren und fortzuschreiben. Zu diesem Zweck nutzen sie die *Beteiligung* unterschiedlicher Interessengruppen in den Zusammenhängen von Datensammlung, -bewertung und konzeptioneller -fortschreibung.
- Die daraus resultierenden *Fragestellungen* und damit verbundenen *Indikatorenkonzepte* sind kommunalpolitisch wie sozialarbeiterisch-fachlich auf den aktuellen Diskussionsständen. Etwaige Widersprüche werden beschrieben.
- Sozialberichte leisten die *Analyse* zeitlicher Längsschnitte und eine daraus abgeleitete – vorsichtige – *Prognose*. Beide Blickwinkel kommunizieren sie übersichtlich, pointiert und auch für nicht-fachliche Kreise nachvollziehbar, ohne die Darstellung dabei unterkomplex werden zu lassen.
- Plausible Erkenntnisse und bewährte Konzepte der Vergangenheit werden an die jeweils neuen Herausforderungen herangetragen. Sozialberichte dienen auf diese Weise einem institutionellen Prozess des *Wissensmanagements* und dessen Nutzung.
- Der jeweilige *wissenschaftliche „state oft he art"* wird sowohl an die Datenerhebung als auch an die Datenanalyse angelegt. Die Sozialberichte sind somit stets mehr als detaillierte Abbilder einer jüngeren Vergangenheit; vielmehr leisten sie auf diese Weise prognostisch innovative Orientierung für EntscheiderInnen. Für die AutorInnen der Sozialberichte bedeutet dies einen prägnanten Anspruch auf fachwissenschaftliche Expertise.

3.6.5 Einschätzungen zu Controlling und Evaluation

Wer plant, muss die Ergebnisse der aus den Planungen resultierenden Programme und Produkte überprüfen. Insofern kommt ein Kreislauf der Sozialplanung sicher nicht ohne Evaluation und Controlling aus. Dies dürften die vorherigen Darstellungen gezeigt haben. Im Folgenden sollen daher die Vor- und Nachteile von Controllingprozessen in der Sozialplanung abschließend eingeschätzt werden.

Zunächst ist sicher festzuhalten, dass Controlling ein merkliches Maß an *Übersichtlichkeit* der Strukturen, Prozesse und der Ergebnisse herzustellen vermag.

Gerade im Abgleich mit den vorab definierten Zielen bietet Controlling somit die Chance, die Maßgaben der Planung in den faktischen Umsetzungsschritten zu identifizieren und zu bewerten. Erst von hierher sind insbesondere Entscheidungen zur Programmoptimierung fundiert leistbar.

Ein weiterer Gesichtspunkt des Controllings ist die Möglichkeit, *Erfahrungen* zu *systematisieren* und damit Erfahrungslernen innerhalb des Planungsprozesses zu ermöglichen. Insofern ist Controlling bereits systematisch mit dem Kreislauf der Sozialplanung zu verbinden. Denn nur im Rückgriff auf bereits gesammelte Erfahrungen ist es sinnvoll, zirkulierend zu planen, um so die bisherigen Planungsprozesse zu wiederholen und dort zu optimieren, wo Verbesserungsmöglichkeiten oder sogar -notwendigkeiten ausfindig gemacht wurden.

Ist Controlling auf die Ziele des Unternehmens (vgl. Moos et al. 2013, S. 40 ff.) oder – hier v. a.: – der Kommune ausgerichtet, so wird es im Rahmen evaluativer Analysen möglich, Prozesse und Ergebnisse in *fachliche und politische Maßgaben* einzuordnen. Controlling ermöglicht somit die Verbindung von Fachlichkeit und Politik in einem abgestimmten und transparenten Erhebungszusammenhang. Die Anforderungen der sog. Wirkungsorientierung lassen sich somit im Rahmen ihrer nachvollziehbaren Auswirkungen, Beschränkungen und fachspezifischen Einordnungen spezifizieren und erheben (vgl. Merchel 2013, S. 57 ff.; Böhmer i.E.). Daraus ergibt sich nicht zuletzt die Möglichkeit, *Einschätzungen von Effektivität und Effizienz* auf definierter Grundlage zu realisieren. Gerade der zuvor umschriebene SROI erhebt hierbei den Anspruch, eine Handlungsfeld-spezifische und zugleich ökonomisch praktikable Messkonzeption zu bieten, die auch jene Erträge der Sozialplanung zu erfassen vermag, die zuvor eher als „weiche Faktoren" und insofern kaum messbar galten (Outcome sowie v. a. Effect und Impact). Ob damit allerdings eine – gar Medizin-affine – Konzeption von „evidence based social work" möglich wird, darf mit einigem Recht bezweifelt werden: „Problematisch ist [...] der Begriff der ‚Evidenzbasierung', weil damit allzu leicht ein sprachlicher Transfer aus anderen Bereichen (hier: der Medizin) vollzogen wird, bei der Erwartungen mittransferiert werden, die nicht erfüllbar sind. Soziale Arbeit sollte sich nicht in die ‚Evidenzsemantik' einfügen." (Merchel 2013, S. 63)

Insofern lassen sich auch Grenzen von Evaluation und Controlling aufzeigen. Zunächst ist im Zuge der zuvor zitierten Einschätzung eine Rückfrage an *Mess- und Management-Konzepte* zu formulieren. Hier scheinen mitunter eher dialogische denn eineindeutige Zugänge sinnvoll, um den Dynamiken von Hilfeprozessen entsprechen zu können, bei denen sich durchaus öfter veränderte Strukturen oder sogar Zieldefinitionen während der Erbringung der jeweiligen Dienstleistung ergeben können (vgl. Merchel 2013, S. 61).

Eine weitere Rückfrage muss, zumindest zum gegenwärtigen Stand der Fachde-
batte, an die *Messkonzepte des SROI* formuliert werden. Hier scheinen zum einen
noch keine vollumfänglich abgestimmten Positionen gegeben zu sein. Dies gilt
etwa für die Definition der mit dem Begriff des Outcome umschriebenen Ertrags-
dimensionen. So fordert die IGC in diesem Zusammenhang die Berücksichtigung
von „wider effects" (IGC 2010, S. 49), Moos et al. hingegen postulieren die dezidiert monetäre Messbarkeit (vgl. Moos et al. 2013, S. 42). Inwieweit hier eine
Verschränkung beider Zugänge möglich werden kann, scheint derzeit noch nicht
ausgemacht, könnte sich aber mit der Einschätzung verbinden lassen, die für die
Produktion von Dienstleistungen allgemein formuliert wird: „Dienstleistungen
bringen, im Gegensatz zum Sachgut, die Eigenart mit sich, dass ihr Inhalt meist
hohe immaterielle Anteile aufweist, der Kunde in der Leistungserstellung mitwirkt
und die Qualitätswahrnehmung durch den Kunden mehr oder weniger ausgeprägte
subjektive Anteile enthält. Gerade deshalb muss es bei der Betrachtung und Bewertung der Produktivität von Dienstleistungen zu jedem Zeitpunkt klar sein, dass
Produktivität ein relatives, ein vergleichendes Konzept ist." (Ganz und Tombeil
2014, S. 420) Auf die Messkonzepte des SROI angewandt, lässt sich daraus das
auch monetäre Verständnis des Outcome ableiten, das gleichberechtigt nicht-mo-
netäre Wirkungen der Erbringung sozialer Dienstleistungen beschreibt. Insofern
geht es beim SROI nicht darum, „vermeintliche Effizienzkennziffern berechnen"
(Burmester 2011, S. 314), sondern Effizienz und Effektivität in einem abgestimmten Gesamtkonzept beschreiben zu können.

Dabei sind Berechnungen dann eine brauchbare Darstellungsform, wenn sie
den Perspektiven der NutzerInnen – im SROI-Vokabular genauer: deren objektiv
gesellschaftlichem Nutzen – entsprechen. Mit Blick auf den dabei fraglich werdenden Customer Value[8] gilt derzeit: „Reduziert man die Dienstleistung auf die Erstellung und das Ergebnis, dann bewegt man sich quasi im Value-of Exchange-Ansatz,
erweitert man sie auf die Nutzung durch den Kunden, dann bewegt man sich im
Value-of-Use-Ansatz." (Bornewasser 2014, S. 52) Letzterer aber sei, so befürchtet
der Autor, nicht mehr hinreichend differenziert zu erfassen, da er zutiefst von den
Einstellungen und Verwendungen der NutzerInnen abhängig sei. Dennoch scheint
sich daran die SROI-Debatte weiter differenzieren zu müssen: Wird der gesellschaftliche Outcome statisch als Ergebnis der marktlichen Austauschprozesse verstanden (so wohl Kukula et al. 2014 sowie Moos et al. 2013) oder darüber hinaus
als in gesellschaftlicher Dynamik weiter „verwerteter"? Gerade im letztgenannten
Fall aber sind die – gesellschaftlichen – Aufgaben der dialogischen Abstimmung

---

[8] Dabei ist zu beachten, dass die dezidierte NutzerInnen-Perspektive in den SROI-Konzepti-
onen für gewöhnlich als *Impact* gefasst wird (vgl. 3.6.3).

über Wirkungsplausibilität (vgl. Merchel 2013, S. 62) auf die Berücksichtigung des externen Faktors (vgl. 3.6.3), jene der fachlichen Einschätzung der Profession Sozialer Arbeit und nicht zuletzt auf die ökonomisch informierte Sicht der Sozialplanung angewiesen.

Perspektiven und Reflexionen
Im vorliegenden Abschnitt haben Sie verschiedene Verfahren, ihre Anwendungsmöglichkeiten und deren Beschränkungen kennengelernt.

* Bitte nennen Sie die Ihnen nun bekannten Verfahren und ihre wichtigsten Charakteristika (Ziel, Datengrundlage, Ablauf).
* Erläutern Sie zu jedem Verfahren Vor- und Nachteile.
* Beschreiben Sie diejenigen Orte im Planungskreislauf, an denen die jeweiligen Verfahren sinnvoll eingesetzt werden können.
* Machen Sie bitte deutlich, inwieweit sozialarbeiterische Fachlichkeit bei der Umsetzung der einzelnen Verfahren benötigt wird.
* Welche Rolle spielen aus Ihrer Sicht Sozialberichte für einen fachlich wie kommunalpolitisch fundierten Prozess der Sozialplanung?
* Sehen Sie die Gefahr einer „Verbetriebswirtschaftlichung" Sozialer Arbeit im Prozess der Sozialplanung? Bitte reflektieren Sie zur Beantwortung dieser Frage insbesondere die Verfahren.

Literatur zur Vertiefung

zur Sozialraumanalyse

Reutlinger, C. (2011). Sozialraumbezogene Soziale Arbeit. *Enzyklopädie Erziehungswissenschaft*. doi 10.3262/EEO14110155.
Die jüngere Geschichte der Sozialraumorientierung lernen Sie in diesem umfangreicheren Text ebenso kennen wie inhaltliche Spezifikationen. Dabei kommt der Autor zu dem Schluss: „Ein Quartier ist kein Sozialraum!"
Zentrum für interdisziplinäre Raumforschung [ZEFIR]. (2011). *Sozialraumanalyse Emscherregion* (Forschungsbericht). Bochum: Eigenverlag.
In dieser Sozialraumanalyse sehen Sie am konkret durchgearbeiteten Fallbeispiel, wie eine solche Analyse fundiert und umfassend ausgearbeitet werden kann. Das Besondere an dieser Darstellung ist dabei der Stadtgrenzen-überschreitende Bezugsraum und die aus ihm resultierenden Beobachtungsdimensionen.

Ziegler, H. (2011). Gemeinwesenarbeit. In H.-J Dahme & N. Wohlfahrt (Hrsg.), *Handbuch Kommunale Sozialpolitik* (S. 330–344). Wiesbaden: Springer.

Der Verfasser analysiert geläufige Positionen der Gemeinwesentheorien, um an deren Argumentationsverlauf das Verhältnis von Raum und sozialen Prozessen beschreiben zu können. Entgegen üblichen Einschätzungen findet sich das Ergebnis dieser Untersuchung in der Erkenntnis, dass bei aller Raum-Bezogenheit von GWA schlussendlich doch nach den Individuen gefragt werden muss, wenn Soziale Arbeit ihren Auftrag der subjektbezogenen Assistenz angesichts von sozialen Herausforderungen weiter ernst nehmen möchte.

zur ABC-Analyse

Baltzer, B. (2013). *Einsatz und Erfolg von Controlling-Instrumenten. Begriffsbestimmung, empirische Untersuchung und Erfolgsbeurteilung* (S. 63–82). Wiesbaden: Springer Gabler.

Der Autor bietet Ihnen insbesondere eine Einordnung der Controlling-Instrumente in deren allgemeine Charakterisierung – v. a. aber auch für wertschöpfungsorientiertes Controlling. Am Ende des Abschnitts finden Sie eine knappe und übersichtliche Darstellung der operativen Umsetzung einer ABC-Analyse.

Buchholz, L. (2013). *Strategisches Controlling. Grundlagen – Instrumente – Konzepte* (2. Aufl., S. 144–148). Wiesbaden: Springer Gabler.

Unter der Maßgabe, insbesondere die relevante Gruppe der KundInnen identifizieren, aber auch andere Steuerungsgrößen analysieren zu können, erfahren Sie in sehr übersichtlicher Form, wie Sie die ABC-Analyse verstehen, aufbauen und anwenden können.

zur Nutzwertanalyse

Götze, U. (2008). *Investitionsrechnung. Modelle und Analysen zur Beurteilung von Investitionsvorhaben* (6. Aufl., S. 180–188). Berlin: Springer.

In dieser detaillierten und anschaulichen Darstellung der Nutzwertanalyse aus der Perspektiver allgemeiner Betriebswirtschaftslehre lernen Sie Hierarchiebäume kennen, finden eine anschauliche Grafik zur stückweise-konstanten Transformationsfunktion und erfahren weitere interessante Gesichtspunkte zum Umgang mit nominalen, ordinalen und kardinalen Skalen in der Nutzwertanalyse.

Fiedler, R. (2014). *Controlling von Projekten. Mit konkreten Beispielen aus der Unternehmenspraxis – Alle Aspekte der Projektplanung, Projektsteuerung und Projektkontrolle* (6. Aufl., S. 42–50). Wiesbaden: Springer Vieweg.

Der Verfasser stellt die Nutzwertanalyse kompakt vor. Insbesondere durch weitere integrierte Verfahren und Instrumente wie eine eigene Systematik zur Zielfindung, den Analytical Hierarchhy Process oder auch die Präferenzmatrix lernen Sie weitere Formen der praktischen Anwendung kennen. Durch zwei industrielle Praxisbeispiele bekommt der Analyseprozess zudem noch „mehr Farbe".

zu den Möglichkeiten des Kostenvergleichs

Götze, U. (2008). *Investitionsrechnung. Modelle und Analysen zur Beurteilung von Investitionsvorhaben* (6. Aufl., S. 50–58). Berlin: Springer.

In diesem Textabschnitt werden Sie ausführlich darüber informiert, wie sich weitere Gesichtspunkte der Kostenvergleiche darstellen, die im vorliegenden Text aus Gründen der Übersichtlichkeit nicht weiter thematisiert werden konnten. Zudem nimmt der Verfasser eine ausführliche Einschätzung des Verfahrens vor.

Lachnit, L., & Müller, S. (2012). *Unternehmenscontrolling. Managementunterstützung bei Erfolgs-, Finanz-, Risiko- und Erfolgspotenzialsteuerung* (2. Aufl., S. 52–72). Wiesbaden: Springer Gabler.

In diesen Textpassagen werden die Aufgaben und Module der Kosten-Leistungs-Rechnung dargestellt, so dass Sie weitere Informationen über Kostenarten, -stellen, -träger etc. erhalten. Die Abschnitte über Gegenstände der Kosten-Leistungs-Rechnung sowie einzelne ihrer Teilgebiete klären verschiedene grundlegende Begriffe der Betriebswirtschaft und stellen deren Zusammenhänge dar. Auf diese Weise erhalten Sie ausführlichere Einblicke in die behandelten Themenfelder, die Ihnen die hier vorgelegten Informationen in deren größeren thematischen Zusammenhang einordnen helfen und Ihnen zudem weitere Anschlüsse an die einschlägigen Fachdiskurse der Ökonomie bieten.

zur Projektplanung

Fiedler, R. (2014). *Controlling von Projekten. Mit konkreten Beispielen aus der Unternehmenspraxis – Alle Aspekte der Projektplanung, Projektsteuerung und Projektkontrolle* (6. Aufl., S. 90–96, 103–107). Wiesbaden: Springer Vieweg.

Anschaulich und detailliert werden die verschiedenen Projektaufgaben und die Projektstruktur im ersten Teil der Auswahl dargelegt. Im zweiten erfahren Sie Nä-

heres über den Netzplan, ein weiteres Instrument der Projektarbeit, mit dessen Hilfe kritische Prozesse identifiziert und zeitliche Ressourcen ermittelt und koordiniert werden können.

Selle, K. (2011). Große Projekte – nach Stuttgart. Herausforderungen der politischen Kultur. *RaumPlanung, 156/157,* 127–132.

Seit dem Großprojekt „Stuttgart 21" und dessen Verlauf kommt der Frage, inwieweit die unterschiedlichen stakeholder bereits in Planungsprozessen integriert werden können und sollen, verstärkte Aufmerksamkeit zu. Der Verfasser diskutiert verschiedene Einschätzungen und legt seine Lesart einer beteiligungsorientierten und kommunikativ agierenden Projektplanung vor.

zu den Verfahren für Evaluation und Controlling

Burmester, M. (2011). Sozialraumbezogene Sozialplanung und Sozialberichterstattung. In H.-J Dahme & N. Wohlfahrt (Hrsg.), *Handbuch Kommunale Sozialpolitik* (S. 306–317). Wiesbaden: Springer VS.

Sozialberichterstattung hat eine strategische Funktion für die Sozialplanung, so zeigt dieser Text auf. Ferner finden Sie vertiefende Gesichtspunkte einer räumlichen Reflexion auf die Sozialplanung allgemein und das Monitoring im Besonderen.

Fiedler, R. (2014). *Controlling von Projekten. Mit konkreten Beispielen aus der Unternehmenspraxis – Alle Aspekte der Projektplanung, Projektsteuerung und Projektkontrolle* (6. Aufl., S. 82–160). Wiesbaden: Springer Vieweg.

In umfangreicher und eingängiger Form stellt der Verfasser die Besonderheiten der Projektarbeit aus der Perspektive des Controllings dar. Von dorther ergeben sich zahlreiche Möglichkeiten zur Anknüpfung für die Projektarbeit im Kontext der Sozialplanung.

Walter, J., & Schellberg, K. (2010). Soziales rechnet sich. *Sozialwirtschaft aktuell, 3,* 1–4.

Drei Stufen des Social Return on Investment zeigen die Autoren auf und kommen zu einem mehr als verwunderlichen Ergebnis – Soziales rechnet sich dank staatlich definierter Transferleistungen.

Ausgewählte Handlungsfelder der Sozialplanung

4

> Im folgenden Kapitel lernen Sie die Handlungsfelder der Jugendhilfe-sowie Altenhilfe-Planung kennen. Dabei liegt der Schwerpunkt auf der konzeptionellen Darstellung dieser Felder sowie daraus abgeleitet auf den konkreten Planungsschritten innerhalb der praktischen Zusammenhänge. Somit bekommen Sie hier eine kompakte Darstellung der Aufgabenbereiche geboten und sollten dadurch in der Lage sein, die in diesen Feldern auftretenden Herausforderungen sozialplanerisch einschätzen, umsetzen sowie reflektieren zu können.

Verschiedene Verfahren wurden bislang dargestellt und haben so deutlich gemacht, dass Sozialplanung ein umfangreiches Handlungsfeld kommunaler, verbandlicher und frei-gewerblicher Organisationen ist. Im Folgenden sollen ausgesuchte Handlungsfelder der Sozialplanung vorgestellt werden, um anhand dieser Darstellungen erläutern zu können, wie Sozialplanung konkretisiert werden kann.

4.1 Allgemeine Hinweise auf die möglichen Handlungsfelder

Die einzelnen Handlungsfelder von Sozialplanung können sehr vielschichtig sein: Das wohl klassische Handlungsfeld der Sozialplanung stellt das der Jugendhilfe-Planung dar, das aufgrund seiner langjährigen und vielfältigen Ausgestaltungen über umfangreiches Handlungswissen sowie empirische Belege seiner Prozessstrukturen verfügt. Darüber hinaus sind für die Altenhilfe, die Eingliederungshilfe

© Springer Fachmedien Wiesbaden 2015
A. Böhmer, *Verfahren und Handlungsfelder der Sozialplanung,*
Basiswissen Soziale Arbeit 2, DOI 10.1007/978-3-658-03320-0_4

für Menschen mit Behinderung oder auch für die Versorgung psychisch Kranker vielfältige Planungskontexte geläufig.

Um die konkreten Ausgestaltungen präsentieren zu können, sollen im Folgenden zunächst die Jugendhilfeplanung sowie daran im Anschluss die Altenhilfeplanung näher vorgestellt werden.

4.2 Jugendhilfeplanung

▶   Wie bereits erwähnt, verfügt Jugendhilfeplanung über umfangreiches Handlungs- und Evaluationswissen, das sich nicht allein auf die operativen Zusammenhänge, sondern ebenso sehr auf die organisationale, strukturelle sowie strategische Ausrichtung ihres Handlungsfeldes bezieht (vgl. die Beiträge in Maykus und Schone 2010; Simon 2010 u. a.). Damit bietet die Jugendhilfeplanung die Chance, anhand konkreter Zusammenhänge die Praxis von Sozialplanung ausloten sowie deren Konsequenzen sozialarbeiterisch-fachlich einschätzen können.

4.2.1 Fachliches Selbstverständnis und Auftrag der Jugendhilfeplanung

Jugendhilfeplanung ist wie jedes Feld der Sozialplanung darauf angewiesen, strukturierte Planungsschritte entwerfen sowie eventuell davon abweichende Planungsumsetzungen konzeptionell einschätzen, fachlich bewerten sowie praktisch korrigieren zu können. Somit sollen in einem ersten Schritt das fachliche Selbstverständnis der Jugendhilfe dargestellt und auf die allgemeinen Planungsbezüge (Planungskreislauf) bezogen werden. Dabei ist zunächst davon auszugehen, dass der Planungskreislauf der Jugendhilfe analog dem allgemeinen Planungskreislauf verstanden werden kann. Insofern können die zuvor formulierten grundsätzlichen Überlegungen (vgl. 2.1) auch an dieser Stelle zugrunde gelegt werden.

Eine eigene Qualität der Jugendhilfeplanung entsteht durch das fachliche Selbstverständnis der Jugendhilfe:

Wechselseitige Beeinflussung von Subjekt und Umgebung
„Im Mittelpunkt steht [...] ein Erziehungs- und Entwicklungsverständnis, welches das Kind und den Jugendlichen als Subjekt in seiner Umgebung sieht und von der wechselseitigen Beeinflussung zwischen dem jungen Menschen und den Erwachsenen (Erziehung) sowie der umgebenden sozial-ökologischen Umwelt (Entwicklung) ausgeht". (Rätz-Heinisch et al. 2014, S. 59)

Somit ergeben sich für die praktische Jugendhilfeplanung gleich mehrere Ansatzpunkte, nämlich die fachliche Förderung der Subjektivität des Kindes bzw. der Jugendlichen, die Unterstützung, Ergänzung oder auch Ersetzung der sozialen Interaktion mit den Erwachsenen der Ursprungsfamilie sowie die Ausgestaltung der sozialökologischen oder sozialräumlichen Umwelt.

Dabei kann berücksichtigt werden, dass neben dem elterlichen Recht auf „Pflege und Erziehung" (§ 1 Abs. 2 SGB VIII) und den Aufgaben der Schule die Jugendhilfe einen eigenen Auftrag besitzt, um das „Aufwachsen in öffentlicher Verantwortung" (BMFSFJ 2002) sicherzustellen. In diesem Zusammenhang hat die Jugendhilfe den Auftrag von *Prävention und Intervention*. Deshalb unterstützt sie die *Entwicklung* von Kindern und Jugendlichen. Sie leistet *Hilfe* bei Benachteiligungen oder Krisen von Kindern und Jugendlichen sowie deren Familien. *Beratung und Unterstützung* gewährleistet sie Eltern und Erziehungsberechtigten gerade auch bei Fragen zu oder Defiziten in der Wahrnehmung der Erziehungsaufgaben. Schließlich ist es ihre zentrale Aufgabe, *Kinderschutz* zu verwirklichen (vgl. § 8a SGB VIII).

Jugendhilfeplanung hat (in Anlehnung an Rätz-Heinisch et al. 2014, S. 59 ff.) als Infrastrukturplanung ihre fundamentalen Aufgaben zum einen in der Bereitstellung einer sozialökologischen Umwelt, die der *Entwicklung* von Kindern, Jugendlichen und ihren Familien förderlich ist. Sodann kommt ihr die Unterstützung der *Erziehung*stätigkeiten als Beeinflussung zwischen dem jungen Menschen und den Erwachsenen durch adressatInnengerechte Angebote in subsidiärer Form zu. Jugendhilfeplanung erweist sich in diesem Zusammenhang als komplexe Aufgabe, welche die Jugendhilfe u. a. auf weitere Planungskontexte verweist. Diese Planungskontexte sind insofern für die Jugendhilfeplanung von direkter und für die Kinder, Jugendlichen und ihren Familien von zumindest indirekter Bedeutung, als sie verschiedene relevante Ressourcen organisieren oder aber Abstimmungen mit weiteren Planungsressorts vornehmen, aus denen die AdressatInnen der Jugendhilfe dann in mindestens mittelbarer Form Nutzen ziehen können. In diesem Zusammenhang ist im kommunalen Kontext insbesondere die Finanzplanung zu erwähnen, da sie die aktuelle kommunalpolitische Kernaufgabe der finanziellen Konsolidierung der öffentlichen Haushalte zu gewährleisten hat und zugleich die notwendigen finanziellen Mittel für die Aufrechterhaltung oder auch den Ausbau von Jugendhilfe-Maßnahmen ermöglicht. Ein weiteres bedeutendes Planungsressort ist das des Bildungssystems. Da alle Kinder und Jugendlichen in unserer Gesellschaft von diesem System angesprochen werden, sind die Wechselwirkungen, aber auch die potentiellen Synergien nicht zu unterschätzen. Ferner ist das Gesundheitssystem zu nennen, dessen Planungsprozesse beispielsweise die Inklusion von Kindern und Jugendlichen mit Behinderung unterstützen, den zunehmend bedeutsamer werdenden Übergang von Psychiatrie in die Jugendhilfe flankieren sowie allgemeine Infrastrukturplanung des Gesundheitswesens bewerkstelligen können. In allen diesen Planungsressorts, aber sicherlich auch in vielen weiteren, ist davon auszugehen, dass die Unterstützungsleistungen der Jugendhilfe für Kinder, Jugendliche und ihre Familien im günstigen Fall in einem qualitativ sehr beachtlichen Ausmaß gefördert werden können. Im ungünstigen Fall hingegen ist gerade auch von diesem Planungszusammenhängen mit einigen Belastungen für die Jugendhilfeplanung (Ressourcen, Prozesse, Politiken u. a.) zu rechnen.

Angesichts der so genannten „realistischen Wende" in der Planung werden kommunikative und mit empirischen Daten fundierte Zugänge möglich. Insofern bewegt sich die Jugendhilfeplanung „zwischen fachlicher Selbstverständlichkeit und [der] Gefahr eines unreflektierten Steuerungsoptimismus" (Merchel 2006, S. 191 f.), wie er auch aus der allgemeinen Planungstheorie der siebziger und achtziger Jahre bekannt ist. Die dort gebräuchlichen Antworten auf diese Ambivalenz (inkrementelle Planung, teilhabebezogene Planungsmodelle u. v. m.) lassen sich auch für die Jugendhilfeplanung sinnvollerweise nutzen. Damit wird deutlich: „Jugendhilfeplanung bewegt sich gemäß § 79, Abs. 2 KJHG […] in drei Planungsdimensionen:

- in einer qualitativen Dimension, bei der zu bestimmen ist, welche Angebote der Jugendhilfe ‚erforderlich' und im fachlichen Sinne ‚geeignet' sind;
- in einer quantitativen Dimension, bei der zu definieren ist, bei welchem Umfang die Angebote als ‚ausreichend' angesehen werden können,
- in einer zeitlichen Dimension, bei der sich die Planungsdebatte auf die Frage richtet, bis zu welchen Zeitpunkten einzelne Angebote geschaffen oder verändert werden müssen, damit sie ‚rechtzeitig' vorhanden sind; hier ist auch wiederum ein qualitatives Kriterium angesprochen, denn das Kriterium ‚rechtzeitig' korrespondiert in der Fachdiskussion mit einer präventiven Ausrichtung der Jugendhilfe, dergemäß ein Angebot dann ‚rechtzeitig' zur Verfügung steht, wenn

damit aufkommende oder sich verschärfende Problemsituationen aufgefangen oder in ihrer Zuspitzung aufgehalten werden können". (Merchel 2004, S. 69)

Diese drei Dimensionen, also die qualitative, die quantitative sowie die zeitliche, führen dazu, dass einerseits aktuelle fachliche Entwicklungen (für die qualitative Dimension) berücksichtigt werden müssen. Des Weiteren sind kontinuierliche Datenerhebungen zur Messung der faktisch vorhandenen Bedarfe in ihrer jeweiligen Ausprägung (quantitative Dimension) zu verwirklichen. Schließlich ist die ebenfalls sehr anspruchsvolle Herausforderung der Planung von Jugendhilfe-bezogenen Infrastrukturen darin auszumachen, diese Strukturen in der jeweils notwendigen und fachlich abgesicherten Ausprägung rechtzeitig vorzuhalten (zeitliche Dimension). Bereits aus dieser knappen Darstellung lässt sich insofern erkennen, dass Jugendhilfeplanung nicht allein sozialstatistisch bewältigt werden kann, sondern darüber hinaus eine hohe sozialarbeiterische Expertise in Verbindung mit intensiven Kontakten in das Planungsfeld hinein (über Arbeitsgruppen, Trägerkontakte, runde Tische, Beteiligungsverfahren u. v. m.) verwirklichen muss.

Damit erweist sich Jugendhilfeplanung als „zentrales Instrument zur Planung, Strukturentwicklung und Ressourcensteuerung" (Jordan et al. 2012, S. 345) der Jugendhilfe. Zu diesem Zweck sind die bereits erwähnten fachlichen Kompetenzen der JugendhilfeplanerIn, politisch legitimierte Willensbildungsprozesse, qualifizierte und detaillierte Vorbereitungen von Entscheidungsprozessen in der Vertretungskörperschaft (Kreistag, Gemeinderat o. a.), ferner die Organisations- und Qualitätsentwicklung bei den Trägern sowie schlussendlich die Steuerung der notwendigen Ressourcen nötig (vgl. Jordan et al. 2012, S. 345; in Anlehnung an Merchel). Für die Vermessung des Handlungsfeldes Jugendhilfeplanung wird auf diese Weise zunächst eine *fachliche Perspektive* deutlich. Diese beschreibt fachliche Standards, Konzepte, Arbeitsformen, Bedarfe sowie Maßgaben der Kinder- und Jugendhilfe. Unter dieser Hinsicht wird deutlich, dass Fachkräfte der Jugendhilfeplanung zugleich auch über ein hohes Maß an praktischer wie struktureller Handlungsfähigkeit innerhalb verschiedener Segmente der Jugendhilfe verfügen müssen. Daneben ist die *fachpolitische Perspektive* von einiger Bedeutung. Hier ist das Schaffen von „Aufmerksamkeitsstrukturen", ferner die Verteilung von Ressourcen unter politisch legitimierte Hinsicht, die Sensibilisierung der Öffentlichkeit für aktuelle fachliche Fragen sowie die „Gestaltung von Strukturen, Organisationsformen und Kooperationen in diesem Feld" (Jordan et al. 2012, S. 345) von besonderer Wichtigkeit. Erst aus der Verbindung von Fachlichkeit und Fachpolitik kann sich unter den aufgezeigten Perspektiven eine der Komplexität des Handlungsfeldes ebenso wie der Änderungsgeschwindigkeit desselben angemessene Planungspraxis etablieren.

Seit einiger Zeit zeichnen sich mehrere *Tendenzen* der Weiterentwicklung innerhalb der Jugendhilfe ab (vgl. Pluto et al. 2007, S. 14 ff.). So ist zum einen festzustellen, dass sich öffentliche Träger aus der Erbringung der Jugendhilfe zurückziehen und privat-gewerbliche verstärkt vordringen. Sodann entwickelt sich eine Intensivierung der öffentlichen (Mit-)Verantwortung im Verhältnis zur privaten. Hinweise darauf geben der verstärkte Ausbau der Ganztagsschulen sowie der zunehmende Umfang von Nutzungen der Kindertageseinrichtungen, auch im Bereich der Unter-drei-Jährigen. Des Weiteren ist festzustellen, dass die Differenz zwischen Ost und West merklich nachlässt. Schließlich fordert die gegenwärtige Transformation des Wohlfahrtsstaates auch von der Jugendhilfe ein neues Selbstverständnis. Aktuelle Schlagworte in diesem Zusammenhang sind Wirkungsorientierung und Evidenz-basierte Soziale Arbeit oder auch die sozialräumliche Ausrichtung der Jugendhilfe-Angebote.

Vor dem Hintergrund dieser und sicher auch weiterer Entwicklungen des Handlungsfeldes Jugendhilfe sei ein zunehmend wichtiger werdender Zusammenhang eigens herausgestellt: derjenige der *Kinder- und Jugend-Armut*. „Materielle Armut, aber auch Bildungs- und Kompetenzarmut, ethnische und urbane Segregation sowie die gesundheitlichen Gefährdungen von Kindern umschreiben das Problem, dass die ‚postfordistische Kindheit' verknüpft ist mit dem Risiko, schon in frühen Lebensjahren von Mindeststandards der sozialen Teilhabe ausgegrenzt zu werden." (Groh-Samberg 2009, S. 263) Die Risiken der „postfordistischen Kindheit", des Aufwachsens also in Gesellschaftsstrukturen, die von einer Zunahme nach-industrieller Erwerbsformen geprägt sind, liegen nicht zuletzt darin, dass sich Erwerbsformen der Eltern ebenso wie die möglichen der nachwachsenden Generation dynamisieren, zeitlich unsicherer werden und insofern einer Prekarisierung ausgesetzt sind. Nimmt man diese Analyse Groh-Sambergs ernst, so muss auch im Feld der Jugendhilfeplanung danach gefragt werden, wie durch gründliches Analysieren gesellschaftlicher Bedingungszusammenhänge und daraus abgeleitet umsichtiges Planen diese Risiken zumindest gemindert werden können.

Zu diesem Zweck kann die Planung von Jugendhilfemaßnahmen auf einige bewährte Ansätze zurückgreifen: So lässt sich die Förderung der von Armut überdurchschnittlich bedrohten Ein-Eltern-Familien (vgl. BMAS 2014, S. 111 ff.) in den Blick nehmen. Die Schaffung armutsfester Infrastrukturen wie Kindertageseinrichtungen, Schulen, aber auch öffentlich geförderte Wohn-Angebote etc. mit angemessen Konzeptionen, Prozessen und Preisen ist ein weiterer wichtiger Baustein in der Planung armutssensibler sozialer Dienstleistungen für Kinder, Jugendliche und deren Familien. Schließlich ist das Praktizieren einer inklusive Sozialplanung zu erwähnen, welche die verschiedenen Fachplanungen, die Wirtschaftsförderung, aber auch unterschiedliche Interessengruppen (stakeholder) und nicht zuletzt die Betroffenen selbst mit einbezieht. In diesem Zusammenhang gilt: „Ein flächendeckendes Netz von öffentlichen Ganztagsbetreuungseinrichtungen schon für unter Zweijährige, die Gemeinschaftsschule als dominante Schulform und eine soziale, bedarfsabhängige Grundsicherung für Kinder bilden einen politischen Dreiklang (G-G-G), um deren Armut nachhaltig zu verringern." (Butterwegge 2010, S. 19) Hier kann die Jugendhilfeplanung nahtlos anknüpfen.

4.2.2 Standards der Jugendhilfeplanung

Die Jugendhilfeplanung ist von verschiedenen Standards im Hinblick auf ihre Umsetzung bestimmt (siehe Abb. 4.1). Dabei kommt insbesondere der langjährigen Planungspraxis in diesem Handlungsfeld und den damit einhergehenden Analysen besondere Bedeutung zu (vgl. Schnurr et al. 2010, S. 111 ff.). Diese Umsetzungsstandards der Jugendhilfe sind zum einen durch die Orientierung an den *sozialen Räumen* der Kinder und Jugendlichen geprägt (vgl. Deinet 2009, 2011; Deinet und Krisch 2009a, b). Mit diesem Ansatz verfolgt die Jugendhilfe vornehmlich in ihren offenen Angebotsformen eine alltagsnahe Begleitung, Betreuung und Beratung ihrer Zielgruppen. Dass diese vermehrt räumliche Aspekte in den Blick nimmt, ist fachlich nachvollziehbar, da gerade Kinder und Jugendliche sich durch Raum-bezogene Aneignungsprozesse auszeichnen (vgl. die bereits 1935 erstmalig erschienene Studie Muchow und Muchow 2012).

Abb. 4.1 Standards der Jugendhilfeplanung. (Quelle: Eigene Darstellung © A. Böhmer)

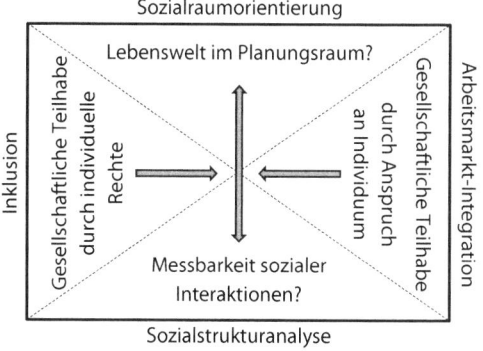

Raum als Praxis des Kindes

„‚Der Raum, den das Kind lebt' ist ein Raum, der durch Perspektivik und Lebenspraxis der Kinder als kindlicher Lebensraum konstituiert wird; der ‚Raum' ist dabei nicht als Gehäuse, sondern als Semiotik einer sozialen Kinderwelt zu denken. Darin verbirgt sich die Einsicht, dass Entwicklung und Sozialisation nicht ‚bewirkt' werden, es handelt sich nicht um eine Mechanik; sondern Sozialisationsprozesse verlaufen über Deutungen, mit denen Personen die Welt für sich relevant machen." (Behnken und Honig in Muchow und Muchow 2012, S. 12)

Andererseits erfolgt diese Orientierung am sozialen Raum in der Jugendhilfeplanung häufig unterkomplex, weil soziale Raumproduktion (vgl. Belina 2013) nicht auf ein einziges Territorium festgelegt werden kann, sondern von vielen Akteuren in unterschiedlichen territorialen Bezügen entwickelt, umgeformt und in ebenso von Macht geprägte wie kritisch reflexive Zusammenhänge eingebracht wird. Insofern gilt: Der „Sozialraum" der Jugendhilfeplanung ist für gewöhnlich lediglich ein Planungsraum, kein Produkt sozialer Interaktionen und Auseinandersetzungen alltäglicher Lebensführung, und sollte daher auch dann nicht mit diesem verwechselt werden, wenn er dasselbe Label erhält.

Ein weiterer Umsetzungsstandard ist in der Realisierung der *Sozialstrukturanalyse* zu sehen (vgl. Schnurr et al. 2010, S. 111 ff.). Hier werden für gewöhnlich quantitative Daten zusammengeführt, die nicht selten auch außerhalb der Jugendhilfe gewonnen werden. Auf diese Weise können die Verteilung von sozialpolitischen relevanten Faktoren, deren Entwicklung im Zeitverlauf sowie die damit einhergehenden Bilder sozialer Situationen auf relativ einfache Weise zusammengetragen werden. Die Effizienz der Datengewinnung ist insofern einer der Vorteile dieses Vorgehens. Die Vor-Definition der relevanten Bezugsräume, der zeitlichen Intervalle sowie die grundsätzliche Auswahl der als wichtig eingeschätzten Daten hingegen muss die Jugendhilfe auf diese Weise in größerem Ausmaß anderen Instanzen und Akteuren (etwa dem Sozialamt, dem Gesundheitsamt, der Agentur für Arbeit o. a.) überlassen. Unter dieser Hinsicht ist die Jugendhilfeplanung in ihrer fachlichen Grundlage und der sich daraus ergebenden Datengewinnung deutlich beschränkt. Deshalb sind solche fremd-bezogenen Daten einer eigenen fachlichen und fachpolitischen Reflexion zu unterziehen. Dessen ungeachtet bieten die solcherart gewonnenen Indikatoren einen zumindest ersten Anhaltspunkt für weitere Analysen der sozialen Situationen und der Lebenslagen der verschiedenen Gruppen von BewohnerInnen innerhalb der Planungsräume.

Aufgrund der jüngeren Entwicklungen zur Umsteuerung der Dienstleistungen zur *Integration in Erwerbsarbeit* und der Bemühungen um *Inklusion* (vgl. Heuer 2012) kommen weitere relevante Aspekte zur Definition fachlicher Standards auf die Jugendhilfeplanung zu. So ist zum einen die Intensivierung von Vermittlungstätigkeiten in Erwerbsarbeit für die Jugendhilfe von besonderer Bedeutung. Hierbei gilt vor allem, dass die massive Festschreibung der Erwerbsorientierung für die Dienstleistungen der Jugendhilfe zur Desintegration jener Jugendlichen führen kann, deren Kompatibilität mit dem ersten Arbeitsmarkt sich deutlich eingeschränkt zeigt. Dem geradezu entgegen läuft die strategische Ausrichtung der Bemühungen um Inklusion, insofern hier eine barrierefreie (und somit: mit Blick auf individuelle Fähigkeiten bedingungslose) Teilhabe an gesellschaftlichen Prozessen unter hochgradig diversifizierten Verhältnissen mit ihrer Orientierung an der Erwerbsarbeitsgesellschaft fungiert. Dabei wiederum erweist sich diese Orientierung für die Individuen als der Assistenz bedürftig und zugleich als gemeinhin nicht hinterfragtes Normativ. Wird also einerseits die dezidierte Befähigung zur Erwerbsarbeit gefordert, soll andererseits diese Vergesellschaftung von unterschiedlichen Menschen inklusiv, also barrierefrei und somit weitgehend frei von im Individuum zu verwirklichenden Voraussetzungen erfolgen. Daraus kann sich im ungünstigsten Fall der permanente Widerspruch von „individualisiertem Fordern" der Arbeitsmarktfähigkeit vs. „strukturellem Fördern" eben dieser Arbeitsmarktbezüge ergeben. Jugendhilfeplanung muss insofern auf diese faktische Diskrepanz von Exklusion der Nicht-Vermittelbaren und Inklusion der auf berufsnahe Bildung Angewiesenen differenziert eingehen. Dabei sind es gerade die fachlichen Engführungen (Sozialraum-Begriff, empirische Grundlage der Sozialstrukturanalysen) und die konzeptionellen Widersprüche (Forderungen an das Individuum vs. Rechte des Individuums), die der Praxis von Jugendhilfemaßnahmen und ihren strukturellen Planungen Beschwernisse bereiten können.

Ob diese spannungsgeladene und offenkundig noch keineswegs harmonisierte Vergesellschaftung durch Integration in unterschiedliche Funktionssysteme der Gesellschaft (Erwerbsarbeit, Bildung, Recht, Gesundheit etc.) und die darin normativ geltenden Logiken und Prozeduren jedoch überhaupt auf dem Feld der Jugendhilfeplanung letztendlich geklärt werden kann, muss fraglich bleiben, da hier makropolitische Weichenstellungen die mikropolitischen Konsequenzen in der Kommune maßgeblich prägen.

4.2.3 Strategische Umsetzung der Jugendhilfeplanung

Wurden bisher die Standards der Jugendhilfeplanung skizziert und in ihrem durchaus herausfordernden Wechselbeziehungen thematisiert, so sollen nun die sich für die Jugendhilfeplanung ergebenden strategischen Konsequenzen (in Anlehnung an Merchel 2010, S. 210 ff.) beschrieben werden. Dabei liegt ein Fokus auf den Aufgaben der Planung von Hilfen zur Erziehung (§§ 27 ff. SGB VIII), andere werden teilweise gestreift, weil sie ebenfalls spezifische planerische Anforderungen beinhalten, wie etwa im Fall der Jugendarbeit (vgl. § 11 SGB VIII) deren „infrastrukturelle Gewährleistungsverpflichtung" (Merchel 2010, S. 191), ohne dass alle diese Aspekte vollumfänglich ausgeführt werden könnten. Insgesamt aber werden mit Bezug auf die strukturell und zielbezogen abgestimmte Ausrichtung der Jugendhilfeplanung die nun folgenden Schwerpunkte vorgestellt.

Zunächst soll hier die *Profilbildung* der einzelnen Träger, aber auch deren angebotenen Dienste und Einrichtungen im Besonderen, in den Blick gerückt werden. Unter dieser Hinsicht zielt die strategische Reflexion innerhalb der Jugendhilfeplanung darauf ab, innerhalb des Planungszusammenhänge (häufig: Landkreis) zum einen eine den Bedarfen der NutzerInnen angemessene sowie zum anderen den fachlichen Entwicklungen entsprechende Angebotslandschaft zu entwickeln resp. abzusichern und auszubauen. Hinzu kommt die Notwendigkeit, angesichts des Wunsch- und Wahlrechts der KlientInnen, aber auch den gesellschaftlichen Gegebenheiten sozialer Pluralität entsprechend eine Vielfalt der Jugendhilfe-Angebote zu fördern (vgl. programmatisch für die Jugendarbeit § 11 Abs. 2 SGB VIII, aber auch die Bestimmungen der §§ 16 ff. SGB VIII unter Berücksichtigung zunehmend pluraler werdender Familienformen sowie jüngerer Unterstützungsformen wie etwa der „Frühen Hilfen", § 1 Abs. 4 KKG). Unter strategischer Hinsicht kommt somit der Jugendhilfeplanung die Aufgabe zu, durch die Steuerung von Rahmenbedingungen, Qualitätskonzepten und fachlichen Diskursen eine solche Pluralität der fachlich abgesicherten Profile zu unterstützen. Neben der diesbezüglichen Ausgestaltung von Leistungsverträgen kann der Träger der öffentlichen Jugendhilfe insbesondere durch die Foren des Jugendhilfeausschusses, der Arbeitsgemeinschaften (nach § 78 SGB VIII) sowie auf den darunter liegenden Ebenen in nahräumlichen Zusammenhängen den Austausch der verantwortlichen Akteure (etwa durch Runde Tische) unterstützen. In dieser Hinsicht ist die zumeist geförderte Konkurrenzsituation einer als Markt inszenierten Jugendhilfe-Landschaft nicht immer hinreichend förderlich. Vielmehr bedarf es auch der konsensuellen Debatten zwischen den verschiedenen Trägern, um unter Berücksichtigung der bereits bestehenden unterschiedlichen Profile die den Bedarfen angemessenen Weiterentwicklungen der Dienste und Einrichtungen zu erreichen. Hierbei den nötigen Ausgleich zwischen Träger-Autonomie und für die abgestimmte strategische Ausrichtung notwendige Transparenz zu erreichen, ist einer der anspruchsvolleren (Moderations-)Aufgaben innerhalb der Jugendhilfeplanung.

Ferner steht die *Analyse der regionalen Angebotsstruktur* (vgl. Merchel 2010, S. 210 ff.) im Fokus, um auf diese Weise Bedarfe, fachliche Konzepte und die regionale Infrastruktur mittelfristig aufeinander abzustimmen. So gilt auch in der Jugendhilfe bereits seit Jahren die Maßgabe der Lebensweltorientierung (Thiersch) und daraus resultierend der Dezentralisierung der Angebote. Unter dieser Hinsicht ist auch die noch zu thematisieren Sozialraumorientierung (vgl. 4.2.5) ein fachlich breit akzeptierter Ansatz, der durch die Verbindung von fallunspezifischer Arbeit, Territorialisierung sozialer Prozesse, veränderten Finanzierungsformaten und nahräumlichen Hilfenetzwerken eine veränderte und dabei stärker effiziente sowie auf gemeinschaftliche Selbsthilfepotenziale abstellende Konzeption bietet. Ebenso ist festzustellen, dass der „Jugendhilfe-Markt" in zunehmendem Maße von profitorientierten Organisationen gestaltet wird. Damit verbunden sind Veränderungen der Jugendhilfe-Landschaft, die sich etwa durch intensivere Kunden- und Einzelfall-Orientierung, eine flexiblere Angebotsgestaltung oder auch den verstärkten Einsatz von Marketinginstrumenten auszeichnen können. Dies wird umso bedeutsamer, als sich die bisherige relative Trennung von Jugendhilfe und anderen Leistungsfeldern der Sozialen Arbeit (Eingliederungshilfe, Hilfe für psychisch Kranke, Migrationsarbeit o. a.) angesichts der Veränderungen von sozialpolitischen und sozialarbeiterischen Ansätzen kaum noch halten lässt. Maßgeblicher Treiber diese Veränderungsprozesse sind fachliche und fachpolitische Trends wie die Inklusion, vornehmlich von Menschen mit Behinderung, die Verbindung von Jugendhilfe mit Existenzsicherung und Gemeindepsychiatrie als spezielles Handlungsfeld einer jugendorientierten Wohnungslosenhilfe, sowie Ansätze für minderjährige, mitunter unbegleitete, Flüchtlinge u. a. m. Angesichts dieser ausgesuchten, und doch auch vielfältigen, Herausforderungen für die Planung der Jugendhilfestrukturen erscheint es geboten, die regionalen Besonderheiten (etwa des Landkreises) und die fachlichen Entwicklungen kontinuierlich abzugleichen und diesbezügliche Qualitätsaspekte zu definieren.

Damit wird ein dritter Aspekt deutlich, nämlich das *Beschreiben potentieller Entwicklungstendenzen im Hinblick auf die Bedarfe der NutzerInnen* sowie die sich daraus ergebenden *Ansprüche an Veränderungen bei den örtlichen Trägern* (vgl. Merchel 2010, S. 212 f.). So verändern sich die Bedarfe im Hinblick auf die jüngeren Umstrukturierung des Schulsystems, wenn beispielsweise Ganztagsschulen, aber auch inklusive Schulformen einen neuen Bedarf an sozialpädagogischer Begleitung des Schulalltags sowie der über den Schulalltag hinausreichenden erzieherischen Hilfen erwarten lassen. Merchel (vgl. 2010, S. 212 f.) macht ferner darauf aufmerksam, dass bisherige individuelle Bedarfe und Hilfeverläufe dazu genutzt werden können, perspektivisch künftige Bedarfe in Form und Umfang eher abschätzen zu können. Gerade in den Fallverläufen, in denen regional keine wirklich passende Hilfeform gefunden werden konnte, lässt sich somit die Anforderung an die Weiterentwicklung der ansässigen Organisationen der Jugendhilfe ableiten, um somit ihr Angebotsportfolio den bereits aufgetretenen Fällen angemessen zu erweitern. Diesbezügliche Daten zu erheben, zu sammeln und für die Fortentwicklung der Träger zu analysieren, kann damit eine weitere Aufgabe für die Jugendhilfeplanung darstellen.

Interkommunale Vergleiche (vgl. Merchel 2010, S. 213 f.) lassen sich für verschiedene Formen der Versorgung beschreiben. In den zurückliegenden Jahren sind insbesondere die Kindertageseinrichtungen und Kindertagespflege in den Fokus der kommunalen Infrastrukturplanungen gerückt, nicht zuletzt wegen der seit dem 1.8.2013 bestehenden rechtlichen Ansprüche auf ein Betreuungsangebot für Kinder ab dem zweiten Lebensjahr (vgl. § 24 Abs. 2 SGB VIII). „Wie in kaum einem anderen Leistungsfeld ist die Jugendhilfeplanung hier durch die Dominanz des Aspekts ‚Versorgung', also durch quantitative Bedarfszahlen geprägt und (aufgrund der auf Ausbau ausgerichteten Gesetzgebung) in vielen Regionen auf Ausbau von ‚Betreuungsplätzen' ausgerichtet." (Merchel 2010, S. 203) Aber auch andere Felder, wie etwa die Hilfen zur Erziehung, werden im Hinblick auf Benchmarkingprozesse zwischen den Kommunen mit besonderer Aufmerksamkeit bedacht (vgl. auch Tabatt-Hirschfeldt 2010). Dabei muss sicherlich unterschieden werden zwischen quantitativen Aussagen einerseits und einer qualitativen sowie normativen Ausrichtung der fachlichen Profile andererseits. Dennoch bieten solche interkommunalen Vergleiche allein durch ihre Aussagen bereits hinreichend Anlass, gerade die letztgenannten Aspekte ebenfalls in den Blick zu nehmen, um auf diese Weise Aussagen hinsichtlich der Entwicklungsstände, -notwendigkeiten und -perspektiven je nach Kommune und innerhalb des gesamten Planungsraumes formulieren zu können. Dennoch Eigens sei angemerkt, dass aufmerksam darauf zu achten ist, dass die quantitativen Vergleichsdaten einer fachlichen Interpretation (insbesondere mit Blick auf das ausgewogene Verhältnis von professioneller Fallgestaltung, Entwicklung des Versorgungssystems und Effizienzorientierung) bedürfen.

Eine letzte strategische Herausforderung der Jugendhilfeplanung sei mit dem Hinweis auf die Notwendigkeit von *Leitorientierungen für die Kooperation der Kinder- und Jugendhilfe mit anderen Institutionsbereichen* (vgl. Merchel 2010, S. 214 ff.) formuliert. Gerade die üblicherweise vorgenommene Gestaltung der Kinder- und Jugendhilfe als „Markt" lässt die Schnittstellen innerhalb der Jugendhilfe, aber mehr noch mit anderen Versorgungssystemen (Bildung-, Gesundheits-, Suchthilfe- oder anderen Systemen) nicht selten als problematisch erscheinen. Hierbei sind einerseits die individuellen Interaktionsformen der konkreten Akteure nicht zu unterschätzen, mehr aber scheinen die Fragen von Entgelten und die

durch Vermittlung in andere Systeme möglicherweise entstehenden Ausfälle von
Mitteln der Kostenträger verschiedentlich zu einer Zurückhaltung der Kooperation und erst recht der Überweisung von KlientInnen zu führen. Die Praxis lehrt,
dass für ein solches, unter fachlichen wie planerischen Gesichtspunkten gestaltetes
Schnittstellen-Management, verlässliche und zwischen den verschiedenen Versorgungssystemen abgestimmte Dokumentationsformate, ferner der praktisch unter
Beweis gestellte Willen zur Kooperation zwischen den Systemen, Trägern und den
individuellen Akteuren und schließlich die hoheitlich vorgenommene Definition
der – verpflichtend beschriebenen – schnittstellenbezogenen Prozesse erforderlich sind, um Kooperationen verlässlich und belastbar ausgestalten zu können. Das
hierfür ein besonderes Maß an Notwendigkeit besteht, zeigen ebenso eindrücklich
wie belastend die immer wieder publik werdenden Fälle von Missmanagement
gerade im Bereich der Kindeswohlgefährdung (§§ 8a f. SGB VIII). Unter der Hinsicht von Jugendhilfeplanung wird an dieser Stelle die Notwendigkeit deutlich,
nicht allein auf individuelle Gefährdungssituationen Antworten zu finden, sondern
strukturelle Abstimmungsprozesse einzuleiten, die der strukturbezogenen Gefähr-
dung von gelingender Kooperation entgegentreten können. Zu klären ist also, wie
Jugendhilfeplanung kontinuierliche und abgestimmte Strukturen, Prozesse und Foren bieten kann, um die verschiedenen beteiligten Systeme und deren verantwort-
liche Akteure im Vollsinn des Wortes „an einen Tisch zu bringen". Mit Blick auf
die gesamtgesellschaftlich erkennbaren Veränderungen sozialer Sicherung und die
sich daraus ergebenden Zuwächse an Belastungssituationen für Familien und die
prekären Lebenslagen von Kindern und Jugendlichen ist Merchel sicher uneingeschränkt zuzustimmen, wenn er für die Hilfen zur Erziehung betont: „Dabei wird
man im Bewusstsein halten (und nach außen kommunizieren) müssen, dass trotz
aller notwendigen Überlegungen zur Verbesserung der Effektivität des Ressour-
ceneinsatzes eine nachdrückliche ‚Kostensteuerung' in diesem Leistungsfeld nur
begrenzt möglich ist." (Merchel 2010, S. 216)

4.2.4 Praxis der Jugendhilfeplanung

Die Praxis der Jugendhilfeplanung ist in besonderem Maß von den rechtlichen
und organisationalen Grundlagen der Jugendhilfe geprägt. Dabei sind für die konkrete Jugendhilfeplanung insbesondere die §§ 79–81 SGB VIII von Bedeutung.
Während § 79 SGB VIII die Gesamtverantwortung hinsichtlich der öffentlichen
Träger der Jugendhilfe definiert und zugleich die Grundausstattung der Jugend-
ämter beschreibt, erläutert § 79a SGB VIII die Aspekte der Qualitätsentwicklung
in der Kinder- und Jugendhilfe. Zentral für die Jugendhilfeplanung ist § 80 SGB

VIII, der die Teilelemente der Jugendhilfeplanung festlegt. Aus § 81 SGB VIII wird ersichtlich, dass Jugendhilfe mit den weiteren auf Kinder und Jugendliche bezogenen Handlungsfeldern wie Schule, Gesundheitswesen, aber auch mit dem psychiatrischen Versorgungssystem sowie dem Sozialamt kooperiert.

In § 80 Abs. 1 SGB VIII wird näherhin definiert, dass Bestandsfeststellung und Bedarfsermittlung sowie daraus abgeleitet die Bestandsbewertung, d. h. die rechtzeitige und ausreichende Bereitstellung von entsprechenden Diensten und Einrichtungen, zu den Kernaufgaben der Jugendhilfeplanung zählen. § 80 Abs. 3 SGB VIII regelt die Kooperation zwischen öffentlichem Träger der Jugendhilfe, namentlich dem Jugendhilfeausschuss, und den anerkannten Trägern der freien Jugendhilfe. Letztere haben ein eigenes Anhörungsrecht im Jugendhilfeausschuss. Durch § 80 Abs. 4 SGB VIII wird darauf abgezielt, dass Jugendhilfeplanung und weitere örtliche sowie überörtliche Planungen aufeinander abgestimmt werden. Durch die geschilderten Vorgaben des § 80 SGB VIII erfolgt die für die Sozialplanung allgemein differenzierteste und am meisten konkrete rechtliche Vorgabe der Planungsumsetzung.

Für die praktische Organisation der Jugendhilfeplanung (siehe Abb. 4.2) ist die Zweigliedrigkeit des Jugendamtes (Verwaltung sowie Jugendhilfeausschuss) nach

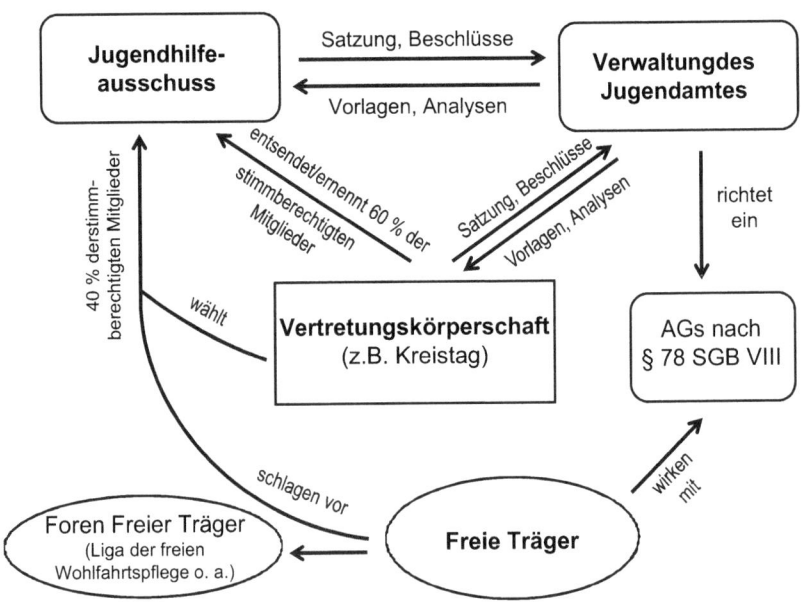

Abb. 4.2 Praxis der Jugendhilfeplanung. (Quelle: Eigene Darstellung (in Anlehnung an Szlapka 2005) © A. Böhmer)

§ 70 SGB VIII strukturbildend auch für die Jugendhilfeplanung. Dies wirkt sich dergestalt aus, dass Jugendhilfeplanung nach § 71 Abs. 2 Nr. 2 SGB VIII im Jugendhilfeausschuss stattfindet, der zu diesem Zweck häufig einen Unterausschuss beauftragt (vgl. Pluto et al. 2007, S. 331). In der praktischen Umsetzung hat dies zur Konsequenz, dass die Verwaltung des Jugendamtes einerseits die Umsetzung der Beschlüsse aus dem Jugendhilfeausschuss gewährleisten muss. Andererseits ist sie mit der Erarbeitung von Sitzungsvorlagen sowie mit fachlichen Stellungnahmen für die Ausschussarbeit betraut. In den Arbeitsgemeinschaften nach § 78 SGB VIII finden sich der öffentliche (Jugendamt) sowie die anerkannten freien Träger der Jugendhilfe, um in gemeinsamer Abstimmung die verschiedenen Maßnahmen in den Arbeitsfeldern der Kinder- und Jugendhilfe zu erörtern und das mögliche weitere Vorgehen zu koordinieren. Häufig haben die freien Träger der Jugendhilfe darüber hinaus eigene Arbeitskreise, in denen sie sich fachlich sowie fachpolitisch abstimmen (Beispiel: Arbeitskreise auf Ebene der Liga der Freien Wohlfahrtspflege). Neben diesen freien Trägern kommt dem Kreistag mit seinen Fraktionen eine besondere Bedeutung zu, weil er gemäß § 71 SGB VIII 60 % der stimmberechtigten Mitglieder des Jugendhilfeausschusses stellt. Die verbleibenden 40 % werden durch die freien Träger vorgeschlagen und vom Kreistag gewählt.

Im Jugendhilfeausschuss ist die Planung von Infrastrukturen der Versorgung für Kinder, Jugendliche und ihre Familien eines der zentralen Aufgabenfelder. Des Weiteren werden die aktuellen Herausforderungen und mögliche Lösungsansätze im Bereich der Kinder- und Jugendhilfe diskutiert. Grundlage für diesen Austausch sind die Jahresberichte, welche das Jugendamt, aber auch die freien Träger zur Verfügung stellen können. Als dritte Aufgabe sieht das Kinder- und Jugendhilferecht die Förderung der freien Jugendhilfe vor. Um diese verschiedenen Aufgaben tatsächlich dem Bedarf innerhalb des Planungsraumes (zumeist: Landkreis) entsprechend bearbeiten zu können, sind über das Jahr hinweg verteilt zahlreiche Sitzungen mit konkret terminierten Themenschwerpunkt vonnöten. Ferner kann sich der Jugendhilfeausschuss weitere Arbeitsgruppen geben, etwa im Bereich der Planung, aber auch bezüglich weiterer fachlicher Zusammenhänge, um die Arbeit auf mehrere Schultern zu verteilen (vgl. Jordan und Schone 2010, S. 136).

4.2.5 Sozialraumorientierung

Sozialraumorientierung ist bereits seit den neunziger Jahren des 20. Jahrhunderts ein maßgeblicher Ansatz für die Jugendhilfe in Deutschland. In den Fachdiskursen werden verschiedene Begriffe des „sozialen Raumes" ins Spiel gebracht, wobei die meisten dieser Ansätze darin übereinkommen, dass sich Kinder und Jugendliche territoriale Räume (aber durchaus auch andere, etwa virtuelle) durch alltägliche Praktiken aneignen. Bekannte Beispiele für diese soziale Aneignungspraxis sind etwa die von Jugendlichen als Treffpunkt genutzte Bushaltestelle, das von spielenden Kindern aufgesuchte brachliegende Grundstück oder auch der Pausenhof, der u. a. auch nach Schulschluss als Versammlungsort jugendlicher Gruppen dient. Dass räumliche Bezüge für die Jugendhilfe, aber auch für die Soziale Arbeit allgemein, von besonderer Bedeutung sind, wird auch dann deutlich, wenn aktuelle kommunalpolitische Diskussionen, etwa um „Stadtteile mit besonderem Entwicklungsbedarf", soziale Brennpunkte oder auch „benachteiligte Quartiere", Raumkonzepte mit sozialpolitischen Analysen und daraus abgeleiteten Konsequenzen verbinden. Allerdings ist in diesem Zusammenhang zu betonen:

Räumlicher Ausschluss oder moralische Ausgrenzung?
„Nicht der räumliche Ausschluss spezifischer Wohnareale stellt die zentrale sozialpolitische und sozialpädagogische Herausforderung im Rahmen der veränderten Regulierung und Gestaltungsweisen des Kommunalen seit dem letzten Drittel des 20. Jahrhunderts dar [...], sondern deren soziale Ausschließung und sozialmoralische Ausgrenzung." (Kessl und Reutlinger 2011, S. 287)

Insofern bedarf es gerade für die sozialräumlich orientierte Jugendhilfe einer genaueren Analyse, in welcher Weise soziale, territoriale, gesellschaftliche und politische Prozesse miteinander gekoppelt sind und wie dabei soziale Ausgrenzung geschieht. Ohne dies im vorliegenden Zusammenhang ausführlicher herleiten zu können, sei an dieser Stelle darauf verwiesen, dass der Diskurs einer reflexiven Arbeit am sozialen Raum wichtige Hinweise darauf gibt, dass sozialer Raum primär das Produkt sozialer Prozesse, verbunden mit der klassenspezifischen Ungleichverteilung von ökonomischen, aber auch sozialem und kulturellem Kapital, bedeutet (vgl. Wacquant 2007, 2008, 2011).

Damit muss zum einen davon ausgegangen werden, dass nicht „Quartierseffekte", sondern gesellschaftliche, politische, hegemoniale sowie ökonomische Aspekte maßgeblich für die Segregation, d. h. räumliche Ungleichverteilung (hier) sozialer Gruppen und Ressourcen, zu machen sind. Insofern ist also nicht das jeweilige Quartier dafür verantwortlich, dass soziale Ausgrenzung der BewohnerInnen innerhalb der Gesamtstadt geschieht, sondern soziale Labelling-Prozesse einzelner Gruppen innerhalb des Territoriums sowie die Zuweisung von moralisch abqualifizierten Positionen innerhalb der Gesellschaft. Unter dieser Hinsicht wird fraglich, ob der „Sozialraum" der Jugendhilfeplanung tatsächlich ein sozialer Raum im Sinne einer sozialen Ordnung in Verbindung mit räumlichen Produktions- und Aneignungsprozessen sein kann. Vielmehr ist davon auszugehen, dass der Planungsraum eine künstliche Begrenzung unter Planungsaspekten darstellt. Diesen mit den sozialen Prozessen verschiedener Individuen und Gruppierungen konzeptionell zu vermischen, bedeutet, die einzelnen Bevölkerungsgruppen auf ihren Wohnort festzuschreiben. Dabei wird übersehen, dass die meisten Milieus über unterschiedlich ausgeprägte, aber dennoch nahezu durchgängig gegebene Mobilitätsgrade verfügen.

Auf der anderen Seite ist auch verständlich, dass Planungsprozesse ebenso wie bestimmte sozialarbeiterische Interventionen einen territorialen Zusammenhang unterstellen und definieren müssen, um auf diese Weise räumliche Aspekte überhaupt in den Blick und dann praktisch in die Hand bekommen zu können. Ähnlich wie in anderen Dilemmata-Konstellationen der sozialräumlichen Arbeit (vgl. Kessl und Reutlinger 2010, S. 125 ff.) ist auch in diesem Zusammenhang zu fordern, dass dieses Dilemma der für die Planung notwendigen Raumdefinition und zugleich deren alltagspraktische Auflösung zumindest reflexiv eingeholt und in die weitere Planungsarbeit einbezogen wird. Maßstab einer zureichenden Reflexivität räumlich verengender Definition muss mindestens das Vermeiden unterstellter „Quartierseffekte" sowie die moralische Abqualifizierung von Personengruppen sein.

Unter dieser Maßgabe wird dann auch ein *Sozialraumbudget* als finanzielle Umsetzungsstrategie der Sozialraumorientierung plausibel. „Ein beauftragter Träger erhält als Vertragspartner des örtlichen Jugendamtes (Kostenträger) ein Globalbudget, aus dem alle Leistungen, bspw. der Hilfen zur Erziehung, in einem abgegrenzten Sozialraum bestritten werden müssen. Über etwaige Budgetüberschüsse kann der Träger bzw. Leistungsersteller verfügen. Sozialraumbudgets haben häufig den Charakter von Leistungsverträgen. Sie erlauben den Einbezug ehrenamtlicher Hilfe und sind in der Gestaltung der Durchführung flexibel und vermeintlich kostengünstig" (Brinkmann 2010, S. 184; verweist auf Bieker). Die Ausgestaltung des Sozialraumbudgets erfolgt beispielsweise so, dass 70 % für fallspezifische, 10 % für fallunspezifische sowie 20 % für Bonuszahlungen an den (erfolgreichen) Träger gezahlt werden (vgl. Brinkmann 2010, S. 184). Vorteil einer solchen Budgetierung sozialer Dienstleistungen innerhalb von Planungsräumen ist die finanzielle Sicherheit der das Budget verwaltenden freien (Schwerpunkt-)Träger (vgl. Stephan 2010). Indem nämlich die Kosten des öffentlichen wie der freien Träger im Sozialraumbudget zusammengefasst und miteinander verrechnet werden, kann der freie Träger Ressourcen eigenverantwortlich steuern und zugleich die Vergütung seiner Dienstleistungen im vorgegebenen Budgetrahmen (und z. T. darüber hinaus; vgl. Stephan 2010, S. 376) erwarten. Sollte der freie Träger günstiger als angenommen wirtschaften, kann ihm gar eine Bonuszahlung zuerkannt werden. Die ansonsten nur schwer zu kalkulierenden und in Rechnung zu stellenden sog. „fallunspezifischen Tätigkeiten" im Sozialraum sowie allgemein eine lebenswelt-orientierte und niederschwellige Arbeit lassen sich auf diese Weise ebenfalls im Rahmen des zur Verfügung gestellten finanziellen Gesamtvolumens gestalten. Zu-dem wird das Verhältnis zwischen ASD (Allgemeiner Sozialer Dienst des Jugend-amtes) und den freien Trägern deutlich verschoben. Hier gilt: „Der Kostenträger muss seinem Partner prinzipiell zutrauen, dass dieser genauso wirtschaftlich spar-sam handelt wie ein öffentlicher Träger, er muss nicht festlegen, wie viel Geld für Personal, Sachkosten, Verpflegung usw. ausgegeben wird." (Stephan 2010, S. 378) Sofern also nicht die Qualität der sozialen Dienstleistungen geschmälert wird, er-möglicht diese Weise der Finanzierung eine ebenso sichere wie effiziente Mittel-steuerung der freien Träger, die darüber hinaus den öffentlichen Träger in vielerlei Hinsicht von seinen eigenen operativen Aufgaben zu Gunsten der Steuerungs- und Kontrolltätigkeiten entbindet sowie fallunspezifisches Arbeiten auf konzeptionell wie kalkulatorisch sicherere Füße stellt.

Dass ein solches Konzept der umfassenden Steuerung von Ressourcen im So-zialraum keineswegs nur positive Aspekte mit sich bringt, mag zu erwarten sein. Insbesondere kritisiert wird, dass im Zuge des Sozialraumbudgets das Wunsch- und Wahlrecht (§ 5 SGB VIII) der KlientInnen eingeschränkt werde, da der jeweilige Schwerpunktträger die Versorgungslandschaft dominiere oder doch dominieren könne. Allerdings wird die Kritik an einem Sozialraumkonzept der Jugendhilfe-planung mitunter noch deutlich weiterreichend vorgebracht, etwa mit dem Hinweis darauf, dass Sozialraumorientierung (zumindest gewisser Lesarten) keineswegs immer dazu angetan sein, effiziente und fachlich angemessene Versorgungssyste-me hervorzubringen: „Der aktivierte Nahraum, die mobilisierte Zivilgesellschaft, die Gemeinschaft ist – wenn man es richtig anstellt – der Inklusionsmechanismus schlechthin, macht Einzelfallarbeit überflüssig und produziert eine ganz neue Qua-lität des Helfens, die es in spezialisierten Hilfesystemen und isolierten Spezial-einrichtungen nie gegeben hat." (Dahme und Wohlfahrt 2012, S. 69) Mit diesen ironisierenden Worten bringen die beiden Autoren ihr Verständnis einer Sozial-raumorientierung zur Sprache, die den Anspruch erhebe, Antworten auf die viel-fältigen sozialen Herausforderungen des Nahraumes zu bieten. Im Gegensatz dazu wird immer wieder darauf hingewiesen, dass die Management-artige Bearbeitung sozialer Räume und die Fokussierung auf als knapp dargestellte finanzielle Mittel letztlich auf ein Sparprogramm mit fachlich unzureichender Qualität hinauslaufen müssten. Dass solche Vorwürfe durchaus berechtigt sind, wird auch in den vor-genannten Ausführungen zur Jugendhilfeplanung mehrfach betont. Zugleich bie-ten Konzepte wie die Sozialraumorientierung und das mit ihr verbundene Sozialraumbudget dann einige Chancen, wenn sie fachlich wie ökonomisch angemessen ausgestattet sind, ihre territoriale Begriffsenge reflektieren und zugleich im Blick behalten, dass ihre NutzerInnen ohne jegliche moralische Vorwurfshaltung Dienstleistungen in Anspruch nehmen können. Ob dies freilich unter den jeweils gegebenen kommunalpolitischen und fachlichen Maßgaben zu verwirklichen ist, wird wohl im jeweiligen Einzelfall geprüft werden müssen. Die Praxis der Jugendhilfeplanung hingegen wird sich einem solchen Konzept, das mittlerweile von einer breiten Basis öffentlicher Träger umgesetzt wird, kaum entziehen können und insofern gefordert sein, die eigene Fachlichkeit auch jenseits aller administrativer Vorgaben unter Beweis zu stellen. Sonst nämlich hätten die Kritiker tatsächlich recht: „Die so fortschrittlich-emanzipatorisch daherkommende Sozialraumrhetorik ist bei näherem Hinsehen nichts weiter als die platte Aktivierungsbotschaft, die an das Gemeinwesen Aufgaben adressiert, die der Sozialstaat in dieser Form nicht mehr wahrnehmen will." (Dahme und Wohlfahrt 2012, S. 70)

4.2.6 Wirkungsorientierung

Bereits seit einiger Zeit wird, auch im Zuge der im internationalen Sprachraum thematisierten „evidence-based social work", die Wirkungsorientierung Sozialer Arbeit – und die der Jugendhilfe zumal – eingefordert.

Die Etablierung der Wirkungsorientierung setzt nach Nüsken (vgl. 2010) mit der Einführung der §§ 78a–g SGB VIII ein. Mit diesen Regelungen sollen insbesondere die Vereinbarungen über Leistungsangebote, Entgelte und Qualitätsentwicklung definiert werden. Besonders im Blick sind hierbei stationäre und teilstationäre Hilfen zur Erziehung. Zu diesem Zweck wird definiert, dass der öffentliche mit dem freien Träger eine Leistungsvereinbarung, eine Entgeltvereinbarung sowie eine Qualitätsentwicklungsvereinbarung abschließen muss (vgl. § 78b SGB VIII). Nach § 79a SGB VIII muss der Träger der öffentlichen Jugendhilfe zudem Qualitätsmaßstäbe definieren und angemessene Maßnahmen zu deren Realisierung entwickeln. Ziel der qualitätsorientierten Bestimmung der Leistungsentgelte ist, dass „Kostenentwicklungen insbesondere in stationären und teilstationären Hilfen zur Erziehung gedämpft, eine stärkere Transparenz von Kosten und Leistungen erzielt und die Effizienz der eingesetzten Mittel verbessert werden" (Nüsken 2010, S. 257).

Um diese Ziele zu erreichen, ist unter den öffentlichen und freien Trägern der Jugendhilfe abzustimmen, wie Wirkung verstanden werden soll, wie sie beeinflusst werden kann, welche Indikatoren deren Beeinflussung zeigen, wie die Veränderungen eingeschätzt werden und wie mögliche Konsequenzen aus diesen

Entwicklungen aussehen können (vgl. Nüsken 2010, S. 260). Damit diese Fragen beantworten werden können, müssen zweifellos bereits umfangreiche Schritte des Planungskreislaufes beschritten worden sein. Denn erst, wenn das Planungsziel definiert sowie im Rahmen der räumlichen Planung eine Auswahl angemessener Maßnahmen definiert wurde, kann mit Blick auf das konkrete Handlungsfeld, für das die Planung erbracht wurde, die Frage nach der Wirkung von erzieherischen Hilfen angegangen werden. Mit Blick auf den hier zugrunde gelegten Planungskreislauf ist zudem darauf zu verweisen, dass die dort als Indikatoren ausgewiesenen Maßgrößen durch die Wirkungsorientierung konkretisiert werden können. Somit erfolgt die Überprüfung der Wirkungen mithilfe der definierten Indikatoren zum Abschluss des Planungsprozesses im Kontext von Evaluation und Controlling.

Die für allgemeine Sozialplanung gültigen Maßstäbe der Beteiligung von Betroffenen, der Integration weiterer Fachplanungen sowie der dialogischen Grundhaltung auf Seiten der Planenden gelten auch im Hinblick auf die Orientierung an den Wirkungen der Hilfen zur Erziehung. Da die Verständigung über die mögliche und die erfolgte Wirkung in sog. Wirkungsdialogen erzielt werden soll (vgl. Nüsken 2010, S. 261 f.), kommt insbesondere der dialogischen Sozialplanung auch im Hinblick auf die Entwicklung der Maßnahmen der Jugendhilfe eine besondere Bedeutung zu. Zugleich ist zu beachten, dass die pädagogische Perspektive von Wirkungen nicht mit derjenigen aus dem Controlling verwechselt werden darf (vgl. Albus et al. 2009, S. 53). Einige in diesem Zusammenhang benannte Differenzen stellen die prozessuale Zielbearbeitung, die Möglichkeit des Scheiterns in Lernprozessen sowie die komplexen und zum Teil widersprüchlichen Anliegen, Interessen und Zielvorstellungen der Beteiligten dar. Insofern ist die fachliche Einschätzung der zur Erreichung der Wirkung notwendigen Prozesse und der sich in den diesbezüglichen Verfahren erbrachten Ergebnisse von nicht zu unterschätzender Bedeutung. Vielmehr ergibt sich gerade unter dieser Hinsicht die sozialarbeiterische notwendige Differenz zur „managerialen" Steuerung von Planungsprozessen.

Damit sind auch einige Folgen für die Planung in den Fokus gerückt: Bereits die Grundlegung der Wirkung erhebenden Indikatoren, deren Gesamtstruktur und Konzeption, ihre Anwendung im konkreten Praxisfeld sowie ihre Nutzung zu Zwecken der Evaluation muss von einem sozialarbeiterisch fachlichen Verständnis der Planungsarbeit geprägt sein. Dem widerspricht keineswegs das ebenfalls notwendige betriebswirtschaftliche Verständnis der Steuerung von Ressourcen und Produkten, doch müssen beide Blickwinkel und Handlungsansätze zumindest reflexiv differenziert werden, um eine einander hemmende Vermischung beider oder aber das Verdrängen von einer der beiden Sichtweisen in der Planungspraxis zu vermeiden.

Vor diesem Hintergrund muss das Controlling innerhalb des Jugendamtes besondere Beachtung erfahren. Hierbei ist der Controlling nicht allein als ein schlichtes Berichtswesen zu verstehen (vgl. Hopmann 2010, S. 314). Vielmehr dient ein ausgereiftes Controllingsystem der Datenerhebung, der Informationsgewinnung und -verarbeitung, der Kommunikation und Nachsteuerung interner Prozesse (mit dem Zweck der Fehlerreduktion oder der Optimierung der ohnehin positiv verlaufenden Prozesse). Zu diesem Zweck sind einmal mehr die im Planungsverlauf zu erarbeitenden Indikatoren (vgl. 2.2 und 2.1) von besonderer Bedeutung. Diese nämlich ermöglichen, dass normativ, strategisch und operativ abgestimmte Zielvorstellungen in Verbindung mit der Konkretion von Zielen innerhalb des jeweiligen Planungsprozesses sowie nach eingehender finanzieller und insbesondere fachlicher Prüfung wirksam werden. Mit ihrer Hilfe können Controllingprozesse, auch unabhängig von aller Aufteilung in Finanz- und Fachcontrolling (vgl. Hopmann 2010, S. 313) in ein kohärentes Zielsystem überführt werden. Dass dieses dann auch tatsächlich in den operativen Prozessen ankommt, wird durch die Systematik des gesamten Planungskreislaufes bedingt. Auch dies mag ein Argument dafür sein, trotz aller empirischen Abweichungen vom hier zugrunde gelegten Kreislauf-Konzept dieses intensiver in der Praxis zu berücksichtigen. Mit seiner Hilfe nämlich werden die steuerungsrelevanten Indikatoren reflexiv ermittelt, auf die faktischen Erträge der Planungsergebnisse angewandt und in die Nachsteuerung des abgeschlossenen Kreislaufes eingespeist.

Unter dieser Hinsicht ist auch eine Differenz zwischen Steuerung, die Controlling zugeordnet wird, und Planung (vgl. Hopmann 2010, S. 316) nicht zwingend plausibel. Vielmehr bedient sich der Steuerungsbereich, geprägt durch normatives und strategisches Management der kommunalen Bezüge, der Jugendhilfeplanung, um wiederum strategisches sowie nun auch operatives Management in diesen Kontexten zu verwirklichen (vgl. MAIS NRW 2011, S. 42). Denn die grundsätzliche wie die konkretisierte Zieldefinition findet im kommunalpolitischen Raum ihren Ort, die Umsetzung der damit einhergehenden Programme, Produkte und Prozesse hingegen im Raum der Kommunal-, und angesichts der Konkretion in der Jugendhilfeplanung: auch im Raum der Verwaltung der freien Träger. Auf diese Weise kann das Controlling einer wirksamen Planung und zugleich der Steuerung von Infrastrukturen im Bereich der Kinder- und Jugendhilfe dienen.

4.2.7 Entwicklungstrends in der Jugendhilfeplanung

Um das Handlungsfeld der Jugendhilfeplanung abschließend zu betrachten, sollen nun einige der möglichen Entwicklungstrends in der Jugendhilfeplanung dargelegt werden. Dass dieser Planungsbereich auch mit weiteren Themenfeldern und Versorgungssystemen von Kindern und Jugendlichen sowie ihren Familien zu tun bekommt, wurde bereits verschiedentlich ausgeführt. Hier sei noch einmal daran erinnert, dass zu diesen weiteren Systemen diejenigen von Bildung, Gesundheit, Erwerbsarbeit, im Hinblick auf Migration u. a. m. zu zählen sind. Dass bei all diesen Schnittstellen in andere gesellschaftliche Systeme und deren Versorgungsstrukturen hinein der kommunikativen Kompetenz wie dem fachlichen Profil der Jugendhilfe und ihrer Planung ein hohes Gewicht zukommt, liegt auf der Hand. So sind die unterschiedlichen Logiken (ökonomischer Art, im Hinblick auf employability o. a.) stets mitzubedenken und deren Anfragen an die Kinder- und Jugendhilfe profiliert und verständlich zu beantworten, um eine tatsächliche Kooperation im Interesse der Betroffenen möglich zu machen.

Hier spielen besonders allgemeine *Perspektiven der Jugendhilfeplanung* hinein. So ist dieser Planungsbereich wie wohl kaum ein anderer als „instabiler Ort" zu verstehen. Wie gezeigt, fallen nämlich der Jugendhilfeplanung nicht nur vielfältige Aufgaben, Schnittstellen in andere gesellschaftliche Systeme, damit einhergehende Logiken, Akteure und Kulturen, sowie Dienstleistungsformen und -erbringerInnen zu. Vielmehr scheinen auch die Prozesse innerhalb der Planung damit nicht nur komplizierter, sondern auch in ihrem Ablauf weniger berechenbar, weil lediglich in einer Richtung laufend zu sein. Diese Instabilität wird dadurch noch geschürt, dass gerade auch in der Jugendhilfeplanung ein recht ambivalenter Umgang mit Ungewissheiten zum Alltag gehört. So lassen sich zwar NutzerInnen-Zahlen erheben oder auch Bedarfe in ihren Fällen beziffern, wie hingegen die Verläufe der Einzelfälle und daraus resultierend die Flexibilität der anzubieten Dienstleistungen und Infrastrukturen auszusehen haben, ist nicht allein von Planungsraum zu Planungsraum, sondern auch je nach gesellschaftlichen Rahmenbedingungen, lokalen Besonderheiten und individuellen Fallverläufen hochgradig different.

Ein weiterer Aspekt, der Jugendhilfeplanung so anspruchsvoll macht, ist im notwendigen *Umgang mit strukturellen Widersprüchen* zu sehen. So stehen fachliche Erkenntnisse und Fortentwicklungen nicht selten im Widerspruch zu finanziellen Einschränkungen, welche die öffentlichen Haushalte, aber auch die Spardiktate politischer oder gesellschaftlicher Prozesse ergeben. Jugendhilfeplanung erweist sich darüber hinaus in einem besonderen Maße als Melange von sozialwissenschaftlicher Analyse individueller und struktureller Fakten, fachlicher Einschätzung dieser Daten (immer auch unter normativer und strategischer Hinsicht) und politischen Aushandlungsprozessen. Dabei ist in aller Regel nicht von einer Gleichgewichtigkeit dieser drei Perspektiven auszugehen, sondern je nach Konstellation können unterschiedliche Bereiche die Oberhand gewinnen oder ins Hintertreffen geraten. Die Ergebnisse dieser komplexen Planungsabstimmungen erscheinen daher mitunter gerade für Außenstehende als nur schwer nachvollziehbar oder gar fragwürdig. Dies wird nicht zuletzt dann deutlich und führt mitunter auch zu konfliktiven Konstellationen, wenn sich ein Steuerungsanspruch top-down mit Partizipationserwartungen bottom-up konfrontiert sieht (vgl. Herrmann 2011, S. 1096 f.). Gerade in solchen widersprüchlichen Zusammenhängen sind der Jugendhilfeplanung besondere moderierende Konzepte und Kompetenzen abverlangt.

Dass sich gerade das Feld der Jugendhilfe und der ihr innewohnenden Planungsprozesse einem kontinuierlichen Veränderungsanspruch ausgesetzt sieht, dürfte mit den bisherigen Ausführungen deutlich geworden sein. Insofern lässt sich (in Anlehnung an Jordan et al. 2012, S. 344) vermuten, dass künftige Planungsinhalte einerseits die *Kooperation von Jugendhilfe und Schule* betreffen dürften. Durch den bereits erwähnten Ausbau der Ganztagsschulen, aber auch durch veränderte Ansprüche an und Konzepte von Organisationen des Schulsystems werden die Kooperationsmöglichkeiten und auch die Notwendigkeiten dazu vermutlich zunehmen. Darüber hinaus hat das Thema *Bildung* eine noch umfänglichere Bedeutung, da Bildungsprozesse nicht allein formal in der Schule, sondern auch non-formal und informell (vgl. Otto und Rauschenbach 2008) konzeptualisiert werden. Somit werden die Aspekte des Lernens im Lebensverlauf, aber auch der Kompetenzgewinnung für die Erwerbsarbeit und die Sozialisation in unterschiedliche Zusammenhänge alltäglicher Lebensführung von einer Vielzahl von Akteuren und Systemen geprägt, nicht zuletzt auch von denjenigen der Jugendhilfe. Hinsichtlich des *demografischen Wandels* wird ferner deutlich, dass die nachwachsenden Generationen angesichts ihrer geringeren Gesamtzahl sowie des eher noch zunehmenden Zuspruchs von Bedeutung für die sozialen Sicherungssysteme und die politischen Gestaltungsaufgaben zum einen noch größere Aufmerksamkeit zukommen muss als bislang, und zum anderen immer wieder die Gefahr bestehen kann, dass die älteren und jüngeren Generationen im Hinblick auf politische Ausgestaltung, Versorgung mit Ressourcen und hinsichtlich kultureller Aspekte gegeneinander ausgespielt werden könnten. Somit bekommt die Jugendhilfeplanung eine besondere Verantwortung im Hinblick auf abgestimmte Planungsprozesse, die nicht zuletzt in einem dialogischen bzw. integrierten Konzept von Sozialplanung das abgestimmte Vorgehen mit weiteren Fachplanungen, insbesondere auch der Altenhilfeplanung, systematisch ausbuchstabieren müsste.

Mit Blick auf die Tatsache, dass Deutschland nunmehr als Einwanderungsland verstanden wird, erhält auch das Thema *Migration* einen größeren Stellenwert und kann damit auch anders behandelt werden als es bislang z. T. zumindest der Fall gewesen sein mag. Dass kulturelle und biografische Unterschiede im alltäglichen Bezug der verschiedenen Gruppen von Kindern und Jugendlichen – nicht allein hinsichtlich der Erfahrungen mit Migration – Bedeutung haben, lässt sich dann auch in der allgemeinen Diversifizierung von Infrastrukturen der Jugendhilfe abbilden. Insofern können Angebote der Jugendarbeit, aber auch der Schulsozialarbeit oder der Erziehungsberatung nicht nur mit verschiedenen sprachfördernden Angeboten ausgestattet werden, wie dies bereits seit geraumer Zeit geschieht, sondern können sehr viel mehr noch die unterschiedlichen Selbstverständnisse der hier in Kontakt kommenden NutzerInnen und Fachkräfte konzeptionell berücksichtigen. Ein letzter Punkt bezüglich künftiger Inhalte sei mit der *Orientierung an Qualität und Wirkung* beschrieben. Die damit verbundenen Ansprüche an die transparente und kompetente Ausgestaltung fachlicher Dienstleistungen und deren prognostizierbare Erträge sind keineswegs unumstritten. Dennoch spielen sie gerade angesichts der rechtlichen Lage (vgl. §§ 78a ff. SGB VIII), der ökonomischen Ausstattung von Kommunen sowie deren üblicher Umgangsweisen damit eine zunehmend größere Rolle. Daher bedarf es einer eingehenden fachlichen Debatte zu diesen Gesichtspunkten und ihrer konkreten Ausgestaltung im jeweiligen Planungsraum. Unter den hier genannten Aspekten der Entwicklungsspielräume von Jugendhilfeplanung lässt sich erwarten, dass Jugendhilfeplanung zu einer noch komplexeren Aufgabenvielfalt gelangen wird als sie diese ohnehin schon zu bewältigen hat.

Da Jugendhilfeplanung insbesondere strukturelle Änderungen zu entwickeln hat, sollen die damit einhergehenden aktuellen Herausforderungen ebenfalls kurz skizziert werden (vgl. Jordan et al. 2012, S. 361 f.). Zunächst wird hier genannt die *Weiterentwicklung der kommunalen Angebotsstrukturen* und damit verbunden auch die *vor Ort eventuell vergessenen Themen und AdressatInnen*. Dies wurde unter inhaltlichen Gesichtspunkten bereits im vorhergehenden Abschnitt ausgeführt; strukturell können dies die eventuell noch nicht harmonisierten Entwicklungen der örtlichen Schulstrukturen (Ganztagsschule, Inklusion, Schulsozialarbeit etc.), der Gesundheitsdienstleistungen, der auf den Arbeitsmarkt orientierten Zugangsorganisationen, der Jugendhilfe selbst u. v. m. umfassen. Bereits mehrfach betont wurde die Notwendigkeit, dass Jugendhilfeplanung vernetzt und integriert handelt. Um dies leisten und als Kooperationspartnerin erkennbar sein zu können, bedarf es einer eigenen *Profilierung* dieses Planungsfeldes, die sich durch fachliche sowie in nicht zu unterschätzendem Maße auch personale Integrität ausdrückt. Hier kommt es insbesondere darauf an, die zentralen Planungsfelder, -prozesse und -inhalte klar zu umreißen und zu bearbeiten.

Darüber hinaus ist das *Paradoxon der Komplexität* zu bearbeiten: Integrierte Sozialplanung, zu der auch Jugendhilfeplanung gezählt werden sollte, ist bereits in sich hochgradig differenziert und von vielfältigen Wechselwirkungen geprägt. Hinzu kommen die in der zweiten Moderne deutlich zunehmenden Pluralität innerhalb der Gesellschaft, was sich auch an den Familien sowie den in ihnen lebenden Kindern und Jugendlichen eindeutig zeigen lässt. Aus diesem Grund muss

Jugendhilfeplanung Komplexität abbilden, andererseits aber auch so weit zu eindeutigen Ergebnissen führen, dass tatsächlich von erfolgreichen Planungsprozessen gesprochen werden kann. Dass dieser Erfolg der Eindeutigkeit allerdings mitunter langwierigen Erhebungs-, Interpretations-, Verhandlungs- und nicht zuletzt differenzierten Gestaltungsprozessen geschuldet ist, liegt auf der Hand. In diesem Zusammenhang ist auch ein *offensiveres Gestaltungsverständnis* angesichts der Aufwertung und Ausweitung von Jugendhilfe naheliegend. Insofern hat Jugendhilfeplanung nicht nur die Aufgabe der Umsetzung dessen, was an politischen Vorgaben den Jugendhilfeausschuss erreicht hat. Darüber hinaus sollten fachliche Diskurse und fachpolitische Zusammenhänge die Entwicklung der Versorgungsinfrastruktur für Kinder, Jugendliche und ihre Familien aufgrund der eigenen Expertise (die nicht zuletzt aus einer intensiven NutzerInnen-Beteiligung resultiert) prägen. Auf diese Weise können „gestalterischer Leitplanken" (Jordan et al. 2012, S. 362) die Umsetzungsprozesse der Kinder- und Jugendhilfe im Planungsraum orientieren und kritisch begleiten. Gerade aus einer kritischen Begleitung erwächst nicht selten die Notwendigkeit, fachliche Differenzen, die zwischen PraktikerInnen, Leitungskräften, PlanerInnen und PolitikerInnen auftreten können, in einem längerfristig angelegten Dialog miteinander zu vermitteln.

Insofern kann das künftige Spektrum von Jugendhilfeplanung mit den Worten von Marquard wiedergegeben werden: „Aus den Strukturmaximen der Prävention, Dezentralisierung, Alltagsorientierung, Integration und Partizipation sind Handlungsprinzipien einer offensiven Kinder- und Jugendhilfe abgeleitet (Kinder- und Jugendberichte der Bundesregierung), die die fachliche Entwicklung prägen sollen: präventives Handeln, Lebensweltorientierung, Beteiligung und Freiwilligkeit, Existenzsicherung und Alltagsbewältigung sowie Einmischung. Diese zentralen Grundsätze sind sowohl Steuerungsinstrumente als auch Beurteilungskriterien für die Praxis Sozialer Dienste." (Marquard 2011, S. 810) Dass aus diesen Maximen und Prinzipien nicht allein Beurteilungskriterien werden, sondern über die Transmission von Planung und Steuerung auch praktische Versorgungs- und Hilfeprozesse für Kinder, Jugendliche und ihre Familien, stellt dabei diejenige Herausforderung dar, der Jugendhilfeplanung auf der infrastrukturellen Ebene eine Form geben muss. Dass es bis zur Erreichung der NutzerInnen von Jugendhilfe der Übersetzungsleistung durch die einzelnen Fachkräfte und ihre Teams in vielfältiger Hinsicht bedarf, macht diejenige Schnittstelle deutlich, von der Erfolg aller Planung letztlich abhängig ist: die Praxis, für die, mit der und von der her die Planung erfolgt.

Perspektiven und Reflexionen

Im vorhergehenden Abschnitt haben Sie einige Einblicke in die Jugendhilfeplanung gewinnen können. Klären Sie daher bitte zu Ihrer persönlichen Vertiefung:

- Welche Standards prägen die Jugendhilfeplanung und wie wirken sie sich in der Planungspraxis aus?
- Welche Bedeutung hat die Zweigliedrigkeit des Jugendamtes für die Jugendhilfeplanung?
- An welchen Stellen des Gesamtzusammenhanges von Jugendhilfeplanung können freie Träger Einfluss auf den Planungsprozess nehmen?
- Für die künftigen Entwicklungen der Jugendhilfeplanung werden vielfältige Aspekte beschrieben. Nennen Sie bitte drei und machen Sie jeweils deutlich, welche Veränderungen zur gegenwärtigen Planungspraxis Sie erwarten.
- In welchen Formen und in welchem Ausmaß sehen Sie die Vermittlung zwischen Jugendhilfeplanung und -praxis als möglich an und wie sollte diese Vermittlung ausgestaltet sein?

4.3 Altenhilfeplanung

▶ In diesem Abschnitt lernen Sie einen weiteren Sektor konkreter Sozialplanung kennen. Die Altenhilfeplanung[1] ist, ähnlich wie die Jugendhilfeplanung, ein bereits seit vielen Jahren etablierter Arbeitszusammenhang kommunaler Sozialplanung. Auch in ihrem Feld sind relevante Wirkfaktoren, rechtliche Grundlagen sowie fachliche Konsequenzen zu realisieren, so dass diesem Planungsbereich im Folgenden ebenfalls spezifische Aufmerksamkeit zukommen soll.

Der Planung von Infrastrukturen im Bereich der Altenhilfe wird, so kann angenommen werden, in Zukunft eine größere Bedeutung zukommen. Grundlage dieser Annahme ist der seit vielen Jahren thematisierte demografische Wandel, der für die Bundesrepublik Deutschland nachhaltige Veränderungen der Altersstruktur und insbesondere einen deutlichen proportionalen Zuwachs der älteren Menschen für die nächsten Jahrzehnte erwarten lässt. Gängigen Hochrechnungen zufolge werden sich Bevölkerungsschwund und Zuwachs der älteren Generationen (Ü65) etwa bis zum Jahr 2060 verstärkt verändern (vgl. BMFSFJ 2011b; Statistisches Bundesamt 2009). Insofern werden sich absolute und relative Zahlen im Hinblick auf die ältere Bevölkerung der Bundesrepublik Deutschland wohl dergestalt entwi-

---

[1] In diesem Zusammenhang finden verschiedene Begriffe Verwendung: Altenplanung oder aber Altenhilfeplanung. Im Folgenden soll der letztgenannte zur Anwendung kommen, um auf diese Weise zum Ausdruck zu bringen, dass die fachlich definierte und von professionellen Kräften erbrachte Altenhilfe bei den Reflexionen auf diese Teilgebiete der Sozialplanung stets mitgedacht wird.

ckeln, dass die Dienste und Einrichtungen zu deren Versorgung zahlenmäßig, aber auch qualitativ einen deutlichen Ausbau erfahren müssen. In den folgenden Ausführungen sollen Sie daher einige der diesen Entwicklungen zu Grunde liegenden Fakten und Verläufe sowie die sich daraus ergebenden Herausforderungen für die Planung der Altenhilfe-Infrastruktur kennen lernen.

Dabei kann auch die Altenhilfeplanung nicht getrennt von anderen Feldern der Sozialplanung betrachtet und praktiziert werden. Denn zum einen werden die einzusetzen Ressourcen im Hinblick auf die weiteren Bereiche der Sozialplanung, aber eben auch die Altenhilfeplanung, in jeweils angemessener Form politisch abzustimmen sein. Zum anderen setzen die Herausforderungen für die Versorgung älterer Menschen nicht erst im Alter ein, sondern werden bereits in deutlich früheren Jahren wirksam, wie jüngere Studien deutlich machen: „Europaweite Daten [...] zeigten, dass ein höherer sozio-ökonomischer Status der Eltern, bessere Mathematik- und Sprachkompetenz in der Schule sowie ein guter allgemeiner Gesundheitszustand während der Kindheit die Wahrscheinlichkeit erhöht haben, heute das Alter gesund zu erleben. Dieser Zusammenhang findet sich in allen untersuchten kontinental-europäischen Ländern." (Brandt et al. 2012, S. 11) Daher werden auch die folgenden Ausführungen keineswegs allein den Bereich der SeniorInnen in den Fokus rücken, sondern ebenso die sich daraus ergebenden Konsequenzen für weitere Planungsbereiche, und umgekehrt die für die weiteren Felder angesetzten Grundlegungen auch für die Altenhilfeplanung mitberücksichtigen. Insofern sind die Konsequenzen des demografischen Wandels im Hinblick auf die Regionalplanung weder allein auf SeniorInnen, noch auf die Handlungsfelder Sozialer Arbeit beschränkt, wie das Positionspapier der Akademie für Raumforschung und Landesplanung (ARL) zu diesem Thema deutlich macht. Darin nämlich werden Aspekte der Raumentwicklung ebenso dargelegt wie die differenzierten Maßnahmen je nach regionaler Grundstruktur. In diesem Zusammenhang werden integrierte Sozialplanung, Effizienzorientierung, aber auch die Aspekte von Bildung, Mobilität, Wohnen oder auch Tourismus ebenso in den Mittelpunkt der Darstellung gerückt (vgl. ARL 2006). Bereits mit dieser knappen Übersicht wird deutlich, dass die Altenhilfeplanung in verschiedene weitere Planungssektoren und Politikfelder mündet.

4.3.1 Lebenswelten Älterer

Um Altenhilfeplanung NutzerInnen-gerecht gestalten zu können, bedarf es zunächst einiger Einblicke in deren Lebenswelten, um von dort her Bedarfe ebenso wie die unterschiedlichen Ausgestaltungsformen der verschiedenen Milieus (Bourdieu) in der notwendigen Differenzierung thematisieren zu können.

Unabhängig von den auf diese Weise vorzunehmenden Unterscheidungen soll zunächst aber auf die Veränderung des Bildes von älteren Menschen hingewiesen werden. So machen seit einiger Zeit Stellungnahmen darauf aufmerksam, dass „der Begriff ‚Alter' zu statisch und zu eng [sei], um die Vielfalt und die Dynamik individueller Lebenslagen und Entwicklungen zu beschreiben" (BMFSFJ 2011a, S. 7). Daher solle der Begriff des *Alters*, so die Darstellung des Bundesministeriums weiter, durch den des *Alterns* ersetzt werden, weil damit die Perspektive des Lebenslaufes deutlicher akzentuiert werde. Ein Weiteres kommt hinzu, insofern dieser Begriff Aktivitäts-bezogene Konnotationen beinhaltet. Auf diese Weise wird deutlich, dass auch das Alt-Werden von Menschen als der Aktivität der Individuen bedürftig eingeschätzt wird. Unter dieser Hinsicht ist Alter kein Schicksal, dass den einzelnen Menschen ereilt, sondern eine Entwicklungsaufgabe, die von den Individuen zu leisten ist. Versteht sich nunmehr eine Gesellschaft als solidarische, so ergibt sich daraus die solidarische Aufgabe, solche Entwicklungen ebenso wie andere biografische Phasen durch persönliche, aber mehr noch durch infrastrukturelle Unterstützungen, zu begleiten.

Auch in diesem Kontext wird der *Bildung* eine besondere Bedeutung beigemessen. Sie wird nun nicht nur als Recht der Einzelnen gesehen, sondern zugleich als Pflicht definiert, „die Kompetenzen für ein eigen- und mitverantwortliches Leben" (BMFSFJ 2011a, S. 14) über den gesamten Lebenslauf hinweg zu erwerben und an die jeweilige Lebensphase anzupassen. Damit wird deutlich, welches Menschenbild in diesem Planungszusammenhang transportiert wird und insofern auch im Hinblick auf die Ansprüche an zeitgemäße Altenhilfeplanung verwirklicht werden soll. Im Mittelpunkt dieser Betrachtungsweise steht der bis ins hohe Alter hinein aktive Mensch, der auf diese Weise selbstbestimmt und auch gesellschaftlich aktiv seine biografischen Prozesse zu steuern vermag. Allein an den Stellen und in dem Ausmaß, in dem ihm dies nicht mehr oder wenigstens nicht mehr hinreichend gelingt, springt ihm dann die gesellschaftliche solidarische Leistung zur Seite. Somit kann auch die von den älteren Menschen geforderte Bildung an dieser Stelle spezifiziert werden. Mit ihr scheint weniger eine allgemeine geistige Tätigkeit oder die praktizierende Teilnahme an kulturellen Angeboten gemeint zu sein, sondern mehr der Kompetenzerwerb, mit dessen Hilfe gesundheitliche, soziale oder anderweitige potentielle Belastungen dieser Lebensphase vermieden bzw. kompensiert werden sollen.

Gerade auch hinsichtlich der sozialen Herausforderungen von Älteren und Hochaltrigen wird bereits seit einiger Zeit darauf aufmerksam gemacht, dass innerfamiliäre *Bindungen* stark abnehmen: „Generell kann von einem ‚altersbezogenen Netzwerkabbau' gesprochen werden. Dieser Trend der sinkenden Zahl von Netzwerkpartnern setzt sich bei den Freundschaftsbeziehungen fort [...]. Die Verkleinerung des Freundeskreises ist aber nicht mit einer Abnahme der Intensität der Freundschaften gleichzusetzen." (Dibelius und Uzarewicz 2006, S. 20) Vielmehr ist davon auszugehen, dass der Verlust von Netzwerkpartnern durch deren Ableben zu erklären ist, so dass die verbleibenden Freundschaftsbeziehungen umso intensiver gepflegt werden. Daraus lässt sich bereits ableiten, dass Altenhilfeplanung unter den gegenwärtig gegebenen Bedingungen auch verstärkt auf die Vermittlung, Aufrechterhaltung und potentielle Neugewinnung von alltagsnahen sozialen Netzwerkstrukturen hinwirken sollte.

Ein weiterer relevanter Aspekt des Alterns scheint in der Erwerbsarbeitsgesellschaft die *Beteiligung* von älteren ArbeitnehmerInnen am Vergesellschaftungsprozess *durch Erwerbsarbeit* zu sein. Hier nämlich wird einerseits das gesellschaftliche Leitbild des aktiven Menschen wie „unter dem Brennglas" deutlich, weil die Erwerbsarbeit als gesellschaftlicher Normalfall integrativer Prozesse verstanden wird. Dabei zeigen jüngere Studien (vgl. Mümken und Brussig 2012), dass sich die Erwerbsarbeitsbeteiligung älterer Menschen (55–64 Jahre) in den zurückliegenden Jahren in Deutschland intensiviert hat. So stieg deren Beteiligung von 38,4 % im Jahr 2002 auf 53,0 % im Jahr 2008. So positiv dieser Verlauf eingeschätzt werden kann, so deutlich wird auch, dass zum letztgenannten Zeitpunkt lediglich gut jede zweite Person in der fraglichen Altersgruppe überhaupt erwerbstätig war. Legt man dann weiter zu Grunde, dass für die Ermittlung dieser Daten davon ausgegangen wird, dass „[a]ls erwerbstätig […] diejenigen erfasst [wurden], die in der Referenzwoche mindestens eine Stunde gegen Bezahlung beschäftigt waren oder üblicherweise einer Tätigkeit nachgehen und nur vorübergehend nicht gearbeitet haben" (Mümken und Brussig 2012, S. 3), so relativiert sich diese Botschaft abermals. Im Hinblick auf die Binnendifferenzierung dieser Altersgruppe macht Adamy (vgl. 2012, S. 2) darauf aufmerksam, dass sich im Zeitraum von 2001 bis 2011 der Prozentsatz der Erwerbstätigen der Altersgruppe 60–64 Jahre von 11,6 auf 27,5 % gesteigert hat. Auch diese Zahlen belegen, dass die Erwerbsbeteiligung älterer Menschen keineswegs vollumfänglich ausgeprägt ist und dass gerade die älteste Gruppe der potenziell Erwerbstätigen in der weit überwiegenden Mehrzahl den Zugang zum Arbeitsmarkt nicht mehr findet.

Ein weiterer Blick sei auf die *Erwerbslosigkeit* dieser Altersgruppe gerichtet. So heißt es in einer Folge-Veröffentlichung: „Anders als in der Vergangenheit öffnet Arbeitslosigkeit jenseits von 60 Jahren kaum mehr einen eigenständigen Zugang in die Altersrente. Zugleich ist jedoch zu konstatieren, dass ältere Arbeitslose wegen schlechter Wiederbeschäftigungschancen überdurchschnittlich häufig vorzeitig, d. h. mit Abschlägen, in Altersrente wechseln, sofern sie die individuellen Zugangsvoraussetzungen erfüllen." (Mümken und Brussig 2013, S. 12) Konkretisiert wird dieser Hinweis dadurch, dass zwar die Zahl der Erwerbspersonen im

Alter über 60 Jahren um immerhin 39 % zugenommen habe, zugleich wird aber auch betont, dass der Anstieg der in dieser Gruppe arbeitslos gewordenen bei doch 256 % liege (vgl. Mümken und Brussig 2013, S. 4). Damit lassen sich zwei gegenläufige Tendenzen, die zudem sehr ungleichgewichtig verteilt sind, festhalten: Einerseits nimmt die Erwerbsbeteiligung auch älterer ArbeitnehmerInnen in den zurückliegenden Jahren merklich zu, andererseits aber ist die Kluft der Wiedereinstiegschancen zwischen den unterschiedlichen Gruppen der Arbeitssuchenden erheblich. Das höhere Lebensalter scheint hier zumindest immer noch einen deutlich negativen Beigeschmack zugemessen zu bekommen.

Dieser Blick in die Lebenswelten Älterer lässt erkennen, dass die Prekarisierung von Erwerbsarbeit auch vor den älteren ArbeitnehmerInnen keineswegs Halt macht. Dabei wird in anderen Untersuchungen zugleich auch deutlich, dass gerade eine altersgemischte Belegschaft die Produktivität eines Unternehmens steigern kann (vgl. BMAS 2012, S. 14). Dennoch scheint die Praxis des Arbeitsmarktes anderen Logiken folgen. Was dies für die Versorgungsstrukturen älterer Menschen bedeutet und inwiefern namentlich Altersarmut zum Planungsthema gemacht werden muss, wird noch eigens thematisiert werden (vgl. 4.3.2). Vorläufig kann zumindest festgehalten werden: Angesichts neuerer Zahlen aus einschlägigen Untersuchungen „deuten sich die zukünftigen Armutsrisiken der kommenden Seniorengenerationen an, die wahrscheinlich mit den veränderten sozial- und arbeitsmarktpolitischen Rahmenbedingungen, d. h. mit instabileren Erwerbsbiografien und abgesenkten Rentenniveaus, zu tun haben. Klar wurde auch, dass sich die Deprivationsrisiken am unteren Einkommensbereich konzentrieren." (Andreß und Hörstermann 2012, S. 231)

Kamen bislang insbesondere makrostrukturelle Aspekte (Alternsbilder, Vergesellschaftungsprozesse durch Erwerbsarbeit) zur Sprache, so sollen im Folgenden einige Gesichtspunkte individueller Lebensführung wie Wohnen, Gesundheit und Pflege sowie Ausgestaltungen von Mobilität thematisiert werden.

Mit Blick auf die *Wohnsituation* älterer Menschen lässt sich einerseits feststellen, dass diese Menschen zu einem starken Anteil Frauen sind. Darüber hinaus bemerkenswert ist, dass allerdings bloß 6,9 % der über 65-Jährigen in Einrichtungen der Altenhilfe wohnen (vgl. Voges und Zinke 2010, S. 302). Insofern ist der Anteil derjenigen die stationäre Altenhilfe nutzen, zunächst einmal geringer einzuschätzen als dies üblicherweise die Bilder des Alterns in unserer Gesellschaft darlegen dürften. Im Hinblick auf das Wohnen wird zudem deutlich gemacht, dass die Generation 60+ keineswegs eindeutige Wohnumfelder bevorzugt. So lässt sich zum einen feststellen, dass dieser Altersgruppe in suburbane Räume zieht, was insbesondere dann der Fall ist, wenn dort die leiblichen Kinder mit ihren Familien leben. Ist dies nicht der Fall, so lässt sich nicht selten konstatieren, dass der Alterswohnsitz in urbanen Räumen gesucht wird, um auf diese Weise die infrastrukturell besser ausgestatteten Nahräume (Arztpraxen, weitere GesundheitsdienstleisterInnen, aber auch Versorgungsmöglichkeiten für den alltäglichen Bedarf u. v. m.) nutzen zu können (vgl. BBSR 2011, S. 4).

Das Wohnen in stationären Einrichtungen der Altenhilfe hat sich auch im Hinblick auf die Altersstruktur verändert. „Lag das Heimeintrittsalter Anfang der 1970er Jahre noch bei etwa 72 Jahren, ist es bedingt durch den gestiegenen Wunsch auf selbstständige Lebensführung und die größere Lebenserwartung bis Mitte der 2000er Jahre auf 80,5 Jahre gestiegen. Die Unterschiede beim Heimeintrittsrisiko lassen sich besser durch die Übergangsrate verdeutlichen, die bis zum 75. Lebensjahr unter drei Prozent liegt und sich danach mit jeder weiteren Altersstufe nahezu verdoppelt und bei Frauen stärker ansteigt." (Voges und Zinke 2010, S. 307) Unter dieser Hinsicht wird erkennbar, dass der Übertritt in das Heim erst in einer biografisch sehr späten Phase erfolgt, sich dabei aber der Druck, in ein Heim zu ziehen, ab der Lebensstufe jenseits des 75. Lebensjahres deutlich steigert. Dass dies insbesondere bei Frauen stärker zu verzeichnen ist, dürfte daher rühren, dass die Ressourcen für ihre eigene Pflege nicht zuletzt durch das häufig frühere Ableben des Partners sowie durch die Veränderungen in den Familienstrukturen der nachfolgenden Generationen deutlich reduziert werden.

Damit ist der Aspekt der *Pflege und der Gesundheitsdienstleistungen* bereits benannt. Jüngere Studien weisen nach, dass der pflegerische Bedarf nach wie vor insbesondere im häuslichen Umfeld befriedigt wird. So wurden in Deutschland im Jahr 2009 zwar 0,72 Mio. Menschen in Heimen gepflegt, allerdings 1,62 Mio. zuhause; davon wiederum lediglich 0,55 Mio. mit Unterstützung oder ausschließlich durch professionelle Pflegedienste (vgl. Böckler-Stiftung 2012). Die Pflege durch nahe Angehörige war also im Jahr 2009 noch immer die am weitesten verbreitete Form der Pflegetätigkeiten in Deutschland. Ein weiterer Aspekt der Pflege ist zu beachten: Die steigende Lebenserwartung verschiebt ebenfalls bisherige Bilder und Verteilungsgewichte zur Pflege Älterer. Doch ist dies keineswegs so, wie es sich bei bloß oberflächlichem Zusehen darstellen mag: Die sog. „Expansionsthese" nämlich wird merklich in Zweifel gezogen, die Einschätzung also, dass sich mit zunehmendem Alter der Menschen auch deren Pflegebedürftigkeit ausdehne. Stattdessen wird der „Kompressionsthese" sehr viel mehr Gültigkeit beigemessen: „Für Deutschland belegen Studien von Dinkel [...], dass sich Menschen für die Jahrgänge 1907, 1913 und 1919 zwischen dem 60. und 89. Lebensjahr überproportional gesund fühlen. Zu ähnlichen Ergebnissen kommt auch die Berliner Altersstudie [...]. Demnach waren 80% der untersuchten Bevölkerungsgruppen im Alter von 70 bis 104 Jahren zu einer selbständigen Lebensführung in der Lage. Lediglich 8% der Untersuchten waren nach den Maßstäben der Pflegeversicherung krank."

(Dibelius und Uzarewicz 2006, S. 17) Auf diese Weise wird deutlich, dass die Situation der älteren Menschen in unserer Gesellschaft für künftige Zeiten keineswegs allein dadurch prognostiziert werden kann, dass man die bestehenden Daten der Pflegestatistiken schlicht fortschreibt. Vielmehr kommt es für die weitere Planung der Altenhilfe darauf an, die eventuell gegenwärtig bereits erkennbaren Tendenzen zu beschreiben und daraus die künftigen veränderten Bedarfe abzuleiten.

Im Hinblick auf künftige Tendenzen des Bereiches von Gesundheit und Pflege im Alter ist zudem darauf zu achten, dass bereits seit geraumer Zeit der sogenannte „Pflegemix" Standard der pflegerischen Versorgung ist (vgl. BMFSFJ 2011a, S. 9). Mit diesem Begriff wird beschrieben, auf welche unterschiedlichen Weisen die Pflege älterer Menschen erbracht wird: Einerseits nämlich im bereits beschriebenen Umfang von Familienangehörigen, ferner mit professionellen Pflegefachkräften sowie schließlich mit weiteren Freiwilligen. Dieses Mischungskonzept ist sowohl für stationäre als auch für ambulante Versorgung älterer Pflegebedürftiger gegeben. Um die verschiedenen Pflegeformen, -kompetenzen und -möglichkeiten in die pflegerische Praxis zu überführen, benötigt die Altenhilfeplanung neben einer klaren Vorstellung von den jeweils angemessenen Mischungsverhältnissen weiterreichende Perspektiven zur Generierung, Sicherstellung und Pflege der entsprechenden Ressourcen.

Zunächst ist hier (vgl. BMFSFJ 2011a, S. 15) von der *Sozialraumorientierung* der Altenhilfeplanung zu sprechen, die innerhalb der sozialen Netzwerke und der gesellschaftlichen Prozesse die jeweiligen Veränderungen mit Blick auf ältere Menschen und deren pflegerische Versorgung analysiert und beantwortet. Darüber hinaus aber versteht sie sich auch auf die Gewinnung von familiären und insbesondere weiteren freiwilligen Kräften für Pflegetätigkeiten. Zu diesem Zweck ist es notwendig, dass Altenhilfeplanung Kenntnis darüber hat, welche Pflegekulturen, aber auch welche Bedarfe gerade pflegende Angehörige und pflegerische tätige Freiwillige in besonderem Maße kennzeichnen. Erst von dort her nämlich lässt sich langfristig eine Infrastruktur planen und entwickeln, die diesen besonderen Herausforderungen nicht-professioneller Hilfe und Pflege zu begegnen weiß und somit auch eine regional verwirklichte Mentalität und Kultur der pflegerischen Solidarität innerhalb der Bevölkerung zu fördern versteht. Insbesondere die *Einbindung von Angehörigen* ist als zweiter Aspekt der Planung für den Pflegemix von Relevanz. Da sie eine der wichtigsten Personengruppen sind, die den Pflegemix tragen, kommt ihnen nicht nur im Hinblick auf die Planung der unterstützenden Infrastruktur eine besondere Bedeutung zu, sondern mehr noch im Hinblick darauf, dass Feldkenntnisse sowie die sich im Pflegealltag zeigenden Tendenzen der Weiterentwicklung für die Altenhilfeplanung genutzt werden können.

Diesem Aspekt vergleichbar ist die Berücksichtigung des *bürgerschaftlichen Engagements*, das neben den pflegenden Angehörigen eine weitere bedeutende Ressource für Pflegetätigkeit darstellt. Folgerichtig wäre auch hier zu fragen, wie mit dem Mittel von Sozialplanung die Gewinnung, Qualifizierung und Begleitung von Freiwilligen in der Altenpflege gefördert werden kann. Andererseits sind die Einblicke der Freiwilligen in das Handlungsfeld, ihre strukturellen Spezifika sowie weitere Entwicklungstendenzen für die Altenhilfeplanung von einiger Bedeutung. Schließlich ist die *Kombination von Gesundheits-, Pflege- und sozialer Dienstleistung* zu betrachten, da nicht allein pflegerische Tätigkeiten in der Altenhilfe Bedeutung haben, sondern zugleich auch Gesundheitsaspekte, die den prophylaktischen Part der Gesundheitsfürsorge ebenso prägen wie sie soziale Dienstleistungen als Assistenz für die alltägliche Lebensführung älterer Menschen bestimmen können.

Breit zum Thema gemacht wird in jüngerer Zeit die *Altersdemenz*. Nicht allein die Neubestimmung des Pflegebegriffs, sondern auch die davon sicher nicht zu trennenden Gesichtspunkte des Umgangs mit dieser Alternserscheinung machen deutlich, dass diesem Feld weitaus mehr Aufmerksamkeit, auch im Hinblick auf Sozialplanung, zuteil werden muss. Wie eine angemessene Umgangsweise aussehen kann, wird sehr unterschiedlich diskutiert. Eine eher positive und optimistisch stimmende Position nimmt Gronemeyer ein: „Nicht die *Bekämpfung* der Demenz steht […] an oberster Stelle der Agenda, sondern die Bereitschaft, die Demenz als etwas zu begreifen, das zum Älterwerden gehören kann. Sie wäre dann übrigens auch zu verstehen als einer der möglichen Wege, auf denen sich ein Mensch dem Lebensende nähert. Die Kampf- und Kriegsmetaphern, die im Zusammenhang mit Demenz häufig gebraucht werden, versperren den Blick darauf, dass die Demenz ein Aspekt und damit ein Teil dieser Gesellschaft ist und dass es deshalb darum geht, die Menschen mit Demenz *gastfreundlich* aufzunehmen." (Gronemeyer 2013, S. 39) Inwiefern eine solche Haltung tatsächlich den pflegerischen Alltag, nicht zuletzt den im familiären Zusammenhang, zureichend wiedergibt, bedarf einer eigenen Erörterung. An dieser Stelle sei jedoch unter der Planungshinsicht formuliert, dass diese Position zumindest deutlich macht, dass Altenhilfeplanung nicht allein „die *Bekämpfung* der Demenz" auf ihre Agenda setzen sollte, sondern darüber hinaus auch mit Versorgungssystemen und in noch zu entwickelnden Settings kooperieren muss, um der Demenz verstärkt einen eigenen gesellschaftlichen Raum und Status zusprechen zu können. Darunter zu verstehen wären etwa Wohnformen, Betreuungsarrangements u. a. m., die dem Krankheitsbild angemessen sind, indem sie beispielsweise architektonisch, mit Blick auf die Möblierung, die Alltagsgestaltung und in vielen weiteren Aspekten den besonderen Bedürfnissen der demenziell Erkrankten Rechnung tragen.

Ein letzter Blick sei gerichtet auf die Fragen der *Mobilität* im Alter. Dabei wird deutlich, dass Mobilität für viele Aspekte gesellschaftlicher Teilhabe von Bedeutung ist. Lediglich in eingeschränktem Maße mobil sein zu können oder gänzlich auf Mobilität verzichten zu müssen, grenzt daher nicht nur die allgemeine Partizipations-, sondern auch die Möglichkeiten gesteigerter Lebensqualität im Alter merklich ein. Empirisch wurde bereits vor einiger Zeit herausgearbeitet, dass ältere Menschen nicht einfachhin Schwierigkeiten mit der kompetenten Nutzung von Mobilität haben, sondern dass insbesondere bestimmte Rahmenbedingungen zum Ausschluss älterer Menschen führen können: „Mangelnde gegenseitige Rücksichtnahme, fehlende soziale Unterstützung, Hektik und Aggressivität werden als problematisch empfunden. Demgegenüber spielen gesundheitliche Einschränkungen oder ungünstige Wetterverhältnisse eine geringere Rolle." (Mollenkopf und Flaschenträger 2001, S. 5) Somit zeigt sich, dass hinsichtlich der Herausforderungen des demografischen Wandels auch die Verkehrsplanung einen eigenen Stellenwert bekommen müsste, um die verkehrsbezogene, aber ebenso sehr die soziale und politische Partizipation von älteren Menschen unterstützen zu können.

Dass andererseits nicht allein die Rahmenbedingungen des Straßenverkehrs relevant sind, sondern auch in den Personen selber liegende Aspekte Berücksichtigung finden müssen, zeigt eine weitere Studie: „Der Aktionsradius verringert sich mit zunehmendem Alter und insbesondere bei vermehrten Einschränkungen. Mehr als die Hälfte der über 75-Jährigen kann sich ohne Hilfe fortbewegen, alle anderen können demgegenüber nur kurze Strecken zurücklegen, sich nur langsam fortbewegen oder sind auf einen Gehstock angewiesen." (Voges und Zinke 2010, S. 306) Dieser Hinweis macht deutlich, dass Mobilität nicht gleich Mobilität und altersbedingte Einschränkung nicht gleich altersbedingter Einschränkung sein muss. Vielmehr sollte fernab jeglicher Generalisierung von Zuschreibungen die Zusammenarbeit mit einer möglichst diversifizierten und insofern mit den Heterogenitäten der Verkehrsteilnehmenden konstruktiv agierenden allgemeinen Verkehrsplanung gesucht werden. In diesem wie in vielen weiteren Fällen ist daher zu empfehlen, Sozialplanung als integrierte und dialogische im Konzert mit weiteren Fachplanungen zu konzipieren und zu verwirklichen.

Dann nämlich kann es gelingen, die fachpflegerische Versorgung älterer Menschen sicherzustellen, darüber hinaus ihre persönliche Sicherheit ebenso wie ihre Grundpflege zu gewährleisten, die Gestaltung des Haushaltes zu ermöglichen und insgesamt gesellschaftliche Teilhabe zu realisieren (vgl. Isfort 2013). Einem solchen konzentrischen Gesamtkonzept zu entsprechen, ist dabei eine Herausforderung, welche die Altenhilfeplanung, wie bereits erwähnt im Dialog mit weiteren Fachplanungen, nicht allein dazu führt, bisherige Versorgungsformen fortzuschreiben, sondern darüber hinaus neue Entwicklungen wahrzunehmen oder gar selbst einzuleiten, um damit den sich weiterhin wandelnden Lebenswelten älterer Menschen auch planerisch in angemessener Weise Rechnung tragen zu können.

4.3.2 Altersarmut

Angesichts einiger gesamtgesellschaftlicher Entwicklungen, die im weiteren Verlauf noch detaillierter dargestellt werden sollen, muss gegenwärtig davon ausgegangen werden, dass Altersarmut in Zukunft ein gewichtigeres Thema wird (vgl. allgemein einleitend die Beiträge in Butterwegge et al. 2012) und insofern auch die Altenhilfeplanung stärker prägen muss. Deshalb sollen einige Hinweise in den folgenden Abschnitten gerade diesem Thema gewidmet sein.

Üblicherweise wird materielle Armut definiert als der Bereich unterhalb von 60 % des Medians des bedarfsgewichteten Nettoäquivalenzeinkommens. Damit wird ein Niveau beschrieben, das in den sich auf diese Definition stützenden Studien mit dem Begriff der *Armutsgefährdungsquote* belegt wird. Dass allerdings auch weitere Definitionen, etwa über einschlägige Lebenslagen, beschrieben werden, sei an dieser Stelle der Vollständigkeit halber zumindest erwähnt. Die Quote der Armutsgefährdung ist insofern abhängig von der Einkommenssituation der Menschen, die wiederum maßgeblich von der Erwerbssituation abhängt. Ist diese, wie in Deutschland zunehmend häufiger, von prekären Beschäftigungsmöglichkeiten geprägt, erwächst daraus alsbald eine Einkommens- und damit auch Beitragssituation bezüglich der Sozialversicherungen, die gerade bei lang anhaltenden prekären Beschäftigungen oder gar Passagen der Erwerbslosigkeit mit entsprechenden Einbußen bei der Altersversorgung einhergehen (vgl. Der Paritätische 2014).

Diese Entwicklungen sind zum einen abhängig von der jeweils gegebenen Struktur der Arbeitsmärkte, zum anderen aber auch davon, wie sich die gesamtwirtschaftliche Lage eines entsprechenden (nationalen) Raumes entwickelt. Für die Altersarmut speziell hinzukommen die fortschreitenden Regelungen, welche die Rentenhöhe und deren Zugangsberechtigungen betreffen. Sinkt etwa das Netto-Rentenniveau weiterhin sowie in den vergangenen Jahren und wird zugleich das Renteneintrittsalter angehoben, so ist davon auszugehen, dass auch aufgrund dieser Regelung die Wahrscheinlichkeit, in Armut alt zu werden, zunehmen wird (vgl. IAQ 2013). Damit aber kann die gesetzliche Rente ihren Anspruch immer weniger verwirklichen, als Lohnersatz zu fungieren und zugleich ein Mindestmaß an Lebensstandard (nämlich oberhalb der Armutsrisikoschwelle) zu gewähren. Nimmt man hinzu, dass das in Deutschland mittlerweile gebräuchliche Drei-Säulen-Modell der Alterssicherung (üblicherweise gesetzliche Rentenversicherung, betriebliche sowie privat Altersvorsorge) keineswegs durchgängig stabil erscheint und unter dieser Hinsicht umstritten ist, so wird deutlich, dass die materielle Versorgung älterer Menschen in Deutschland gleich in mehrfacher Weise einer fraglichen Zukunft entgegen blickt.

Doch nicht allein in Zukunft dürfte die Frage der Armutslagen im Alter virulenter werden, sondern auch gegenwärtig machen die Hinweise auf *Zusatzverdienste im Alter* deutlich, dass bereits eine hohe Zahl von Menschen als „private RentenaufstockerInnen" ihre finanzielle Lage aufbessern müssen (vgl. Bäcker und Kistler 2014; Brenke 2013). So waren im Jahr 2012 immerhin 826.000 Menschen aus diesem Personenkreis (neben-)erwerbstätig. Zudem zeigt sich, dass weitere Einkünfte im Alter wie Erträge aus eigenem Vermögen, aus der Versorgung für Kriegsopfer, durch Pflegegeld, mithilfe von Renten aus der Unfallversicherung oder auch Wohngeld ihre Bedeutung für die materielle Sicherung Älterer haben (vgl. Bäcker und Kistler 2014).

Die *Gender*-Debatte hat ebenfalls die Auseinandersetzung um Altersversorgung und Altersarmut erreicht. Hier ist die Rede insbesondere vom „Gender Pension Gap" als durchschnittlicher Lücke zwischen allen Männern und Frauen, die über entsprechende Einkünfte verfügen: „für Daten des Jahres 2011 beträgt der Gap 57,2 %. Das heißt, Frauen in Deutschland beziehen um fast 60 % geringere eigene Alterssicherungsleistungen als Männer." (Flory et al. 2013, S. 4; vgl. skeptisch zur Aussagekraft dieses Indikators Faik und Köhler-Rama 2012) Für das Jahr 2007 beispielsweise wird diese Differenz für die gesetzliche Rente bei 57 %, für die betriebliche bei immerhin 79 % und bei den privaten auch noch bei 70 % festgestellt (vgl. Flory et al. 2013, S. 12). Damit muss in diesem Zusammenhang insgesamt festgestellt werden, dass die Versorgung der Geschlechter mit Rentenleistungen aus den unterschiedlichen Systemen in sehr erheblichem Maße ungleich erfolgt. Für die Altenhilfeplanung wird daher aus diesem Umstand abzuleiten sein, dass die Bearbeitung von Altersarmut stets auch den Gender-Aspekt mitberücksichtigen muss.

Im intergenerationalen Vergleich, so die Aussage des Bundeswirtschaftsministeriums im Jahr 2012, ist die Armut der älteren Bevölkerung zwar immer noch recht bemerkenswert, vor dem Hintergrund der noch deutlicheren Armutsquote der Restbevölkerung hingegen wird sie relativiert: „Derzeit sind 2,6 % der über 65-Jährigen auf die Grundsicherung im Alter angewiesen; […] dies waren 2011 etwa 436.000 Personen.[…] 15,3 % der über 65-Jährigen sind armutsgefährdet, weil ihr Einkommen unter 60 % des Medianeinkommens liegt. Der Anteil der Armutsgefährdeten an den über 65-Jährigen ist niedriger als in der Gesamtbevölkerung. Die durchschnittliche Armutsgefährdung lag im Jahr 2011 bei 20,0 %." (BMWi 2012, S. 7) Auch hier zeigt sich, dass Altersarmut durchaus bemerkenswerte Ausmaße erreicht hat, was sich selbst dann nicht ändert, wenn die Verhältnisse in anderen Altersgruppen tatsächlich als deutlich höher ausgewiesen werden müssen. Insofern mag der Hinweis des BMWi zwar zutreffend sein, die Notwendigkeit einer armutssensiblen Altenhilfeplanung wird damit jedoch keineswegs vermindert.

Ein weiterer Aspekt kommt hinzu. Bereits unter statistischer Hinsicht gilt: „die Grundsicherungshöhe unterschreitet deutlich die Schwelle für ‚strenge Armut', die im wissenschaftlichen Bereich typischerweise bei 50 % des äquivalenzgewichteten Medianeinkommens angesetzt wird" (Faik und Köhler-Rama 2013, S. 160). Insofern sind die Zahlen für EmpfängerInnen von Grundsicherung nach dem SGB XII und diejenigen für von Armut betroffene ältere Menschen deutlicher zu unterscheiden. Für die Planung von armutsfesten Infrastrukturen ist insofern nicht allein von den Zahlen derjenigen auszugehen, die sich im Grundsicherungsbezug befinden. Stattdessen müssen eigene Statistiken erhoben werden, um die Armutsgefährdungsquote Älterer (wie skizziert, üblicherweise bemessen als 60 % des äquivalenzgewichteten Medianeinkommens) eigens definieren und die entsprechenden Maßnahmen daraus ableiten zu können. Im Hinblick auf aktuelle Armutstendenzen von RentnerInnen machen Bönke et al. (vgl. 2012, S. 182) darauf aufmerksam, dass sich die für den Zeitraum bis 1995 deutlich höheren Armutsquoten der Älteren im Verhältnis zur Gesamtbevölkerung in den Folgejahren Letzteren angeglichen haben, jedoch ab den 2000er Jahren kontinuierlich gemeinsam anstiegen. Zugleich bedeutet dieser Verlauf für die Armutssituation Älterer eine im Gesamtzeitraum abnehmende Armutsgefährdung. Die Autoren legen dar, dass die entsprechende Quote von 19,5 % im Jahr 1992 auf 14,8 % in 2010 gesunken sei (vgl. Bönke et al. 2012, S. 181).[2]

Zusammenfassend lässt sich insofern für die Fragestellung der Altersarmut festhalten: Das Armutsrisiko ist für alte Menschen momentan geringer als für jüngere Gruppen (etwa U 20) (vgl. auch Bönke et al. 2012, S. 198). Gegenwärtig tragen gerade alleinstehende ältere Frauen ein erhöhtes Risiko der Altersarmut (vgl. hier und im Folgenden Andreß und Hörstermann 2012, S. 231). Doch auch bei alleinstehenden älteren Männern steigt dieses Risiko aktuell an. In Ostdeutschland sind die Deprivationserscheinungen momentan geringer als im Westen, dürften aber künftig zunehmen. Ein Anstieg des Armutsrisikos im Alter ist darüber hinaus bereits für das gesamte Bundesgebiet zu erkennen (vgl. Bönke et al. 2012, S. 198). Künftig ist aufgrund der unstetigeren Erwerbsbiografien, des erhöhten Renteneintrittsalters, der Absenkung des Rentenniveaus und weiterer Maßgaben mit erhöhter Altersarmut zu rechnen (vgl. Faik und Köhler-Rama 2013, S. 160). Insofern gilt: „Menschen, die heute trotz Arbeit arm oder armutsgefährdet sind (working poor), sind mit hoher Wahrscheinlichkeit erst recht arm, wenn sie alt sind und nicht mehr

---

[2] Datengrundlage: SOEP v27 (vgl. Bönke et al. 2012, S. 179 ff.).

arbeiten können, zumal Armutsrisiken wie geringe Bildung und geringes Einkommen zunehmend im Haushaltskontext kumulieren." (Faik und Köhler-Rama 2013,
S. 161) Dem wird die Altenhilfeplanung in Zukunft vermehrt Rechnung tragen
müssen.

4.3.3 Kommunale Altenhilfepolitik

Für die Umsetzung von Altenhilfeplanung im Zusammenhang kommunaler Sozialpolitik machen Rohden und Villard (vgl. hier und im Folgenden 2010, S. 53 f.)
darauf aufmerksam, dass sie als ein Teilbereich der kommunalen Gesamtplanung
sozialer Bezüge aufzufassen sei. Insofern ist Altenhilfeplanung als ein Ressort der
Sozialplanung neben anderen (Jugend-, Behindertenhilfe- u. a. Planungen) zu verstehen und mit diesen sowie weiteren Planungsfeldern (Verkehr, Bau, Finanzen
etc.) integrativ auszugestalten. Auch in der Altenhilfeplanung geht es insoweit um
die Ermöglichung sowie Umsetzung von sozialpolitischen Zielen und Programmen im Rahmen kommunaler Planung.

Ein Blick in die Historie von Planung zeigt die Entwicklung bis hinein in die
frühen 90er Jahre als bestimmt durch kommunale Altenpläne (vgl. Rohden und
Villard 2010, S. 53). Mit Wirksamwerden des Pflegeversicherungsgesetzes jedoch
wurden jene zunehmend ersetzt durch Pflegepläne der Kommunen, „was zu einer
künstlichen Trennung der Pflegeplanung und der offenen Altenhilfe geführt hat."
(Rohden und Villard 2010, S. 53) Zugleich aber hatte diese Entwicklung den Vorteil, eine Planungsstruktur zu entwickeln, die Altern und Pflegebedürftigkeit entsprechend jüngeren Trends der Altersbilder (vgl. 4.3.2) entkoppelt und somit den
Weg eröffnet für zwei unterschiedliche Felder, die einerseits große gemeinsame
Schnittmengen aufweisen (nämlich die Planung für pflegebedürftige Ältere), zugleich aber auch das Altern nicht schlicht auf diesen Blickwinkel festschreiben.
Wenngleich also zunächst eine „künstliche Trennung" zu verzeichnen und mit
Blick auf die Kohärenz der Altenhilfeplanung in Frage zu stellen sein mag, so ist
diese Spaltung mit neueren Entwicklungen der SeniorInnenpolitik und solchen der
Lebenslagen Älterer (vgl. auch zur Kompressionsthese 4.3.2) konzeptionell durchaus in Einklang zu bringen. Allerdings erfordert eine solche Binnendifferenzierung
umso mehr Abstimmungsleistung der beiden Teilplanungen, die den Aufwand ver-
größern und zugleich Schnittstellenprobleme formaler, zeitlicher, aber mitunter
auch personaler Art wahrscheinlicher machen kann.

Zwei Perspektiven konzeptioneller Fortschreibung der tradierten Altenplanung
lassen sich in der Folgezeit feststellen. So wird zum einen die Ergänzung quantitativer Planungen um *qualitative* Aspekte vorgenommen. Neben statistischen

Erhebungen und (Längsschnitt-)Vergleichen können somit NutzerInnen-Befragungen, ExpertInnen-Interviews und manche weiteren qualitative Methoden zum Einsatz kommen, um auf diese Weise nicht allein einen Ist-Stand hinsichtlich der mengenmäßigen Verteilung abzufragen, sondern ebenso Einschätzungen, Wahrnehmungen und Zukunftsperspektiven in den Blick zu bekommen. Durch solche Elemente kann Altenhilfeplanung dazu beitragen, frühzeitig Neu-Entwicklungen und die Veränderung bestehender Versorgungssysteme einzuleiten. Die Berücksichtigung der heterogenen Lebenslagen und -entwürfe älterer Menschen lassen sich so in größerem Umfang erfassen und mit einer ebenso vielfältigen Angebotslage beantworten. „Im Zentrum verbleibt jedoch (noch) der Altenplan bzw. Pflegeplan, sozusagen als ‚Produkt' einer klassischen Fachplanung" (Rohden und Villard 2010, S. 53), beispielsweise im Sinne des Planungskreislaufes. Ferner wird eine stärkere Orientierung an dialogischen Ansätzen erkennbar, die den Planungsprozess mindestens so bedeutend erscheinen lassen wie dessen Ergebnis. Damit ergibt sich zum einen die Möglichkeit, an vermehrten Stellen des Planungsprozesses NutzerInnen an deren Ausgestaltung zu beteiligen sowie auf diese Weise auch – im günstigen Fall – eine intensivere Identifikation mit den Planungsergebnissen unter den BürgerInnen zu erzielen.

Mit diesen inhaltlich-konzeptionellen Entwicklungen traten auch organisatorische auf. „Die kommunale Administration entwickelt sich somit vom Dienstleistungsproduzenten zum Arrangeur und Kontrolleur der Dienstleistungen, die von anderen erbracht werden." (Rohden und Villard 2010, S. 54) Dies hat verschiedene Konsequenzen. Denn durch die Trennung von Kostenträger, Leistungserbringer und Aufsicht lassen sich die verschiedenen Rollen differenzierter umsetzen und potentielle inhaltliche Konflikte auch tatsächlich mit dem Ziel der Klärung realisieren. Andererseits distanziert sich die Kommune von der operativen Umsetzung der Planungsresultate, kann so zwar Arrangement und Kontrolle umso problemärmer und einfacher verwirklichen, verliert jedoch andererseits auch den Bezug zu den praktischen Erfahrungen und überlässt das Feld Akteuren, die sich – gerade als gewerbliche Träger – nicht zwingend der kommunalen Daseinsvorsorge im selben Maße verpflichtet sehen (müssen). Damit kommt viel darauf an, in welcher Weise die Kommune ihre jeweilige Aufgabe versteht und wahrnimmt – in welchem Ausmaß also und mit welchem Ziel sie die Rahmenbedingungen für Dienste und Einrichtungen der Altenhilfe konzipiert und in welchen fachlichen wie fachpolitischen „Zielkorridor" sie somit einmünden möchte.

Das in dieser Hinsicht wohl gebräuchlichste Konzept ist mittlerweile jenes der Governance, der hybriden Steuerung also von komplexen Erbringungszusammenhängen sozialer Dienstleistungen durch staatliche, marktliche, zivilgesellschaftliche sowie informelle Sektoren und ihre Akteure (vgl. Böhmer 2014a; Drilling und

Schnur 2009; Holtkamp 2007). Auf diese Weise kann zum einen der bestehenden Komplexität von Altenhilfeplanung und ihren Bedingungsgefügen im kommunalen Zusammenhang entsprochen werden. Zum anderen jedoch steigert ein solches Planen auch die Komplexität des Feldes zusätzlich, insofern die jeweiligen Akteure und ihre Abstimmungsprozesse weitere diskursive Prozesse eingehen, sich darin in weiteren Formaten abstimmen, hegemoniale Ordnungen zu etablieren trachten und somit die Vielschichtigkeit ihrer Kommunikationen und Praxen erheblich vermehren.

Abschließend ist daher festzuhalten, dass angesichts der fachlichen wie der politischen Entwicklungen im Planungsbereich der Altenhilfeplanung eine reine top-down-Planung nicht mehr vorstellbar ist. Zu viele Akteure, Interessen, Logiken, aber auch Bedarfe und biografische Muster prägen das Planungsgeschehen. Daher kann Altenhilfeplanung bestenfalls als integrierte erfolgen, die andere Ausschnitte der Sozialplanung, aber auch weitere kommunale Planungsaufgaben berücksichtigt und angesichts der dort geltenden Vorgaben anschlussfähig agiert. In dieser Weise kann Altenhilfeplanung einen wichtigen Beitrag zur Verbesserung der Lebens- und Versorgungsqualität Älterer ebenso leisten wie sie wichtige Kooperationspartnerin weiterer kommunalpolitischer Handlungsfelder ist.

4.3.4 Ausgewählte rechtliche Bezüge des kommunalen Steuerungssystems der Altenhilfe

Rechtliche Vorgaben definieren das Handlungsfeld Altenhilfeplanung in vielfältiger Form. Daher sollen im Folgenden einige der wichtigeren Regelungen vorgestellt und auf die Herausforderungen der Altenhilfe bezogen werden.

Aufgrund ihrer rechtlich festgeschriebenen *Allzuständigkeit* für die örtlichen Angelegenheiten (vgl. Art. 28 Abs. 2 GG) sind die Kommunen wichtige Akteure für die Aufgaben der Daseinsvorsorge der BürgerInnen – mithin auch der älteren. Um diesen Aufgaben entsprechen, aber auch um sich als Gliederung des föderalen politischen Systems betätigen zu können, kommt den Kommunen ein Selbstverwaltungsrecht zu. Dieses umfasst insbesondere *Universalität* als Zuständigkeit für sämtliche Aufgaben der Gemeinde. Als weiterer Aspekt ist die *Autonomie* zu nennen, nämlich das Recht auf autonome Rechtssetzung in den vorgegebenen kommunalen Handlungsspielräumen. Im Rahmen der *Finanzhoheit* steht den Gemeinden die Ausstattung mit eigenen finanziellen Mitteln zu. Zudem realisieren sie die *Personalhoheit* über eigene Bedienstete. Schließlich können die *Organisations-* und die *Planungshoheit* für gemeindliche Aufgaben beansprucht werden. Neben die mit Hilfe dieser Befugnisse gestalteten Selbstverwaltungsaufgaben treten weitere

staatliche, die im Gefüge des Föderalismus u. a. als „weisungsgebundene Aufgaben" bearbeitet werden müssen.

Vor diesem kommunalen Gesamt-Kontext der Daseinsvorsorge und ihrer Aus-
differenzierung regelt der sog. „Altenhilfeparagraph" u. a. die grundsätzliche Aufgabe der Altenhilfe:

Aus dem „Altenhilfeparagraphen"

„Die Altenhilfe soll dazu beitragen, Schwierigkeiten, die durch das Alter
entstehen, zu verhüten, zu überwinden oder zu mildern und alten Menschen
die Möglichkeit zu erhalten, am Leben in der Gemeinschaft teilzunehmen."
(§ 71 Abs. 1 SGB XII)

Zu diesem Zweck sieht Absatz 2 vor, dass alte Menschen in ihrem freiwilligen
Engagement unterstützt, Hilfe bei der Suche nach und dem Erhalt einer bedarfs-
gerechten Wohnung bekommen, bei der Suche nach einem Heimplatz und anderen
Dienstleistungen für alte Menschen beraten und unterstützt, der Besuch von ge-
selligen, kulturellen oder bildungsbezogenen Veranstaltungen gefördert sowie der
zwischenmenschliche Kontakt ermöglicht werden. Auf diese Weise ist eine Vielzahl alters- und lebenslagenspezifischer Herausforderungen im Blick des Gesetz-
gebers. Die genaue Umsetzung dieser Möglichkeiten hingegen ist eine Aufgabe
der Altenhilfeplanung, die zu diesem Zweck die jeweiligen politischen Aufträge
sowie fachlichen Standards beachten und umsetzen muss. Dass nach Absatz 4 die
Beratungs- und Unterstützungsleistungen „ohne Rücksicht auf vorhandenes Einkommen oder Vermögen geleistet werden" sollen, gibt zumindest einen Hinweis
auf die anzuzielende Armutsfestigkeit der zu planenden Maßnahmen, d. h. dass
deren Zugänglichkeit unabhängig von finanziellen Mitteln realisiert wird.

In § 8 SGB XI wird auf die gesellschaftliche Bedeutung sowie die Umsetzungs-
aspekte von Pflege und Pflegeplanung, etwa „zum Ausbau und zur Weiterentwicklung der notwendigen pflegerischen Versorgungsstrukturen", hingewiesen. Hierbei
sollen die verschiedenen Instanzen und Akteure wie die Länder, die Kommunen,
die Pflegeeinrichtungen, die Pflegekassen sowie der Medizinische Dienst eng kooperieren. Die tradierten Formen häuslicher und stationärer Pflege sollen ergänzt
werden durch solche jüngeren Datums wie teilstationäre oder auch Kurzzeitpflege.
Dem Pflegemix wird ein eigener Abschnitt gewidmet, der die Aufgaben der zuvor
benannten Instanzen und Akteure auch in dieser Hinsicht definiert:

Der Pflegemix im SGB XI
„Sie unterstützen und fördern darüber hinaus die Bereitschaft zu einer humanen Pflege und Betreuung durch hauptberufliche und ehrenamtliche Pflegekräfte sowie durch Angehörige, Nachbarn und Selbsthilfegruppen und wirken so auf eine neue Kultur des Helfens und der mitmenschlichen Zuwendung hin." (§ 8 Abs. 2 SGB XI)

§ 9 SGB XI weist den Ländern die Aufgaben der Gewährleistung und Planung einer pflegerischen Versorgungsstruktur unter Leistungs und wirtschaftlichen Aspekten zu. Da die Ausgestaltung dieser Aufgaben wiederum den Ländern übertragen wird, ist es durchaus möglich, dass ein Land die Pflegeplanung unmittelbar den Kommunen überlässt (s.u.). Durch die größere Nähe zur lokalen Bedarfslage kann damit evtl. eine eher passgenaue Planung ermöglicht werden.

Üblicherweise wird jedoch zunächst ein eigenes Landespflegegesetz die Fortschreibung eines Landespflegeplanes vorsehen, um auf diese Weise einen Rahmen für die Kreispflegepläne zu bestimmen (vgl. § 3 LPflG BW). Für die Kreis-bezogenen Planungen der Pflege werden insbesondere die Erhebung von Bestand, Bedarf und die Definition notwendiger Maßnahmen zur Deckung der ermittelten Bedarfe festgeschrieben (vgl. § 4 LPflG BW). Dabei werden die kreisangehörigen Gemeinden an der Planung beteiligt. Insofern zeigt sich auch in diesen Zusammenhängen die kommunale Verantwortung für die Daseinsvorsorge, hier nun unter pflegerischer Hinsicht. Für die Geschichte der kommunalen Altenhilfeplanung wird festgestellt: „Erstellten schon 1962 fast die Hälfte der westdeutschen Bundesländer Altenhilfepläne, so folgten die meisten Städte und Gemeinden mit kommunalen Altenhilfeplänen erst mit erheblicher Verzögerung. Bis Ende der 1960er Jahre waren es erst 17." (Hammerschmidt 2010, S. 22) Die dann später umfänglicher erstellten kommunalen Altenhilfepläne führten jedoch auch nicht direkt zur Schaffung neuer Angebote. Dies änderte sich erst durch den Kostendruck in den 1970er und 1980er Jahren: Die Bundesländer gewährten Investitionshilfen für stationäre Altenhilfeeinrichtungen (vgl. Hammerschmidt 2010, S. 23). Dies hat sich zu Teilen wegen des später wiederum erfolgten Wegfalls der Pflegeheimförderung auf die Landespflegeplanung ausgewirkt, da z. B. in Baden-Württemberg auf Landesebene die „Bedarfseckwerte für die stationäre Pflege" (Geschäftsbericht des Landkreistages BW 2012/2013, S. 46) seit 2011 nicht mehr fortgeschrieben werden. Kommunale Pflegeplanung kann in diesem Zusammenhang also nicht mehr auf diese bis dahin gegebene Unterstützung durch die Landesebene zurückgreifen.

Gegenwärtig werden insbesondere die folgenden Aufgaben für die kommunale Altenplanung definiert:

1. „Kommunale Entwicklungsplanung,
2. örtliche Bedarfsplanung an Pflegeeinrichtungen und deren Vernetzung sowie
3. Schaffung von Maßnahmen und Diensten nach [...] § 71 SGB XII" (Rohden und Villard 2010, S. 51).

Insofern werden Alten- und Pflegeplanung wieder zusammengeführt; die diesbezüglichen Überlegungen zur Bearbeitung und zugleich Vermehrung von Komplexität in diesem Kontext wurden bereits dargelegt (s. o.). Aus § 71 SGB XII lässt sich jedoch keine eindeutige Planungsprogrammatik ableiten; die kommunalen Handhabungen zur Altenhilfeplanung unterscheiden sich daher stark. Rohden und Villard befürchten, dass durch die föderal differierenden rechtlichen Befugnisse und Ausgestaltungen der kommunal wirksamen Altenhilfestruktur eine „Gemengelage unterschiedlicher Steuerungslogiken und Interessen" (Rohden und Villard 2010, S. 52) resultieren könne, die für quartiersnahe Versorgungskonzepte nachteilige Folgen hat und aus der hier entwickelten Perspektive umso mehr Reflexions- und Steuerungsnotwendigkeiten dem Governance-Konzept entsprechend erfordert.

4.3.5 Regionale und lokale Altenhilfeplanung

Der Pflegemix, also die Erbringung von auf Pflege bezogene Dienstleistungen durch unterschiedliche Akteure (professionelle Pflegende, freiwillig Engagierte, Angehörige, NachbarInnen oder auch Selbsthilfegruppen; vgl. § 8 SGB XI), prägt Altenpflege-, aber als Strukturmaxime auch den Wohlfahrtsmix weiterer Felder der Altenhilfe, die ebenfalls als hybride Erbringungsformate verstanden werden können. Um daher Planung, Steuerung und auch Kontrolle verwirklichen zu können, müssen sich staatliche Verwaltungen unter dieser Hinsicht auf eine Neubestimmung ihrer Aufgaben und Rollen einlassen. Hier geht es nun, wie bereits dargestellt, seit geraumer Zeit immer weniger darum, Altenhilfe durch die Kommune selbst zu erbringen, sondern sie durch entsprechende Rahmenkonzepte und Kontextsteuerungen durch freie Träger, ob gemeinnützig oder gewerblich, erbringen zu lassen.

Insofern schaffen regionale Planungen strukturelle Voraussetzungen für die lokalen, sind aber andererseits in ihrer Konkretisierung von den jeweiligen lokalen Arrangements hybrider Versorgung abhängig.[3] Daraus ergibt sich – im Idealfall – ein wechselseitiger Austausch von fachlichen Positionen und Erfahrungen sowie

---

[3] Der Begriff der Region und der regionalen Altenhilfeplanung wird sehr unterschiedlich verwendet – für Räume innerhalb einer Stadt, eines Landkreises oder auch Landkreis-übergreifend. Im Folgenden soll v. a. dann von Region gesprochen werden, wenn Landkreis-interne sowie -übergreifende Planungszusammenhänge thematisiert werden.

Evaluationsergebnissen, um die gemeinsame Planung in ihren unterschiedlichen Abstraktions- und Reichweiten-Bedingungen abgestimmt und mit den jeweils unterschiedlichen Schwerpunkten optimieren zu können. Dass dies keineswegs immer geübte Praxis in der Altenhilfeplanung ist, belegen mitunter Einblicke in die Geschäftspraktiken überregional tätiger Träger stationärer Einrichtungen.

Die Planungsebenen lassen sich (in Anlehnung an Zängl 1999) unterschiedlich gewichten. So ist zunächst der Blick zu richten auf die *soziale Infrastrukturplanung*. Aufgabe dieses Bereichs ist die Organisation sozialer Dienste und ihrer Einrichtungen im Planungsraum, um auf diese Weise bedarfsgerechte Infrastrukturen der Altenhilfe vorhalten zu können. Im Weiteren ist die *kommunale Sozialpolitik* zu nennen. Sie zielt auf die Vermeidung oder aber Bearbeitung von kommunal wirksamen Benachteiligungen, die durch ebenso kommunale Maßnahmen kompensiert werden können. Als Beispiele wären etwa die Einführung von Sozial- oder SeniorInnen-Pässen zu nennen, die vergünstigte Eintritte oder Nutzungen des Öffentlichen Personennahverkehrs ermöglichen, beitragsfreie Veranstaltungen speziell für SeniorInnen o. ä. m. Die *soziale Kommunalpolitik* bemüht sich angesichts von benachteiligenden Entwicklungen innerhalb der Kommune um die Schaffung kommunaler Strukturen zur Vermeidung/Bearbeitung von Benachteiligungen. Zu diesem Zweck werden Planungszusammenhänge von Altenhilfe und beispielsweise Stadtentwicklung miteinander verbunden. Schließlich dient die *aktive Gesellschaftspolitik* der Konkretisierung von Bundes- und Landesvorgaben auf kommunaler Ebene, etwa wenn es um die Einführung und kommunale Operationalisierung eines erneuerten Pflegebedürftigkeitsbegriffs geht.

Klie beschreibt eine „neue Architektur sozialpolitischer und sozialrechtlicher Steuerung in der Pflege" (Klie 2009, S. 27), die auf verschiedenen Ebenen angesiedelt wird und insofern auch die regionale und die lokale Altenhilfeplanung genauer einzuordnen hilft. So sieht Klie die Grundlegung auf der *Fallebene*, die durch Eigenverantwortung, Zuzahlungsmodalitäten für Care-Produkte sowie weitere Bezüge von Leistungen geprägt ist. Die *Quartiersebene* wird ihrerseits bestimmt durch Bemühungen um soziale Vernetzung sowie die Entwicklung einer eigenen Kultur im Quartier. Die *kommunale Ebene* ist das Plateau der Planung sowie Arena für Aushandlungsprozesse im Governance-Modus. Auf der *Ebene des Bundeslandes* finden sich ordnungsrechtliche und planerische Maßgaben sowie Förder-Instrumente angesiedelt. Die *Bundesebene* ihrerseits verwirklicht Vorgaben des Sozialleistungsrechtes, der Finanzierungen sowie erprobten Fachwissens. Durch diese strukturellen Vorgaben können nicht nur Pflegeleistungen konzeptionell zugeordnet und abgefragt werden, sondern auch die Leistungen der Altenhilfe allgemein können hinsichtlich ihrer operativen Umsetzung, ihrer rechtlichen und finanziellen Rahmungen sowie mit Bezug auch auf fachliches und fachpolitisches

Wissen realisiert werden. Dies bedeutet insbesondere, dass die verschiedenen Ebenen differenziert nach ihren Aufgaben- und Zuständigkeitsprofilen ihre Verantwortungen abgestimmt wahrnehmen und umsetzen sowie einander wechselseitig ergänzen können.

Für die Pflege, aber auch für die Altenhilfe allgemein, folgt daraus zum Beispiel, dass die Entwicklung sozialer Netzwerke auf der Quartiersebene in Engelsberg anzustreben ist, während die eigentliche Planung der Weiterentwicklung von Altenhilfe-bezogenen Infrastrukturen mit ihren Diensten und Einrichtungen auf gesamt-kommunaler Ebene erfolgt. Dabei versteht es die Altenhilfeplanung, die Förderinstrumente des Landes ebenso zu nutzen wie sie die sozialleistungsrechtlichen Bundesgesetze anzuwenden weiß. Insofern kommt es darauf an, dass in Engelsberg ältere Menschen zu ihrem Bedarfen befragt, Fachkräfte zu runden Tischen eingeladen, ExpertInnen hinsichtlich künftiger Entwicklungsperspektiven von Engelsberg interviewt oder auch statistische Daten von verschiedenen administrativen Sachgebieten sowie durch unmittelbare Verteilung von Fragebögen an die Bevölkerung gesammelt werden. In der Verwaltung der Gesamtstadt hingegen müssen diese Daten zusammengetragen, ausgewertet, aufeinander bezogen und schließlich in den Planungsprozess überführt werden.

Regionale Altenhilfeplanung arbeitet mit den verschiedenen lokalen Planungsprozessen und -ergebnissen (siehe Abb. 4.3), indem sie deren Daten wiederum zusammenführt, aber mehr noch, indem sie für die verschiedenen lokalen Planungen ein Abstimmungskonzept oder gar entsprechende Planungsvorgaben entwickelt. So kann etwa die Kreisverwaltung für die kreisangehörigen Gemeinden entspre-

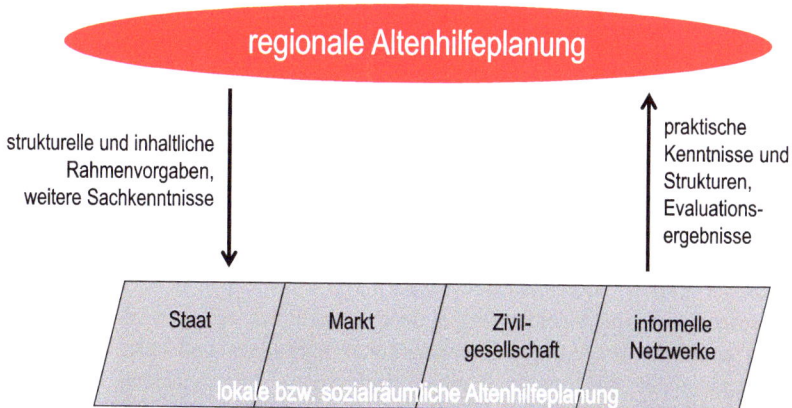

Abb. 4.3 Bezüge regionaler und lokaler Planung. (Quelle: Eigene Darstellung © A. Böhmer)

chende Unterstützungsleistungen anbieten. Dabei ist die besondere Herausforderung, die lokalen Besonderheiten mit den regionalen und mehr noch den überregionalen Vorgaben oder auch Entwicklungen zu koordinieren. Gemäß den Ansätzen des der Governance-Konzeption entsprechenden Steuerungsmodells geht es hier darum, die vier möglichen Sektoren (Staat, Markt, Zivilgesellschaft, informeller Sektor) und die in ihnen stattfindenden Prozesse und Logiken mit den Maßgaben regionaler Planung in Beziehung zu setzen. Dabei können praktische Strukturen und Erkenntnisse, aber auch Evaluationsergebnisse aus dem lokalen Zusammenhang in den regionalen eingespeist werden. Umgekehrt lassen sich strukturelle und inhaltliche Rahmenvorgaben ebenso wie Sachkenntnisse aus verschiedenen anderen lokalen Prozessen von regionaler Ebene in die lokale überführen.

Dabei prägen die unterschiedlichen Logiken hybrider Versorgung in der Altenhilfe die lokalen Prozesse:

- Staat → Hierarchie,
- Markt → Konkurrenz,
- Zivilgesellschaft → Aushandlungen,
- informelle Netzwerke → Solidarität.

Deren (mitunter widerstreitende) Logiken, Praktiken und Auswirkungen müssen mithin nicht allein lokal ausgestaltet werden, sondern auch in der regionalen Planung Berücksichtigung finden. Insofern ist regionale Altenhilfeplanung gut beraten, die lokalen Konstellationen der Governance-Strukturen und -Prozesse umfänglich und detailliert in den Blick zu nehmen sowie in ihre eigenen Planungsprozesse einfließen zu lassen. Die mitunter feststellbare Konkurrenz zwischen lokalen und regionalen Planungsebenen ist dabei nicht sonderlich hilfreich. Von daher ist es auch aus planungsökonomischen Gründen zu empfehlen, Planungsansätze und -prozesse auf den verschiedenen Ebenen einvernehmlich zu konzipieren, zu kommunizieren und umzusetzen.

Auch die Feinabstimmung der verschiedenen sektoriellen Interessen, Logiken und Verfahren zwischen lokaler und regionaler Planungsebene gestaltet sich durchaus anspruchsvoll, da auch hier eine Vielzahl verschiedener Ansätze miteinander koordiniert werden müssen (siehe Abb. 4.4). So sind im administrativen Bereich staatlicher Akteure hierarchische Vorgaben und entsprechende Berichtspflichten anzusetzen. Marktliche Felder werden durch Konkurrenz-bezogene Strategien und Preise einerseits sowie durch Nachweise von Wirkungen und Qualitätsmanagement andererseits ausgestaltet. Zivilgesellschaftliche Zusammenhänge wiederum sind durch Forderungen und daraus resultierende Aushandlungsprozesse geprägt. Einzig der informelle Sektor wird wohl kaum systematisch in die Wechselspiele

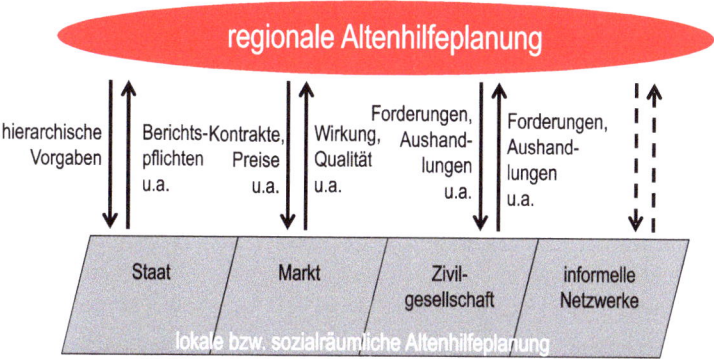

Abb. 4.4 Modalitäten regionaler und lokaler Planung. (Quelle: Eigene Darstellung © A. Böhmer)

regionaler und lokaler Altenhilfeplanung einzubinden sein, sondern vielmehr lokal wirken, dabei jedoch regional in seinen sicher heterogenen Auswirkungen berücksichtigt werden müssen.

Insofern sind lokale und regionale Planung in der Altenhilfe wechselseitig aufeinander angewiesen, eine mitunter thematisierte Vorrangstellung der einen oder auch der anderen Ebene lässt sich aufgrund der Verschränkung von Planungsperspektiven und -prozessen wohl kaum rechtfertigen. Die aus diesen Bezügen resultierenden Konsequenzen lauten für die regionale Altenhilfeplanung, dass bestimmte Zielvorgaben wie die *flächendeckende Versorgung* innerhalb der regionalen Besonderheiten grundsätzlich gewährleistet sein sollen. Des Weiteren spielt gerade in intern sehr differenziert ausgestalteten Planungsregionen die *regionale Ausgewogenheit* eine besondere Rolle. Dabei kommt es nicht allein darauf an, dass eine Grundversorgung in allen regionalen Teilräumen gewährleistet ist, sondern sehr viel mehr noch, dass die lokalen Besonderheiten (hinsichtlich Bevölkerungsstruktur, gewachsenen Kulturen vor Ort u. a. m.) im Blick bleiben. Deshalb ist auch die *bedarfsgerechte Passung* von großer Bedeutung. Gerade für diese Aufgabe ist die Analyse der lokalen Sondererhebungen für die Planungsschritte auf regionaler Ebene lohnend. Letztendlich ist bei allen diesen Überlegungen eine *diversifizierte Planungs- und Steuerungslogik des intermediären Feldes* vonnöten, die den verschiedenen Planungs- und Steuerungslogiken der Sektoren ebenso zu entsprechen weiß wie den lokalen Sonderbeständen, -bedarfen und Gepflogenheiten (vgl. ausführlicher 5.3 sowie Böhmer i. E.; 2014b).

Für die *operativen Konsequenzen* der Altenhilfeplanung können verschiedene Aspekte zur Geltung kommen. Zum einen sind den örtlichen Bezügen ebenso wie dem Denken in Planungsregionen besondere Bedeutung zuzumessen. Auf diese

Weise nämlich lassen sich die lokalen Eigenheiten und die Koordination auf regionaler Ebene im praktischen Planungsprozess miteinander verbinden. Ferner sind Systemsteuerung, Infrastrukturmanagement, Netzwerkmoderation und -koordination zu realisieren, um auf diese Weise dem Altenhilfe- sowie dem Pflegesystem in einer Weise Rechnung tragen zu können, dass die verschiedenen Infrastrukturen und die mit diesem verbundenen Netzwerke von Akteuren und Institutionen ihre Wirkung entfalten können. Die Infrastruktur- und die Potenzialanalyse dienen auf lokaler und regionaler Planungsebene dazu, die Ist- ebenso wie die Soll-Analyse vorzunehmen und dabei insbesondere die noch nicht hinreichend berücksichtigten Ressourcen nutzen zu können. Indem dabei der NutzerInnenperspektive besondere Aufmerksamkeit geschenkt wird, kann dem VerbraucherInnenschutz durch deren eigener Rückmeldekultur verstärkt entsprochen werden. Das Management verschiedener Ebenen innerhalb der Altenhilfeplanung, nämlich Region – Kommune – Sozialraum – Individuen, wird durch die Planung der verschiedene Ebenen ermöglicht. Damit kann eine Verzahnung der diversen Planungen auf individueller, lokaler und auch regionaler Ebene eher verwirklicht werden, um auf diese Weise Planung nicht zum Selbstzweck zu degradieren, sondern deren Ergebnisse unmittelbar für die NutzerInnen brauchbar und erfahrbar werden zu lassen. Die sind die kommunikativen und moderierenden Kompetenzen der Integrierten Sozialplanung sind auch im Feld der Altenhilfe besonders gefragt.

Im günstigen Fall ergeben sich daraus passgenaue Versorgungs- und Pflegearrangements durch die regional geprägte Planung, Steuerung und Gestaltung lokaler Räume. Dies kann für Engelsberg bedeuten, dass den Besonderheiten dieses Quartiers (junger Stadtteil, spezifische Bevölkerungsstruktur etc.) Rechnung getragen werden kann und zugleich die Versorgungsstrukturen und deren Entwicklungen in die Debatten auf Stadt- und Landkreisebene eingebunden sind. Dabei sei auf die bereits mehrfach thematisierte Wechselseitigkeit dieser diskursiven Planungszusammenhänge verwiesen, so dass auch die Erfahrungen aus Engelsberg in der Stadt ebenso wie im Landkreis ihre Bedeutung entfalten können. Aus dieser Gegenseitigkeit der Informationsflüsse und der Auswirkungen lässt sich eine Implementierung der regionalen Planungsvorgaben in der lokalen Planungspraxis weit eher gewährleisten.

4.3.6 Altenhilfeplanung und Vernetzung

Die operative Altenhilfeplanung ist eingewoben in Netze vielfältiger Akteure und Infrastrukturmomente. Insofern sind Aspekte von Vernetzung für die Ausgestaltung der praktischen Planung von einiger Bedeutung. Diese Vernetzungsmomente lassen sich einerseits beschreiben im zwischenmenschlichen Zusammenhang, des Weiteren im Nahumfeld des Wohnraumes, da dort verschiedene Aspekte von Wohnen, aber auch gesundheitliche und pflegerische Dienstleistungen ihren Platz finden. Schließlich setzt auch das allgemeine Infrastrukturmanagement der Altenhilfeplanung in den Netzwerken der verschiedenen Akteure und ihrer Gruppierungen an. Insofern sollen diese unterschiedlichen Netzstrukturen im Folgenden zur Sprache kommen.

Zunächst sei für die *sozialen Beziehungen Älterer* angemerkt, dass „die durchschnittliche Anzahl der Personen im persönlichen Netzwerk mit zunehmendem Alter abnimmt." (Künemund und Kohli 2010, S. 310; beziehen sich auf den DEAS 1996) Als Grund dafür sehen die Autoren insbesondere Verwitwung, die bei den Frauen stärker ausgeprägt war als bei den Männern der betreffenden Altersgruppen. Andererseits wiesen die Netzwerke deutliche Bezüge zu den leiblichen Kindern und Enkeln, aber auch zu den eigenen Geschwistern auf. „Waren es bei den Jüngeren eher Eltern und Kinder, so waren es bei den Älteren vor allem Kinder und Enkel. [...] Bei den über 65-Jährigen ging der Anteil der Personen mit lebenden Geschwistern leicht zurück, betrug aber auch unter den 80- bis 85-Jährigen noch über 70 %." (Künemund und Kohli 2010, S. 311) Allerdings wird darauf hingewiesen, dass Ältere weniger Freunde haben. Ob dies nun daran liegt, dass Ältere „sparsamer" mit dieser Bezeichnung umgehen, ob bisherige FreundInnen bereits in stärkerem Ausmaß verstorben sind, ob im Alter häufiger Freundschaften gelöst werden oder ob die sozialen Netzwerke tatsächlich in geringerem Maße NetzwerkpartnerInnen aufweisen, lassen die Autoren offen.

Hinsichtlich der innerfamiliären Unterstützungsmöglichkeiten der verschiedenen Generationen scheint ein gewisser Optimismus angebracht. Denn für immerhin 45 % der 70- bis 85-jährigen konnte für 1996 nachgewiesen werden, dass ihre eigenen Kinder in unmittelbarer Wohnnähe leben und insofern eventuelle Unterstützungsleistungen aus geringerer räumliche Distanz heraus leisten können. Dass hingegen andere in größerer räumlicher Distanz lebten, sehen die Autoren ebenfalls nicht als problematisch an, da daraus die Konstellation „innere Nähe durch äußere Distanz" resultieren könne (Künemund und Kohli 2010, S. 311).

Zudem ist auf die vielfältigen Engagementformen älterer Menschen hinzuweisen, die ebenfalls für eine Einbindung in soziale Netzwerke sprechen. Vor diesem Hintergrund kommen die herangezogenen Autoren zu dem Fazit, dass Ältere in deutlichem Maß zu den Gebenden der Engagementgesellschaft zählten. Wenngleich dieses Faktum nur für eine bestimmte Gruppe dieser Altersklasse (nämlich diejenige mit einer besonders positiven Ressourcenausstattung) gelte, sei deren Bedeutung doch beachtlich und man dürfe für die Zukunft eher von noch stärkeren Zuwachsraten ausgehen (vgl. Künemund und Kohli 2010, S. 312).

Bezüglich der Planung und Entwicklung von *Infrastrukturen zur Pflege* wird den Kommunen eine Vielzahl von Handlungsmöglichkeiten zugesprochen (vgl. Deutscher Verein 2010, 2012). In diesem Zusammenhang wird einerseits auf die Integrierte Sozialplanung verwiesen, die weitere kommunale Planungssektoren (Finanzen, Verkehr, Bau, Wohnen etc.) in regulierten Prozessen mit einbezieht. Darüber hinaus muss Pflege-Infrastruktur-Planung ein durchgängiges Thema der Entscheidungsprozesse im Verwaltungshandeln sein (vgl. Deutscher Verein 2010, S. 7). Auch das Steuern im Rahmen kommunaler Handlungsspielräume sowie das Initiieren von neuen oder den Ausfall anderer Träger kompensierende Maßnahmen wird besonders hervorgehoben. Um daher in aktive Kooperationsbeziehungen eintreten zu können, ist es erforderlich, eigene Netzwerkstrukturen zu entwickeln und kontinuierlich zu nutzen.

Unter Hinweis auf § 5 SGB XII und § 8 Abs. 2 SGB XI, als Regelungen, die das Verhältnis zur freien Wohlfahrtspflege und eine gemeinsame Verantwortung beschreiben, wird ferner deutlich gemacht, dass die Leistungserbringer – auch hinsichtlich der Initiativen in den gewerblichen Handlungsfeldern – eine besondere Rolle bei der Entwicklung innovativer Dienstleistungen und deren qualitativer Ausgestaltung spielen (vgl. Deutscher Verein 2010, S. 8). Ob hingegen die Prozesse einer zunehmenden quasi-marktlichen Ausgestaltung der Betätigungsfelder von Pflege stets eine Qualitätssteigerung nach sich ziehen, darf unter Berücksichtigung der des Öfteren vorgetragenen Kritikpunkte an vereinzelten pflegerischen Missständen durchaus in Zweifel gezogen werden. Dessen ungeachtet erfolgen die Entwicklung, Realisierung und Überprüfung pflegerische Dienstleistungen im Netzwerk kommunaler Pflegeinfrastrukturen – zumindest im günstigen Fall – unter Beteiligung der vielfältigen Akteure aus den Kreisen von Leistungsträgern und Leistungserbringern. Doch auch hier ist ein kritisches Wort auf die Etablierung von Marktstrukturen zu verwenden, da die damit einhergehende Konkurrenzsituation Netzwerkstrukturen wenn nicht verunmöglicht, so doch in einer sehr spezifischen Weise konturiert, die einer gemeinsamen Weiterentwicklung von Qualitätsstandards und -praktiken nur bedingt entsprechen dürfte.

Insofern verwundert es auch nicht weiter, wenn die hier reflektierte Stellungnahme Netzwerkstrukturen eher normativ fordert als empirisch beschreibt: „Gelingende Kooperation braucht funktionierende Netzwerke. Netzwerkarbeit muss daher als wichtige Aufgabe begriffen werden, die Bestandteil jeder fachlichen Arbeit sein sollte. Ziel von Netzwerkarbeit sollte es sein, einen Mehrwert für alle beteiligten Akteure zu schaffen." (Deutscher Verein 2010, S. 20) Wenn aber gerade der erwähnte Mehrwert konkurrenzhaft gewonnen werden soll, dürfte es schwierig werden, Kooperationsnetzwerke mit diesem Ziel zu errichten, da sich Konkurrenz und Kooperation über weiteste Strecken ausschließen. Unter dieser Prämisse be-

steht die Aufgabe kommunaler Altenhilfeplanung insbesondere darin, die Rahmenbedingungen für die Erbringung von Pflegedienstleistungen so auszugestalten,
dass bei definierter hoher Qualität und zugleich anvisierter Armutsfestigkeit (vgl.
4.3.2) die miteinander im Wettstreit liegenden Träger pflegerischer Dienste und
Einrichtungen ihre unternehmerischen Spielräume selbstverantwortet auszugestalten vermögen. Damit bekommt die kommunale Altenhilfeplanung eine dezidiert
politische, d. h. sozialpolitische wie fachpolitische Ausgestaltung, die ihr nicht zuletzt angesichts einer sozialarbeiterischen Grundierung sehr entgegenkommt.

Für *quartiersbezogene Wohnkonzepte* spricht insbesondere der Möglichkeit,
neue Wohnformkonzepte in bestehende nachbarschaftliche, aber auch infrastrukturelle Versorgungsnetzwerke zu implementieren. In diesem Zusammenhang wird
insbesondere darauf hingewiesen, dass Ambulant Betreutes Wohnen oder auch
spezifische betreute Wohngemeinschaften (etwa für demenziell Erkrankte) wichtige Ergänzungen des Wohnungssektors für ältere Menschen darstellen (vgl. Kremer-Preiß und Stolarz 2003). Dabei sollte jedoch über das Wohnen der Individuen
hinaus auf gesamte Quartiere hin ein jeweils angepasstes Wohnkonzept entwickelt
werden, um auf diese Weise einerseits die bereits im Quartier vorhandenen Netzwerke der Individuen weiter pflegen und auf der anderen Seite die in diesen Netzwerken vorfindbaren Ressourcen (nachbarschaftliche Hilfe, intergenerationale
Bezüge etc.) effektiver nutzen zu können. Dabei wird der Kleinräumigkeit dieser
Versorgungsmodelle eine besondere Bedeutung zugemessen, da in sozialen Nah-
räumen die angestammten sozialen Beziehungen der NutzerInnen weiterbestehen
können, freiwillige Unterstützungsleistungen sich hier leichter organisieren lassen, Versorgungsinfrastrukturen für in ihrer Mobilität eingeschränkten Menschen
leichter erreichbar sind und die Besonderheiten des jeweiligen Raumes eher in den
Blick genommen werden können (vgl. Kremer-Preiß und Stolarz 2003, S. 162).
Die in dieser Form entstehenden Versorgungsnetzwerke lassen sich unterschiedlich strukturieren: Es gibt recht „unterschiedliche Ansätze, z. B. ein flächendeckendes Netz oder die Konzentration von Angeboten in der Nähe eines ‚Servicekerns'."
(Kremer-Preiß und Stolarz 2003, S. 162) Jeweils wird es darauf ankommen, die
Möglichkeiten zur Entwicklung eines solchen Netzwerkes und die Notwendigkeiten von besonderen Formaten des Netzwerkes miteinander in Einklang zu bringen.
So dürfte es in Engelsberg angesichts der Milieu-spezifischen Differenzen, aber
auch der erst im Wachsen begriffenen jungen Nachbarschaften darauf ankommen,
die Kernstruktur durch die Ausgestaltung mit professionellen Kräften zu etablieren und in einem weiteren Schritt an einer eher flächendeckenden Ausstattung mit
Versorgungsangeboten zu arbeiten. Letztere dürfte sich im Laufe der „Reifung"
des neuen Stadtteiles Engelsberg zunehmend leichter verwirklichen lassen, braucht
aber bis zu ihrer stabilen Einrichtung sicherlich ein deutlich größeres Maß an Zeit.

Hinsichtlich der *kommunalen Gesamtsteuerung der Pflegeinfrastruktur* werden
territoriale (Gemeinwesen, Planungsräume), sozialpolitische (Workfare-Regime)
und versorgungsspezifische (Ambulantisierung) Ausgestaltungen der Altenhilfe
diskutiert (vgl. Fachgruppe Altenhilfe des VSOP 2008). Analytisch bedeutsam
ist, „die koordinierende Aufgabe auf der betrieblichen Ebene (Infrastrukturma-
nagement/Kostenträgerschaft) und die planerische Integration in den Stadtent-
wicklungsprozess" (Fachgruppe Altenhilfe des VSOP 2008, S. 10) zu unterscheiden. Um daher eine solche Form von Infrastrukturmanagement zu gewährleisten,
werden diskursive Verfahren zur Einbindung möglichst vieler Akteure des Feldes
empfohlen (vgl. Fachgruppe Altenhilfe des VSOP 2008, S. 10). Insofern dient die
Arbeit im Netzwerk der Verwirklichung einer diskursiven integrativen Sozialplanung, aber auch einer Verwirklichung gemeinsamer Verantwortung in kommunalen Managementzusammenhängen, für die sicherlich die jeweilige Kommune
verantwortlich zeichnet, die sie jedoch angemessen stets nur in Kooperation mit
der Vielzahl verschiedener Träger und Trägerformen realisieren kann. Somit werden hier Einzelfallsteuerung, Infrastrukturmanagement und Pflegeplanung voneinander unterschieden, dabei jedoch aufeinander bezogen und im Hinblick auf
gemeinsame fachliche Konzepte wie Wirkungsorientierung oder Pflegemarketing
verkoppelt (vgl. Fachgruppe Altenhilfe des VSOP 2008, S. 15). Dabei wird die
besondere Herausforderung dieses mehrschichtigen Konzeptes sicherlich darin zu
finden sein, die auftretenden Wechselbezüge (etwa hinsichtlich der Akteursvielfalt,
insbesondere bezüglich Bürgerschaftlichen Engagements, und einer dezidiert ausgewiesenen Wirkungsorientierung) angemessen in operative Prozesse umwandeln
und deren Ergebnisse ebenso angemessen auswerten zu können. Einfache Ursa-
che-Wirkungs-Folgen jedoch werden sich wohl kaum aufweisen lassen. Daher ist
die noch nicht hinlänglich geklärte Frage, wie der Komplexität von Erbringungs-
und Auswertungszusammenhängen analytisch entsprochen werden kann sowie auf
welche Weise planerische, zumal strategische, Antworten aus diesen Zusammenhängen verlässlich abgeleitet werden sollen.

4.3.7   Praktische Umsetzung der Methoden in der Altenhilfeplanung

Themenfelder ebenso wie Herangehensweisen fußen in der Sozialplanung zwar
auf denselben Grundlagen und werden operativ häufig sehr ähnlich umgesetzt,
doch sind die Besonderheiten des jeweiligen Handlungsfeldes bis hinein in die

Auswahl und die Realisierung der jeweiligen Verfahren festzustellen. Insofern sollen im Folgenden die methodologischen und methodischen Spezifika für die Altenhilfeplanung entfaltet werden.

Als *besondere Herausforderungen* sind zunächst die Spezifika der Lebenslagen Älterer in den Blick zu nehmen (vgl. 4.3.1 und 4.3.2). Sodann sollten die typischen Gesichtspunkte der *Altenpolitik* zur Sprache kommen (vgl. 4.3.3), um von dort her die jeweils tagesaktuellen und Trend-bezogenen Planungsansätze definieren und verwirklichen zu können. Demgegenüber sind die *Spezifika etablierter Hilfeformen*, aber auch diejenigen künftiger Veränderungsperspektiven, weniger auf die gegebenen Trends, sondern sehr viel mehr auf längerfristige Einschätzungen bzw. Prognosen zu beziehen. Diese sehr unterschiedlichen, aber jeweils für die Ausprägung der konkreten Altenhilfeplanungsprozesse bedeutenden Blickwinkel haben damit auch Auswirkungen auf die eingesetzten Verfahren. Zudem prägen sie die Nutzung der mithilfe der Verfahren erhobenen Daten für die langfristige Planung und Steuerung der Infrastrukturen im Bereich der Altenhilfe.

Dabei sind *relevante Indikatoren* (vgl. auch MAGS NRW 1996) beispielsweise die *Altersstruktur* eines Planungsraumes, um mithilfe dieser Übersicht Aussagen darüber machen zu können, wie sich die Verteilung der verschiedenen Altersgruppen darstellt und wie mögliche Prognosen die weiteren Entwicklungen skizzieren können. Ferner ist die *Anzahl der Pflegebedürftigen* insofern von Bedeutung, als damit der aktuelle Bedarf hinsichtlich pflegerischer Dienstleistungen abgeschätzt werden kann. Das sog. *Potential häuslicher Pflege*, mit dem für gewöhnlich das Ausmaß von Haushalten älterer Menschen gemeint ist, die im territorialen und familiären Nahraum über Angehörige verfügen, die sie im Zweifelsfall häuslich pflegen können, ist ein ebenfalls bereits seit langer Zeit erhobener Indikator. Dabei soll keineswegs verschwiegen werden, dass mit der Erhebung einer solchen Kennzahl zugleich eine Vielzahl von Normalitätsvorstellungen (hinsichtlich Familie, Genderkategorien, Arbeitsteilung etc.) einhergehen, die in Gesellschaften einer selbstkritischen Moderne (Lepenies) mindestens der Reflexion bedürfen. Sodann soll die Anzahl an *1-Personen-Haushalten* Auskunft darüber geben können, welche Bedarfe an professioneller Pflege gegenwärtig, und als Prognosegrundlage dann auch zukünftig, zu erwarten sind. Schließlich werden *Einrichtungsbestand und -formen* erhoben, um den Bestand unter Abgleich mit den gemessenen und den prognostizierten Bedarfen auf seine Tauglichkeit hin in den Blick nehmen zu können.

Von einigem Interesse für die operative Umsetzung der Altenhilfeplanung sind die jeweiligen *Aggregationsgrößen* der Planungsräume. So ist deutlich, dass *Landkreise* zunächst einmal ihr gesamtes Territorium in den Blick nehmen müssen, auch wenn sie alsbald aufgrund der Heterogenität der unterschiedlichen Teilregionen auch *Planungsregionen im Landkreis* definieren. Für deren Definition kommen zum einen gewachsene sozialräumliche Strukturen und Kulturen infrage, darüber hinaus aber sicher auch vergleichbare Bevölkerungsstrukturen (hinsichtlich Alter, Erwerbstätigkeit und -umfang etc.), Wirtschaftsentwicklungen sowie geografischer Besonderheiten. Schließlich sind die einzelnen *Städte und Gemeinden* mit Blick auf ihre kommunale Planungsverantwortung, aber genauso bezüglich ihrer gemeindlichen Besonderheiten, wichtige Planungsgrößen. Je nach territorialem Ausmaß sind auch hier noch einmal Teilräume einer kommunalen Altenhilfeplanung zu umschreiben. Um in diesem Planungsaggregaten Berechnungen durchführen zu können, werden diese allgemein durch die Annahme *stabiler Entwicklungen* oder aber *dynamischer Trends* (etwa: demografischer Wandel) bestimmt. Dadurch entstehen unterschiedliche Spannbreiten der Prognosen, je nachdem, wie solche Entwicklungen im Detail eingeschätzt werden und mit welchen Spannbreiten die jeweiligen Teilentwicklungen in die Gesamtbetrachtung einfließen.

Als gruppenspezifische Lebenslagen wurden u. a. bereits erarbeitet:

- Perspektiven von Gesundheit und Pflege,
- Besonderheiten hinsichtlich Wohnen sowie Mobilität,
- Abbau der sozialen Netzwerke,
- spezifische Herausforderungen der Arbeitswelt,
- migrationsspezifische Aspekte der Lebenslagen Älterer,
- Altersarmut.

Daraus ergeben sich für die Methoden der Altenhilfeplanung ebenso spezifische Anforderungen mit Blick auf die bereitzustellenden Daten und Perspektiven. So sind die *Prognosen der Bedarfe* bezüglich Gesundheit und Pflege gerade dann von Bedeutung, wenn die medizinischen und pflegerischen Angebote reflektiert und entwickelt werden sollen. Reflexionen auf *(technische) Innovationen* hinsichtlich Gesundheit und Pflege, aber auch bezüglich der Arbeitswelt ergeben Hinweise darauf, wie für diese besonderen Planungssektoren der Altenhilfe Unterstützungsdienstleistungen erarbeitet oder aber technische Unterstützungsmöglichkeiten entwickelt werden können. Die Berücksichtigung oder gar Entwicklung von *neuen Wohn- und Baukonzepten* hat bereits in vielfältigen Formen Eingang in die Sozialplanung für ältere Menschen gefunden, etwa wenn es darum geht, intergenerationales Wohnen, barrierefreies Wohnen oder aber auch veränderte Verkehrs-,

Bau- oder Stadt(teil)entwicklungsprojekte gerade mit Blick auf die älteren Generationen umzusetzen. Die Veränderung von *Bau-, Verkehrs- und Mobilitätsplanung* allgemein führt dazu, dass in diese Planungskontexte die Fragen von SeniorInnen eigens integriert und mit weiteren Planungsperspektiven (Jugend, Familie, Inklusion von verschiedenen Bevölkerungsgruppen etc.) verbunden werden können. Nicht zu unterschätzen für die Weiterentwicklung der Altenhilfeplanung ist der *Ausbau formaler sozialer Netzwerke*, die durch professionelle ebenso wie durch freiwillige Kräfte möglicherweise reduzierte private Netzwerke ergänzen und bereichern können. Hierzu bedarf es uneingeschränkt der Erweiterung professioneller Ressourcen, entweder um diesen Ausbau eigenständig zu leisten, oder aber, um diesen Ausbau durch freiwilliges Engagement aus dem Wohnumfeld der älteren Menschen zu begleiten.

Von zunehmend größerer Bedeutung wird in der deutschen Einwanderungsgesellschaft der *transkulturelle Umgang mit den pluralen Selbst- wie Fremdbildern Älterer* (zum Konzept der Transkulturalität in der Pflege als jeweils individuelle Ausdrucksgestalt der Erfahrungen mit verschiedenen Kulturen vgl. Dibelius und Uzarewicz 2006, S. 147 ff.). Insofern bedarf es einer kulturell diversifizierten Planungspraxis, die mit ihren Methoden auch Besonderheiten einzelner Teilgruppen in den Blick zu nehmen vermag. Zudem muss Altenhilfeplanung auch Methoden bereitstellen, um den interkulturellen diversifizierten Alltag von BürgerInnen infrastrukturell angemessen unterstützen, begleiten und eventuell kompensieren zu können. Eine weitere Pluralisierung westlicher Gesellschaften scheint sich durch die in jüngerer Zeit wieder verstärkende Spaltung von arm und reich zu ergeben. Daraus folgen Notwendigkeiten von *armutsfesten Dienstleistungsangeboten* für Ältere, die unter planerischer Hinsicht möglichst geringe Barrieren für von Armut betroffenen älteren Menschen aufweisen und zugleich eine angemessene Ausstattung der Infrastrukturen und Organisationen mit finanziellen Ressourcen gewährleisten. Somit ist die ausdrücklich betriebswirtschaftliche Kompetenz der Altenhilfeplanung nicht zuletzt mit Blick auf die Armutsbevölkerung besonders zu betonen. Dies gilt umso mehr hinsichtlich der *Kompensationsmaßnahmen für Altersarmut*, welche gerade in den üblicherweise nicht sonderlich armutsfesten Sektoren wie etwa Gesundheit (mit ihren Zuzahlungsmodalitäten) oder Mobilität (mit ihrer privat finanzierten Realisierung) u. v. a. m. gestaltet werden müssen.

Für den Einsatz der Methoden sind weiter von Bedeutung die konkreten Konsequenzen politischer Rahmenvorgaben. Zu diesen, so wurde bereits gezeigt, zählen u. a. der *Zusammenhang von regionaler und lokaler Planung*, insofern beide Ebenen miteinander in Wechselwirkung stehen und somit von zumindest ähnlichen Planungsgrundsätzen und -perspektiven geprägt sein sollten. Auch *der Wohlfahrts- sowie der Pflegemix* prägen die Altenhilfeplanung in besonderer Weise, da sie die

Notwendigkeit steigern, kooperativ, integriert und in hybriden Erbringungskontexten abgestimmt zu planen. Sodann ist die *pflegerische Versorgungskette*, welche die verschiedenen Pflegedienstleistungen fallspezifisch kombiniert, strukturell dadurch abzusichern, dass Altenhilfeplanung die grundsätzlich notwendigen Dienste und Einrichtungsformen in hinreichendem Ausmaß vorsieht. Dass *verschiedene KundInnentypen* die Angebote der Altenhilfe in Anspruch nehmen können und zum größten Teil auch müssen, bedeutet für deren Planung, dass ein *Matching* pluraler Lebensentwürfe, pluraler Lebenslagen sowie kommunal geplanter und von den Leistungserbringern definierter Angebote angestrebt werden muss. Dies kann sicherlich angesichts der bislang eher geringen Erfahrungswerte nur durch breit angelegte dialogische Planung und eine Vielzahl von Pilotversuchen verwirklicht werden.

Konkret lassen sich diese Maßgaben unter qualitativer Hinsicht mit Blick auf folgende Aspekte methodisch umsetzen (vgl. Blaumeiser et al. 2002, S. 162 ff.): Zunächst zu nennen sind die verschiedenen *Akteure*, die als Betroffene, AdressatInnen sowie Hauptverantwortliche unterschiedliche Ansprüche an die Planung und unterschiedliche Aufgaben für die Planung wahrnehmen können. So werden die Betroffenen eine zentrale Bedeutung spielen müssen bei der Ermittlung der Bedarfe. Die AdressatInnen in einem weiter gefassten Sinne können das soziale Umfeld (etwa Angehörige oder NachbarInnen), aber auch die wirtschaftlichen Akteure (z. B. von Seiten der Zuliefernden, der Konkurrenzunternehmen etc.) in verschiedener Weise darstellen. Bezüglich der *Maßnahmen* lassen sich unterscheiden die methodische Erarbeitung von Informationen wie Werbung, Beratung, sodann Kommunikation und Partizipation wie Reflexion, Öffentlichkeitsarbeit, aber auch Vernetzungen im territorialen Umfeld, Finanzmaßnahmen hinsichtlich Förderungen, Controlling u. a. sowie schließlich Strukturausbau, Personalentwicklung und Aus- und Weiterbildung. In allen diesen vielfältigen Handlungsbereichen ist methodische Kompetenz der Altenhilfeplanung in einer sehr spezifischen, weil auf das jeweilige Zielfeld hin orientierten, Weise gefordert.

Methoden der Altenhilfeplanung verbinden die politischen Maßgaben mit diesen fachlichen Qualitäten, indem sie z. B. rechtliche Maßgaben und Spielräume ausloten, um auf diese Weise die eigenen Handlungsmöglichkeiten realistisch einschätzen zu können. Ferner verbinden die Methoden der Altenhilfeplanung politische Programmatiken mit fachlichen Qualitäten, denn auf diese Weise können politischer und fachlicher Diskurs in der Altenhilfeplanung methodisch reflektiert zusammengeführt werden. Damit kann auch Konzeptentwicklung unter diesen beiden Blickwinkeln betrieben werden, so dass die Methoden der Altenhilfeplanung fachliche Qualitäten ebenso transportieren wie sie politische Interessen verwirklichen helfen. Dies geschieht nicht zuletzt dadurch, dass Methoden der Altenhilfeplanung die politische Prioritätenbildung durch Empfehlungen u. ä. begleiten, indem sie mit allgemein gültigen Erhebungs- und Bewertungsinstrumenten fachlich qualifizierte Antworten auf die politisch relevanten Fragen formulieren. Ferner können diese Methoden die räumliche Planung gemäß den Vorgaben differenziert ausgestalten, da sie ja der räumlichen Planung entnommen sind und mit diesem Planungsansatz mit denjenigen anderer Fachplanungen korrelieren. Schlussendlich können sie auch die Indikatoren entsprechend politischen wie fachlichen Gesichtspunkten erarbeiten und kommunizieren, so dass auf diese Weise die Definition der Ziele ebenso wie die Messung von deren Erreichung fachlich qualifiziert erfolgt und zugleich den politisch und verwaltungsspezifisch definierten Vorgaben entsprechen kann.

Methoden der Altenhilfeplanung auf Landesebene
Die statistischen Landesämter legen in regelmäßigen Abständen Hochrechnungen für die Personenkreise vor, die in den kommenden Jahren voraussichtlich pflegebedürftig werden dürften (vgl. etwa Statistisches Landesamt BW 2014). Zu diesem Zweck werden verschiedene Datenreihen miteinander verbunden: Zunächst die Vorausberechnung für die Entwicklung der Bevölkerungszahlen, sodann der aktuelle Anteil derjenigen Personen, die faktisch stationäre Pflege in Anspruch nehmen (siehe Abb. 4.5). Mitunter können auch weitere Zusammenhänge erhoben und

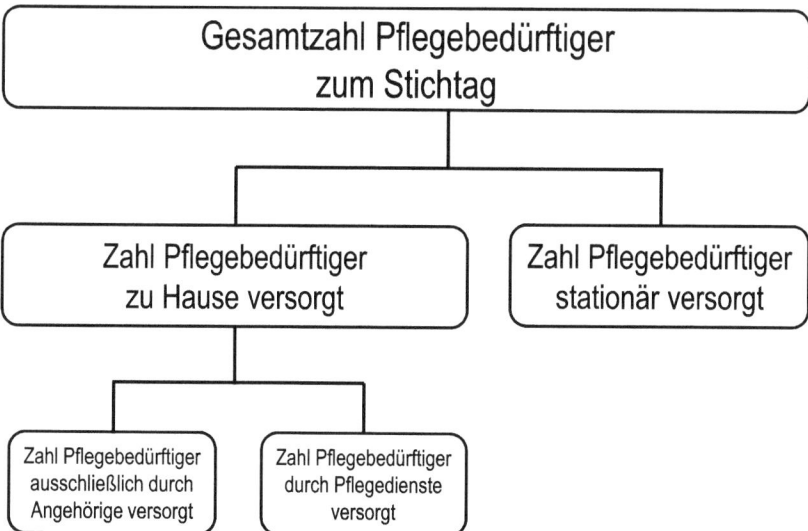

Abb. 4.5 Eckdaten Pflegestatistik. (Quelle: Eigene Darstellung (in Anlehnung an Statistisches Landesamt BW 2012) © A. Böhmer)

anhand der Bevölkerungsstatistiken fortgeschrieben werden, so etwa die mögliche Nutzungsrate für ambulante Pflegeversorgung. Aufgrund der Trennung von Altenhilfeplanung im weiteren Sinne und Pflegebedarfsplanung im engeren Sinne liegen flächendeckende Zahlen für weitere Aspekte der Altenhilfeplanung (etwa offene Seniorenangebote, freiwillig in diesem Sektor engagierte Personen o. a. m.) für gewöhnlich nicht vor.

Da sich jedoch die landesweiten Zahlen je nach Region und Kommune nochmals deutlich unterscheiden können, muss für eine zielgenaue Planung nach Planungsregionen und nach kommunalen Planungsräumen unterschieden werden. Je nach Wanderungsbewegungen verschiedener Bevölkerungsgruppen lassen sich so zum Teil deutliche Unterschiede feststellen und für die künftige Planung zu Grunde legen. Dabei ist eine Problematik aller Prognosen auch für die Pflegebedarfsplanung bzw. für die, falls sie durchgeführt wird, Altenhilfeplanung im weiteren Sinne von Bedeutung: Prognosen als sog. *Status-quo-Rechnungen* können sich immer nur auf die aktuellen Daten und mehr oder minder vagen Fortschreibungen dieser Zahlenreihen stützen. Inwiefern sich aktuelle Sachverhalte tatsächlich schlicht in die Zukunft verlängern lassen oder ob nicht vielmehr weitere Trends, Entwicklungen und einschneidende Ereignisse auch noch gänzlich andere Sachverhalte in der Zukunft hervorrufen werden, lässt sich zum Zeitpunkt der Prognose nicht vorhersagen. Insofern sind alle diese Planrechnungen mit einem deutlichen Unsicherheitsfaktor behaftet. Um überhaupt Planungsgrundlagen zu haben, sind daher Hochrechnungen durchaus hilfreich; ihre Nutzung muss jedoch stets mit der gebotenen Vorsicht, unter Vorbehalt und mit jeweils zeitnahen Anpassungen erfolgen.

Doch nicht allein Unwägbarkeiten der zeitlichen Entwicklungen erschweren die Vorausberechnung der Altenhilfeplanung, sondern auch die – zunehmenden – Diversifizierungen in der Bevölkerung machen einer einheitlichen Prognose rasch einen Strich durch die Rechnung. „Da sich die Pflegehäufigkeiten sowohl nach dem Geschlecht wie auch nach der Art der Pflege stark unterscheiden und auch nach den Altersjahren variieren, wurden die Pflegehäufigkeiten für die einzelnen Jahrgänge nach dem Geschlecht sowie nach der Art der Pflege getrennt ermittelt." (Statistisches Landesamt BW 2014) Wie bereits andernorts gezeigt, sind weitere Bruchkanten der Vereinheitlichung von Altenhilfe und Pflege im Hinblick auf kulturelle, milieuspezifische und viele weitere Differenzen anzusetzen. Doch auch mit den zuvor erwähnten Unterscheidungen hinsichtlich Geschlecht, Pflegeart und Lebensalter gehen weitere Unsicherheiten einher. Denn es ist keineswegs ausgemacht, dass sich angesichts der Verlängerung der Lebenszeit damit auch die Pflegenotwendigkeit analog verlängert (vgl. Kompressionsthese). Hinzu kommen Veränderungen in der Bevölkerungsstruktur, die etwa im Hinblick auf intergenerationales Wohnen und die damit verbundene innerfamiliäre Möglichkeit zur Pflege deutlichen Wandlungen unterliegt. Somit kann es sein, dass andere Pflegeformen (wie etwa stationäre oder gewandelte ambulante) in Zukunft von größerer Bedeutung sein werden und dass darüber hinaus die bislang eher strikte Trennung von offener Altenarbeit, Pflege und sozialräumlicher Netzwerkarbeit künftig sehr viel stärker durch eine Verschränkung dieser und weiterer Dienstleistungsfelder ersetzt werden könnte.

Methoden der Altenhilfeplanung auf kommunaler Ebene
Um die Bedarfe der Altenhilfe, und auch hier wieder insbesondere der Pflege, auf kommunaler Ebene erheben und prognostizieren zu können, muss von den grundsätzlichen Prognoseverfahren her ganz ähnlich wie auf Landesebene vorgegangen werden. Insbesondere in ländlichen Gebieten obliegt es zunächst dem Landkreis, Planungsprozesse in den Feldern der Pflege sowie eventuell auch der Altenhilfe allgemein umzusetzen. Zu diesem Zweck wird in mehrjährigen Abständen die Vorausberechnung der Pflegebedarfe auf Landkreisebene in integrierter Form verwirklicht. Dabei werden verschiedene Interessengruppen (stakeholder) in den verschiedenen Phasen des Planungsprozesses beteiligt.

Zu diesem Zweck wird zunächst ein mitunter durch Landesrecht (vgl. § 4 Abs. 3 Landespflegegesetzes BW) definierter Pflege-Beirat herangezogen, um auf diese Weise eine allgemeine Expertise für den Planungsprozess gewinnen zu können. Die verschiedenen Städte und Gemeinden innerhalb des Landkreises können ebenso wie die Träger von ambulanten, teilstationären und stationären Pflegedienstleistungen im Rahmen der Bestands- und der Bedarfserhebungen eingebunden werden. Des Weiteren lassen sich diskursive Elemente der Altenhilfeplanung auf kommunaler Ebene dadurch verwirklichen, dass die kommunalen Verantwortlichen wie BürgermeisterInnen oder DezernatsleiterInnen, aber mindestens ebenso sehr auch die Interessenvertretungen der älteren Menschen (KreisseniorInnenrat o. ä.), wenn möglich in regelmäßigen Abständen, um ihre Einschätzungen und Rückmeldungen gebeten werden. Je nach Größe des Landkreises und Differenz der Städte und Gemeinden sollten weitere Binnendifferenzierungen innerhalb der Bedarfs-, aber auch der Infrastrukturplanungen erfolgen. Die Federführung für solche Prozesse liegt in den Händen des zuständigen Ressorts für Sozialplanung in der Verwaltung des Landkreises.

In Analogie zur bereits umrissenen Pflegebedarfsplanung auf Landesebene lässt sich nun auch für die kommunale Ebene ein entsprechender Ablauf der Pflegeplanung skizzieren (siehe Abb. 4.6). Um beispielsweise den Bedarf an stationären Pflegeplätzen ermessen zu können, werden zunächst *Pflegequoten* gebildet, die sich aus der aktuellen Bevölkerungszahl und den faktischen BewohnerInnen-

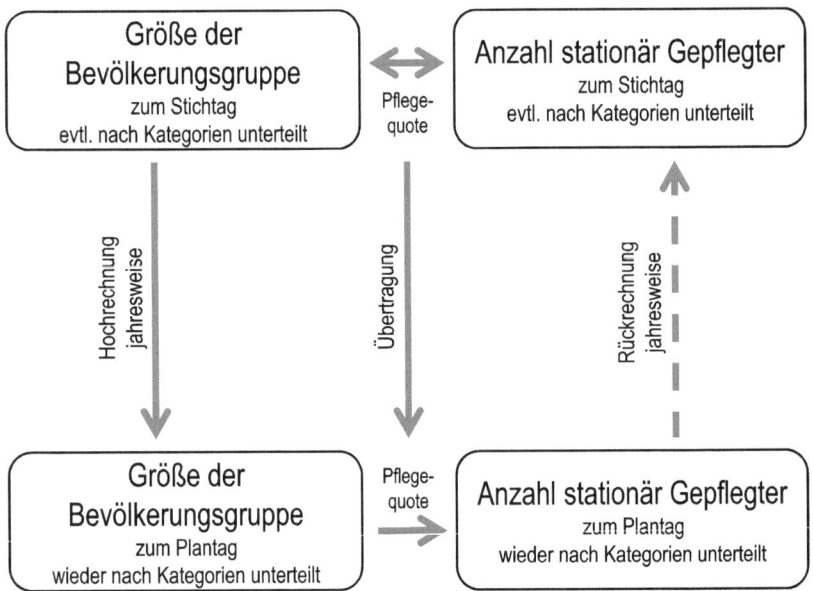

Abb. 4.6 Stationäre Pflege in der kommunalen Altenhilfeplanung. (Quelle: Eigene Darstellung © A. Böhmer)

Zahlen der Pflegeheime (Pflegestatistik) ergeben. Diese Quoten können nach Altersgruppen, Geschlecht und eventuell zusätzlichen Kategorien noch weiter differenziert werden. Auf Grundlage dieser Daten können sodann mittel- und langfristige Hochrechnungen für den künftigen Bedarf an Pflegeplätzen vorgenommen werden, indem sie mit der Bevölkerungsentwicklung verrechnet werden. Auf die Ambivalenz solcher Hochrechnungen wurde bereits zuvor unter der Perspektive der Landesplanungen aufmerksam gemacht. Grundsätzlich gilt für solche Vorausberechnungen, dass unterschiedliche Trends zugrunde gelegt werden sollten, um auf diese Weise eine Spreizung der Ergebnisszenarien erhalten und somit den Unwägbarkeiten prognostischer Berechnungen zumindest in Ansätzen entsprechen zu können. Zwischen der aktuellen Situation und dem Langfristbedarf können nun die Zuwachs- oder aber Rückbau-Raten pro Jahr ausgewiesen und somit in die jeweilige Jahresplanung überführt werden.

Ähnlich lassen sich auch andere Versorgungsformen in der Altenhilfe wie etwa der Bedarf an ambulanten Pflegedienstleistungen, aber genauso auch unterschiedliche Wohn- oder auch Betreuungsformen errechnen. Stets geht es darum, die Bevölkerungsentwicklung mit den Bedarfsentwicklungen abzugleichen und dabei die jeweiligen Trends möglichst realitätsnah zu antizipieren.

Perspektiven und Reflexionen

Im Unterkapitel Altenhilfeplanung haben Sie unterschiedliche Einblicke in die Lebenslagen der Zielgruppen, rechtliche, regionale, konzeptionelle und methodische Zusammenhänge erhalten. Bitte klären Sie daher folgende Fragestellungen:

- Wie leben SeniorInnen gegenwärtig in unserer Gesellschaft? Welche Bedarfe lassen sich daraus allgemein ableiten und welche Herausforderungen sehen Sie für die Planung der Versorgungssysteme?
- Wie lauten die zentralen Aufgaben der kommunalen Altenhilfeplanung?
- Altenhilfeplanung unterscheidet eine Vielzahl von Feldern – regional oder lokal, Wohlfahrtsmix und Pflegemix, vier Sektoren von Steuerung und Regierung u. v. m. Wie kann die AltenhilfeplanerIn darin ein eigenes Profil entwickeln und welche dezidiert sozialarbeiterischen Fähigkeiten sind dabei von Bedeutung?
- Wie sieht aus Ihrer Sicht eine typische Umsetzung von Altenhilfeplanung in Engelsberg aus? Welche Formate von Teilhabe, Steuerung, Dienstleistungsproduktion und partizipativer Evaluation halten Sie für angemessen?
- Sehen Sie Gemeinsamkeiten von Alten- und Jugendhilfeplanung? Wo machen Sie die deutlichsten Unterschiede zwischen beiden aus? Bitte nutzen Sie auch zur Beantwortung dieser Frage das Fallbeispiel Engelsberg.
- Welche Entwicklungsschritte muss die Altenhilfeplanung machen, um dem demografischen Wandel unserer Gesellschaft entsprechen zu können?

Literatur zur Vertiefung

zur Jugendhilfeplanung

Albus, S., Greschke, H., Klingler, B., Messmer, H., Micheel, H.-G., Otto, H.-U., & Polutta, A. (2010). *Wirkungsorientierte Jugendhilfe. Abschlussbericht der Evaluation des Bundesmodellprogramms „Qualifizierung der Hilfen zur Erziehung durch wirkungsorientierte Ausgestaltung der Leistungs-, Entgelt- und Qualitätsvereinbarungen nach §§ 78a ff. SGB VIII".* Münster: Eigenverlag.

Kaum eine Debatte hat die Jugendhilfe den zurückliegenden Jahren intensiver beschäftigt als diejenige um die Wirkungsorientierung. Der Abschlussbericht der Evaluation des Bundesmodellprogramms bietet eine Vielzahl von fachwissenschaftlich abgesicherten Argumenten und Einblicken, welche die Diskussion um die Wirkungsorientierung versachlichen, aber angesichts ihrer Komplexität durchaus auch anspruchsvoll gestalten werden.

Bock, K. (2008). Einwürfe zum Bildungsbegriff. Fragen für die Kinder- und Jugendhilfeforschung. In H.-U. Otto & T. Rauschenbach (Hrsg.), *Die andere Sei-*

te der Bildung. Zum Verhältnis von formellen und informellen Bildungsprozessen (2. Aufl., S. 91–106). Wiesbaden: VS Verlag für Sozialwissenschaften.

Vor dem Hintergrund der PISA-Studien skizziert die Verfasserin sozialpädagogische Gesichtspunkte des Bildungsbegriffs. Angesichts der Bedeutung von Bildung in ihren unterschiedlichen Facetten für die Vergesellschaftung von Kindern und Jugendlichen lotet sie damit ein zentrales Orientierungskonzept der Jugendhilfeplanung aus.

Merchel, J. (2010). Planung in den zentralen Leistungsfeldern der Kinder- und Jugendhilfe. In S. Maykus & R. Schone (Hrsg.), *Handbuch Jugendhilfeplanung. Grundlagen, Anforderungen und Perspektiven* (3. Aufl., S. 189–219). Wiesbaden: Springer.

Der intime Kenner der Jugendhilfeplanung in ihren vielfältigen Schattierungen untersucht an zentralen Beispielen der Kinder- und Jugendhilfe, welche aktuellen Herausforderungen, aber auch künftige Ansprüche an die Jugendhilfeplanung formuliert werden können.

Simon, T. (2010). *Kommunale Jugendhilfeplanung. Ein Arbeitshandbuch für Ausbildung und Praxis* (7. Aufl., S. 64–84). Wiesbaden: Kommunal- und Schul-Verlag.

In diesem Abschnitt formuliert der Verfasser vielfältige Hinweise zur Praxis der Jugendhilfeplanung. Dabei werden nicht nur eine Vielzahl von Akteuren und möglichen Methoden benannt, sondern es werden auch Probleme der Beteiligung von Kindern und Jugendlichen sowie Möglichkeiten einer „offensiven Jugendhilfe" beschrieben.

zur Altenhilfeplanung

Asam, W. (2010). Kommunale Alten(hilfe-)planung und SGB XI. In K. Aner & U. Karl (Hrsg.), *Handbuch Soziale Arbeit und Alter* (S. 59–66). Wiesbaden: VS Verlag für Sozialwissenschaften.

Der Verfasser ordnet die „neue Rolle der Kommunen am ‚Pflegemarkt'" historisch und systematisch ein und macht deutlich, wie Fall- und Infrastrukturmanagement für die kommunale Daseinsvorsorge hinsichtlich Pflegebedürftigkeit und Existenzsicherung verzahnt werden können.

Bönke, T., Faik, J., & Grabka, M. (2012). Tragen ältere Menschen ein erhöhtes Armutsrisiko? Eine Dekompositions- und Mobilitätsanalyse relativer Einkommensarmut für das wiedervereinigte Deutschland. *Zeitschrift für Sozialreform, 58*(2), 175–208.

In dieser Veröffentlichung wird der Frage nachgegangen, inwieweit sich die Altersarmut in den zurückliegenden Jahren entwickelt hat. Die Verfasser zeigen auf, dass sich die Armut für ältere Menschen weniger ausgeprägt entwickelt hat als bei jüngeren Gruppen, dass aber die Wahrscheinlichkeit steigt, in Altersarmut zu verbleiben.

Rehling, B., Klein, L., & Stallmann, L. (2011). Kommunale Planung und Entwicklung in der alternden Gesellschaft. Der demografische Wandel als Herausforderung und Chance. *Theorie und Praxis der Sozialen Arbeit, 4,* 268–277.

Der demografische Wandel wird in diesem Aufsatz als hochkomplexes und differenziertes Phänomen gekennzeichnet, dem jedoch durch mindestens fünf Strategien sozialplanerisch sinnvoll begegnet werden könne: Definition geeigneter Indikatoren zum Zweck des „Demografiemonitorings", Bearbeitung quer durch alle Ressorts der Kommunalverwaltung, generationenübergreifende Sozialplanung, Beteiligung von BürgerInnen sowie das Konzept einer „bürgerorientierten Kommune". Zur Erläuterung dieser fünf Kriterien werden konkrete Praxisbeispiele vorgestellt und unter der Gesamtfrage des demografischen Wandels diskutiert.

Rohden, K. S., & Villard, H. J. (2010). Kommunale Alten(hilfe-)planung – Rahmung und Standards. In K. Aner & U. Karl (Hrsg.), *Handbuch Soziale Arbeit und Alter* (S. 51–57). Wiesbaden: VS Verlag für Sozialwissenschaften.

Die VerfasserInnen zeigen pointiert und komprimiert die wichtigsten rechtlichen und planerischen Rahmenbedingungen kommunaler Altenhilfeplanung auf und skizzieren die dabei angemessenen Standards, welche nicht allein das Anfertigen von Plänen, sondern mehr noch deren Entstehung und ihre Bedeutung für Lernprozesse und Entwicklung kommunaler Kulturen in den Blick nehmen.

Tesch-Römer, C., Motel-Klingebiel, A., & Wurm, S. (2010). Die zweite Lebenshälfte: Befunde des Deutschen Alterssurveys und ihre Bedeutung für Politik und Gesellschaft. In C. Tesch-Römer, A. Motel-Klingebiel, & S. Wurm (Hrsg.), *Altern im Wandel. Befunde des Deutschen Alterssurveys (DEAS)* (S. 284–302). Stuttgart: Kohlhammer.

Die AutorInnen bieten einen knappen, zusammenfassenden und reichhaltigen Überblick über die vielfältigen Facetten des Alterns, seiner aktuellen Wandlungen und deren Konsequenzen, die sich nicht zuletzt für die Sozialplanung ableiten lassen.

Perspektiven: Potentielle Weiterentwicklung der Sozialplanung

> Die hier vorgelegten abschließenden Einschätzungen zu Verfahren und Handlungsfeldern der Sozialplanung nehmen einige der zuvor entwickelten Gedanken nochmals ausdrücklich auf, führen die Entwicklungslinien im Hinblick auf künftige Möglichkeiten weiter und bieten Ihnen insofern die Chance, das bislang Erlernte für Ihre eigene Berufspraxis zukunftsfähig anzuschließen. Dabei stehen methodologische, methodische und Handlungsfeld-spezifische Gesichtspunkte mit ihren Möglichkeiten im Fokus der Überlegungen, um auf diese Weise ein Selbstverständnis der Sozialplanung zu erarbeiten, das diesen Wandlungen angemessen ist.

5.1 Methodische und methodologische Reflexion der Verfahren

Verfahren der Sozialplanung werden zumeist als Methodiken verstanden, Verständnisformen also, mit deren Hilfe die Herausforderungen der unterschiedlichen Planungsfeldern in den Blick genommen und praktisch in strukturierter Weise angegangen werden können. Hier sollen diese Blickwinkel zum Anlass genommen werden, eine Reflexion auf solche Verständnisformen zu nutzen, um die potentiellen weiteren Möglichkeiten zu erkennen, mit deren Unterstützung Sozialplanung in einer sich fast kontinuierlich verändernden Gesellschaft ihre Aufgaben wahrnehmen kann.

© Springer Fachmedien Wiesbaden 2015
A. Böhmer, *Verfahren und Handlungsfelder der Sozialplanung,*
Basiswissen Soziale Arbeit 2, DOI 10.1007/978-3-658-03320-0_5

5.1.1   Der Planungskreislauf als eine mögliche Heuristik

Im vorliegenden Band wurde der Planungskreislauf als graphisches wie methodisches Konstrukt gewählt, um die hier angesetzte Planungslogik in eine Form zu gießen. Dies ist durchaus naheliegend und auch für die Planungen kommunaler Dienstleistungen im sozialen Feld gebräuchlich, wie die verschiedenen Konzepte des Managementkreislaufes und jene für die Sozialplanung im Besonderen (vgl. MAIS NRW 2011; VSOP 2008) belegen. Bereits wiederholt wurde allerdings auch darauf aufmerksam gemacht, dass solche zirkuläre Planungsschemata sich nicht durchgängig in der Praxis finden lassen, nach bislang vorliegenden empirischen Hinweisen (vgl. Schubert 2014; Fischer et al. 2012; Adam et al. 2010) mitunter sogar gänzlich vermisst werden müssen.

Dies kann mindestens zwei verschiedene Gründe haben: Manchmal wird schlicht ein anderes Planungskonzept realisiert. Gerade im Hinblick auf dialogische und inkrementelle Planungsansätze sind einzelne Kommunen dazu übergegangen, ihre Sozialplanung eher als Moderatorin offener Dialogprozesse zu verstehen, der es dann besonders zukommt, für die Regelmäßigkeit des Austausches, die angemessene Besetzung der Dialogteilnahme und die Vermittlung zwischen NutzerInnen, Leistungsanbietern und Kostenträgern zu sorgen. Ein anderer Grund mag darin bestehen, dass ein klares Planungskonzept in einzelnen Kommunen einfachhin fehlt. In solchen Fällen sind die SozialplanerInnen formal nicht selten auf das Versammeln von Daten konzentriert, ohne jedoch einen klaren und systematischen Ablauf für die Auswertung der Daten, deren analytische Nutzung für die Entwicklung neuer Angebote, die Umsetzung dieser Dienstleistungen sowie Evaluation und Controlling zu gewährleisten.

Für den erstgenannten Fall eines anderen Planungsansatzes kann der hier vorgestellte Planungskreislauf eine Heuristik bieten, die erkennen lässt, welche möglichen Schritte im Planungsdialog angeboten werden könnten. Für den zweiten Fall dient der Planungskreislauf eher als angemessene Form, die allerdings erst noch administrativ und politisch als Ziel entdeckt werden müsste. Darüber hinaus ließen sich auch weitere Planungskonzepte anwenden, die in ihrer analytischen Passgenauigkeit mitunter bessere Nutzbarkeit erwarten lassen, die jedoch aufgrund ihrer konzeptionellen wie pragmatischen Komplexität für den Planungsalltag als nicht fortwährend nutzbar erscheinen (vgl. etwa das Modell der Koppelung zweier spezifischer Planungsmodule in Wiechmann 2008).

5.1.2   Die Verfahren der Sozialplanung als Methoden der Analyse und Prognose

Die Verfahren der Sozialplanung kommen an sehr unterschiedlichen Stellen des Planungskreislaufes zum Einsatz. Dabei sind sie nicht immer zwingend auf einen einzigen Ort im Kreislauf verwiesen. Vielmehr ist ihr Einsatz davon anhängig, in welchen Phasen sie jeweils sinnvolle Aussagen über die verschiedenen Planungs-anforderungen zu formulieren verhelfen.

Dabei können ihre Aussagegehalte als analytisch oder prognostisch verstanden werden – also als ausgerichtet auf die bisherigen Erfahrungen oder auf die künf-tigen Handlungsmöglichkeiten. Diese Erfahrungen und Handlungsmöglichkeiten beschränken sich dabei jedoch nicht auf den (relativ) engen Kreis derjenigen Ge-sichtspunkte, die innerhalb des Planungsprozesses selbst zutage treten. Vielmehr sind auch diejenigen Felder betroffen, in denen die BürgerInnen der Kommune, die Träger der sozialen Dienstleistungen oder auch die Kommune in anderen Be-reichen der Daseinsvorsorge (z. B. Energie, Mobilität, Bauen u. v. m.) bereits über Erfahrungen verfügen oder aber sich besonderen Aufgaben gegenüber sehen. In-sofern sollen im Folgenden einige Themenfelder benannt werden, die verschiede-ne Methoden betreffen und gewissermaßen „quer" zu ihnen verlaufen, also gleich mehrere Methoden in der Sozialplanung prägen.

Mit Blick auf das Methodenspektrum lassen sich hier beispielsweise Ansätze der *NutzerInnenbeteiligung* erkennen, die bei Interessenerkundungen, Sozialrau-manalysen, Bedarfsermittlungen, Evaluationen und etlichen weiteren Planungs-schritten sinnvoll erscheint. Formen der Gewinnung, Beteiligung und weiterge-henden Information sind gerade deshalb so anspruchsvoll, weil die NutzerInnen üblicherweise recht heterogen und somit schwer als Gesamt ansprechbar sind. Hier sind beispielsweise Milieuspezifika ebenso wichtig wie die unterschiedlich vor-handenen Expertisen und deren Ausdrucksformen. Methoden der Sozialplanung stehen in diesem Zusammenhang vor besonderen Herausforderungen.

Die *Rekonstruktionen von subjektiven und gruppenbezogenen Wahrnehmungen, Positionen und Gestaltungsformaten* stellen sodann weitere methodische Gesichts-punkte dar. Hierbei geht es nämlich, fast in Fortführung des zuvor dargestellten Gedankens, um die Erfassung der heterogenen Standpunkte und Handlungsmög-lichkeiten, wie sie etwa in der Sozialstrukturanalyse, der Indikatorenplanung oder auch der Erprobung und Auswertung der Pilotphasen neuer Maßnahmen auftreten können. Auch hier besteht die Herausforderung insbesondere darin, die für die Ver-wirklichung der verschiedenen eingesetzten Methoden notwendigen Daten in der sozialen Durchmischung zu generieren, die für die Verschiedenheit der NutzerIn-nen aussagekräftig genug sind.

Mithilfe von *Sekundäranalysen* statistischer und diskursiver Darstellungen lassen sich sodann die erforderlichen Daten erarbeiten, die für die methodische Umsetzung der Verfahren der Sozialplanung und für ihre verschiedenen Handlungsfelder benötigt werden. Für die Methoden in der Sozialplanung ist insbesondere darauf zu achten, mit Hilfe welcher komplexen Planungsschritte sich die nötigen Datenbezüge und -formate auffinden sowie in angemessenen methodischen Zugängen auswerten lassen.

Eine vermutlich erhebliche Herausforderung stellt die *Aktivierung von* politischen, administrativen, öffentlichen, verbandlichen u. a. *Strukturen* durch Kontaktarbeit mit PolitikerInnen, Mitarbeitenden der Verwaltung in Kommune oder bei den Trägern sowie mit den NutzerInnen dar. Auch gemeinsame Diskurse der jeweiligen Personenkreise sowie der Verantwortlichen in den o. g. Strukturen können für die Aktivierung Letzterer nutzbar gemacht werden. Methodisch ist an dieser Stelle festzustellen, dass hierbei zwar unterschiedliche diskursive und strategische Schrittfolgen als besonders angemessene ausgearbeitet werden können; ein methodisch abgesicherter Prozessverlauf hingegen lässt sich aufgrund der Vielgestaltigkeit der Akteursinteressen, -milieus und -zugänge nur schwerlich festlegen. Insofern kann hier auch von einer Methodik eigentlich nur im weiteren Sinne gesprochen werden, da die erforderlichen Einsichten in förderliche Ablaufzusammenhänge bestenfalls in Ansätzen gegeben sind und jeweils fall- und adressatInnenspezifisch verwirklicht werden müssen.

Schlussendlich lässt sich im Hinblick auf die Methoden innerhalb der Sozialplanung feststellen, dass jene von *Einzelhilfe, Gruppen- sowie Gemeinwesenarbeit* durchaus ihre Verwendung finden können. Ursache dafür ist unter methodischer Hinsicht, dass sowohl in Konstellationen mit einzelnen Personen, sowie (wohl mehrheitlich) mit Gruppen und letzten Endes auch mit Gemeinwesen oder gar der gesamten Kommune gearbeitet werden muss. Insofern lassen sich die diesbezüglich andernorts formulierten methodischen Hinweise (vgl. Spiegel 2013; Galuske 2013) *cum grano salis* auch für die Sozialplanung nutzen. Unter methodischer Hinsicht kommt es hier, wie übrigens bei den gesamten an dieser Stelle thematisierten Querschnittsthemen, darauf an, jeweils auf fachliche und kommunalpolitische Aspekte solcher Art zu reflektieren, dass nicht allein methodisch exakt gearbeitet, sondern auch fachpolitisch und im Hinblick auf kommunale wie überörtliche Anforderungen der Sozialpolitik angemessen reflektiert, geplant und agiert werden kann.

5.1.3 Methodologische Anmerkungen zu den Verfahren der Sozialplanung

Methodologisch, also im Hinblick auf die reflexive Metaebene der Anwendung von Methoden in der Sozialplanung, soll an dieser Stelle darauf hingewiesen werden, dass es nicht schlicht darum gehen kann, sozialpolitische Programmatiken für die kommunalen Alltag gewissermaßen „1:1" umzusetzen. Vielmehr wird – aus demokratietheoretischer ebenso wie sozialwissenschaftlicher Perspektive – erkennbar, dass weitere Gesichtspunkte als „Leitplanken" der fachlichen Diskussion fungieren müssen.

So muss insbesondere deutlich werden, dass der Ausgangspunkt sozialplanerischer Reflexion auf die verschiedenen Möglichkeiten und Begrenzungen der Methoden in den *Interessen, Willensbekundungen und Möglichkeiten der beteiligten Menschen* zu sehen ist. Unabhängig nämlich davon, ob diese Menschen als NutzerInnen, PlanerInnen, Angehörige der Verwaltung, Fachkräfte der freien Träger, BürgerInnen in der Kommune oder anderweitig an diesen Prozessen beteiligt sind, wird das Ergebnis, aber auch bereits der jeweilige Verlauf davon abhängen, welche Interessenlagen, welche Äußerungen der unterschiedlichen Willensbildungsprozesse sowie schlicht welche Artikulations- und Aktionsmöglichkeiten vorhanden sind. Innerhalb dieser Gemengelage von Interessen und Willensbekundungen nämlich finden sich die Möglichkeiten, aber eben auch die Begrenzungen zur Anknüpfung des jeweilig konkret umgesetzten Planungsablaufes an die unterschiedlichen Akteure.

Im Hinblick auf die methodische Umsetzung sozialplanerischer Schritte ist weiterhin davon auszugehen, dass nicht allein die Interessen, sondern eben auch die *Eigeninitiative* und die damit einhergehende milieu-, alters- und alterns- oder eben auch sozialraum-spezifische *Selbstbestimmung* von zentraler Bedeutung sind. Methodologisch folgt daraus, dass bei aller zirkulärer Planungskonzeption dennoch mit der Eigeninitiative der Akteure gerechnet werden muss. Auch unter dieser Hinsicht wird kenntlich, dass der hier vorgestellte Planungskreislauf heuristischen Zwecken verpflichtet und nicht ausschließlich empirischen Befunden entlehnt ist. Daher kann nicht davon ausgegangen werden, dass die im Planungskreislauf skizzierten Schritte zwingend nacheinander folgen müssen, und es kann ebenfalls nicht unterstellt werden, dass methodische Zusammenhänge stets auf eine solche positiv besetzte Prozessstruktur aufsetzen. Sehr viel eher kann für die praktische Planungsabfolge angenommen werden, dass die auszuwählenden Methoden einer pragmatischen Einschätzung folgen und je nach Akteurskonstellation und den damit verbundenen Interessen und Eigeninitiativen Gestalt gewinnen.

Für die Prozessperspektive ist des Weiteren davon auszugehen, dass ein *Ressourcenansatz* als angemessenes Rahmenkonzept für den Einsatz der unterschiedlichen Verfahren und der mit ihnen verbunden Methoden geeignet ist. Dies bedeutet, dass in der Planungspraxis insbesondere danach zu fragen ist, welche praktischen, personellen, finanziellen, wissensbezogenen o. a. Bestände vorhanden sind, um mit ihnen den konkreten Planungsprozess ausgestalten zu können. Außerdem muss geklärt werden, welche der vorgenannten Ressourcen zwar zur Realisierung der Planung nötig, aber bislang noch nicht vorhanden sind, um sie auf unterschiedliche Weise dem Planungsprozess hinzuzufügen. An dieser Stelle erweist sich insbesondere die Profession Sozialer Arbeit als methodologische Stichwortgeberin, da sie ebenfalls einen ressourcenorientierten Ansatz verfolgt.

Speziell unter der Perspektive auf die nötigen und die gegebenen Ressourcen zeigt sich das *Zusammenwirken* interessierter und zum Engagement fähiger Menschen *im Sozialraum* als Potenzial, das deutlich weiter zu suchen und zu gewinnen ist, als die üblichen Kontexte des freiwilligen Engagements nahe legen würden. Wird hier Sozialraum verstanden als soziales Gefüge, das sich durch Aneignungsprozesse im territorialen Zusammenhang widerspiegelt, so kann aus diesem Kooperationskontext abgeleitet werden, dass Sozialplanung, ähnlich übrigens wie zahlreiche Handlungsfelder der Sozialen Arbeit, nicht allein auf die methodisch korrekte Abwicklung von Gestaltungsaufgaben angewendet werden kann, sondern als methodologische Grundlegung die Gewinnung und Förderung sozialräumlicher Engagement-Quellen im Blick haben muss. Dies bedeutet, dass Planung einerseits die korrekte Analyse und Prognose sozialer Kontexte innerhalb der Planungsräume vorzunehmen vermag. Andererseits ist sie auch darauf verwiesen, die Ausgestaltung dieser Kontexte zwar nicht selbst zu leisten, jedoch durch ihre Engagement-Kultur-schaffende Praxis zu ermöglichen. Demzufolge ist es nicht beliebig, wie Planungsvorhaben kommuniziert, Planungsprozesse öffentlich dargestellt und dialogisch entwickelt oder aber Planungsergebnisse zur Disposition gestellt werden. Vielmehr ist mit diesen Umsetzungen einer auf Engagement ausgerichteten kommunalen Kultur verbunden, inwiefern sich überhaupt BürgerInnen für ein konstruktives Mitwirken gewinnen lassen. Hinzu kommt das schon mehrfach erwähnte Milieuspezifikum für Engagement, also der Gesichtspunkt, dass sich unterschiedliche Milieus auf unterschiedliche Weise für dann auch nochmals unterschiedliche Ausgestaltungen ihres Engagements bereit zeigen und somit gewinnen lassen. Gerade in diesem Zusammenhang kommt den sozialräumlichen Bezügen, wie oben bereits angedeutet, besondere Bedeutung zu.

Ein Letztes sei unter methodologischer Hinsicht für die Ausgestaltung der Sozialplanung angemerkt. Die methodische Anwendung der einzelnen Planungsschritte im kommunalen Zusammenhang ist stark darauf verwiesen, inwiefern sich

eine *Servicementalität* professioneller Dienste und Einrichtungen als unterstützen-
de Faktoren etabliert hat. Werden nämlich die hauptberuflichen, aber mehr noch
die freiwillig engagierten Akteure nicht hinreichend von der Auftraggeberin, eben
der Kommune, auch in operativer Hinsicht unterstützt, fällt nicht nur alsbald ein
größerer Teil der Motivation einer Vielzahl von Beteiligten aus, sondern auch die
Qualität der einzelnen Schritte leidet dann, wenn ein größeres Maß an Energie auf
die Realisierung von regulären Abläufen verwendet werden muss.

Wurden bislang die methodischen und insbesondere methodologischen Gesichtspunkte der Sozialplanung allgemein reflektiert, so lassen sich daraus auch
deren *Grenzen* ableiten. So ist zunächst anzumerken, dass die *Pluralität der sozialen Räume* dazu führen kann, dass eine einheitliche Planungsgestalt bei sozialräumlicher Ausrichtung der Planungsprozesse nur unter erheblichem Aufwand
verwirklicht werden kann. Zu verschieden sind mitunter die Sichten, Herangehens-
und Reflexionsweisen, als dass sie einfachhin in einem gemeinsamen diskursiven
Zusammenhang versammelt werden könnten. Hier kommt der moderierenden und
strukturierenden Kompetenz der SozialplanerInnen besondere Bedeutung zu.

Ähnlich verhält es sich mit dem *Selbstbestimmungswunsch der NutzerInnen*.
Auch dieser kann mitunter dazu führen, dass verschiedene Interessen aufeinan-
derprallen oder aber unterschiedliche Blickwinkel eine gemeinsame Einschätzung
und darauf fußende gemeinsame Planung verunmöglichen. Auch die *Komplexität
moderner Lebenslagen, -entwürfe und der ihnen innewohnenden Herausforderungen* macht es mitunter schwierig, Planung einheitlich zu fokussieren. Abhilfe kann
hier gelegentlich schaffen, dass Prioritätenlisten eingeführt und abgearbeitet werden, so dass zumindest in zeitlicher Folge verschiedene soziale Herausforderungen Berücksichtigung finden können, die ansonsten um z. B. ähnliche Ressourcen
konkurrieren würden.

Zwar wird von verschiedenen professionellen Akteuren die *politische Mandatierung* ihres Handelns durch die NutzerInnen betont, doch es ist mitunter nur
schwer nachweisbar, ob und inwiefern sie *tatsächlich* erfolgt ist. Die praktischen
Prozesse der Sozialplanung sind dadurch begrenzt, dass sie stets nur über eine
bedingte Legitimation durch diejenigen verfügen können, für die sie zu sprechen
und sich in planerischen Zusammenhängen einzubringen betonen. Insofern wird
gerade der „Praxistest" der Annahme und Auslastung neuer Dienste und Einrichtungen auch darüber Auskunft geben können, inwiefern die zuvor ins Feld geführte
Mandatierung durch die NutzerInnen den Tatsachen entsprach.

Im Hinblick auf die *Ressourcenfrage* ist festzustellen, dass sie zumeist
(kommunal) politisch gesteuert wird. Damit unterliegt sie nicht allein den kommunalpolitischen Ansprüchen an die inhaltliche Ausgestaltung, sondern mindestens
im selben Umfang auch den kommunalpolitischen Prozessregeln und -zeiträumen.

Diese können sich mitunter gravierend von denjenigen der freien Träger und erst recht von denen der NutzerInnen selbst unterscheiden. Insofern kommt es umso mehr darauf an, solche verwaltungstechnischen Limitationen in angemessener Weise zu kommunizieren, um auf diese Weise Transparenz im Hinblick auf die BürgerInnen der Kommune gewährleisten zu können.

Ebenfalls nicht immer ganz leicht zu bearbeiten ist die Problematik, dass *fachliche Herausforderungen ebenso subjektiv wie infrastrukturell* beantwortet werden müssen. Dabei kann es durchaus Differenzen geben, die sich aus unterschiedlichen Vorinformationen, biografisch oder auch milieuspezifisch bedingten Erwartungen sowie den verschiedenen Bewertungen der Ergebnislagen – auf subjektiver wie auf infrastruktureller Seite, also bei NutzerInnen wie bei der Verwaltung oder Kommunalpolitik – ergeben. Hier kommt sicherlich noch hinzu, dass unter den gegebenen sozialpolitischen Transformationsprozessen (vgl. etwa Lessenich 2013; Böhmer 2013a, b) das Thema der *Armut* und der von ihr eingegrenzten Teilhabe-, Artikulations- und Durchsetzungsmöglichkeiten zunehmend mehr Bedeutung bekommen dürften. Auch diese Begrenzungen beziehen sich auf individuelle und strukturelle Prozesse zugleich, da sie nicht allein einzelne Biografien in ihren Ausgestaltungsmöglichkeiten begrenzen, sondern zugleich auch die strukturell relevanten Ressourcen der Individuen im Hinblick auf deren Mitwirkungen und die strukturell gebundenen Ressourcen im Hinblick auf die Kompensation von armutsbedingten Krisenlagen massiv einschränken können.

Methodologische Perspektiven unter den hier skizzierten Anforderungen und Einschränkungen sind zunächst die Bemühungen um möglichst frühzeitigen *Kontakt mit den verschiedenen gesellschaftlichen Wandlungsprozessen.* Insofern sind nicht allein sozialwissenschaftliche Analysekonzepte für einzelne planerische Aufgaben von methodischer Bedeutung, sondern mehr noch die sozialwissenschaftliche Grundlagenforschung, die eine Reflexion dieser Methodeneinsätze ermöglicht. Folglich kann eine angemessene Sozialplanung sich nicht allein durch die notwendige Methodenkompetenz der Planungsverfahren legitimieren, sondern mindestens ebenso sehr durch die Reflexion auf und Berücksichtigung von sozialwissenschaftlichen Grundlagen.

Eine solche fachwissenschaftliche Vertiefung der feldbezogenen Planungsabläufe kann sodann einhergehen mit einer ausgeprägten *analytischen Tiefe der Feldbeobachtungen.* Hier nämlich kommt es insbesondere darauf an, die aus den Sozialwissenschaften herangezogenen Erkenntnisse mit dem Verfahren der Sozialplanung in einer solchen Weise zu verbinden, dass daraus den gesellschaftlichen Transformationen entsprechende Erhebungs- und Interpretationsformen resultieren. Dies kann beispielsweise für die zuvor genannten Armutsentwicklungen gelten, aber ebenso sehr auch für Veränderungen innerhalb der Strukturen von Sozialtransfers, der Refinanzierung freier Träger oder aber der Teilhabeformen von marginalisierten Personengruppen.

Es empfiehlt sich ferner, diese analytischen Vertiefungen mit einer *perspektivischen Weite der Handlungs- bzw. Lösungsansätze* zu verbinden. Daher gilt es nicht allein, aktuelle Veränderungsprozesse in den Blick zu bekommen, sondern darauf auch im Rahmen der Sozialplanung angemessene, eventuell aber auch neue und mitunter unkonventionelle Antworten zu formulieren. Dabei sind die jeweiligen normativen und strategischen Grundlagen der Kommunalpolitik ebenso zu berücksichtigen wie jene der Profession Sozialer Arbeit, um nicht allein einen unreflektierten Pragmatismus anzuwenden, sondern mehr noch in bislang unbekannten Planungssegmenten politisch wie fachlich möglichst adäquate Lösungsansätze zu entwickeln.

Solche Lösungsansätze sind zumindest *idealiter* weder problemorientiert noch präventiv, sondern in den *sozialen Räumen der Akteure* verortet. Problemorientierte Ansätze nämlich kommen stets „zu spät", da die Probleme bereits eingetreten und nunmehr zu lösen sind. Präventive Maßnahmen wiederum greifen häufig „zu früh" ein, da sie Probleme sehen, wo noch keine sind. In den sozialen Räumen der Akteure wiederum lassen sich unterschiedliche Themen, Interessen und Bedarfe identifizieren, um – mit den Ressourcen aus diesen Räumen ebenso wie mit jenen aus der Kommune – schrittweise mögliche Antworten zu entwickeln und in die Tat umzusetzen.

Demgemäß können gerade die methodologischen Reflexionen auf Sozialplanung dazu dienen, die fachliche Weiterentwicklung dieses Feldes voranzutreiben und mit politischen Aufträgen wie gesellschaftlichen Veränderungen in einen jeweils neu zu konstituierenden Zusammenhang zu bringen. Gerade Sozialplanung, wie wohl wenige andere Felder der Kommunalverwaltung mit den aktuellen Veränderungen der Gesellschaft konfrontiert, ist aufgefordert, diese in angemessener Weise zu beantworten. Dabei sind nicht zuletzt methodische und methodologische Reflexionen von einiger Bedeutung.

5.2 Mögliche künftige Felder

Einige wenige Hinweise sollen formuliert werden auf mögliche neue Handlungsfelder der Sozialplanung, die über die in diesem Band erwähnten der Jugend- und der Altenhilfeplanung hinausgehen. Es kann zunächst vermutet werden, dass weniger völlig neue Themenfelder entstehen, sondern sehr viel eher aufgrund der zunehmenden Komplexität von Lebenslagen und deren multiperspektivischer Anforderungen an subjektive Bewältigung die jeweiligen *Schnittstellen verschiedener*

Versorgungssysteme einer eingehenden planerischen Reflexion bedürfen. Hierbei ist beispielsweise zu denken an die Systeme der Jugendhilfe, des Gesundheitswesens (der somatischen, aber insbesondere auch der psychischen Versorgungen), der Erwerbsarbeit und anderer mehr. Es dürfte künftig vor allen Dingen darauf ankommen, diese verschiedenen Versorgungssysteme und ihre Schnittstellen kompatibel auszugestalten und zugleich in einer Weise zu planen, die den – jeweils notwendigen individuellen – Lösungsansätzen hinreichend Spielraum lässt, um nicht allzu rasch an formalen Grenzen zu scheitern. Diese Ausgestaltungsformate werden insofern wohl weniger in bewährter administrativer Form fortgeschrieben werden können, sondern bedürfen – abgestimmter – Formate der Kommunikation und Entscheidungsfindung. Gerade in dieser Hinsicht ist es von Interesse, inwiefern sich ein solches, verstärkt diskursiv auszugestaltendes Planungsformat in einer allgemeinen Struktur wie etwa im Planungskreislauf abbilden lässt.

Ein trotz aller Schnittstellenproblematik vermutlich noch deutlich an Bedeutung zunehmendes Einzelfeld der Sozialplanung dürfte das der *Bildung* werden. Dieser Begriff ist zunächst einmal zu verstehen im Hinblick auf den Integrationsmechanismus der Erwerbsarbeitsgesellschaft (vgl. klassisch bereits Bourdieu und Passeron 1971), der mit seinem gegenwärtigen Konzept der *employability*, der Verwertbarkeit also von Individuen für den Erwerbsarbeitsmarkt, insbesondere auf im Bildungssystem erworbene Zertifikate und Tugenden drängt. Um dementsprechend eine Integration in die damit einhergehenden Formate der Gesellschaft zu ermöglichen, wird Bildung selbst zu einem sozialen Aspekt, der somit für Sozialplanung von weitaus stärkerer Bedeutung werden dürfte, als er es ohnehin bereits ist. Doch auch für den Fall, dass Bildung weiter und, wie andernorts gezeigt wurde, auch systematisch und historisch fundierter eher als episodische Position in einem vielschichtigen Feld unterschiedlicher Wahrnehmungen und Aktivitäten (vgl. Böhmer 2014b, S. 250) verstanden wird, ergibt sich damit ein Zusammenhang, der deutlich weiterreichen dürfte als die bisherigen Betätigungen von Sozialplanung im Bildungssystem. Unter dieser Hinsicht nämlich wäre sehr viel mehr vonnöten, eine Form der Planung zu finden, welche die Systemsteuerung mit der Fallsteuerung in einer Weise verbindet, die beiden in ihrer unterschiedlichen Verortung auf Planungsebenen und fachlichen Diskursen ebenso gerecht wird wie sie eine gemeinsame Abstimmungsform entwickeln müsste. Hier scheinen sich einerseits dialogische und allgemein diskursive Formate zu bewähren, andererseits sind diese, wie gezeigt, stets auch in der Gefahr, an die Grenzen der Gestaltbarkeit von komplexen Diskursen zu gelangen. Insofern wäre zu den bisherigen diskursiven Konzepten mindestens ein weiteres hinzuzufügen, das sich auf die Analyse von Einzelfällen (etwa in der Dokumentation der Hilfeplanverfahren) versteht und dabei die hier zu Tage tretenden Bedarfe und Probleme in ihrer Relevanz für die

Ausgestaltung der Systemsteuerung der damit verbundenen Planung auszuwerten vermag.

Schließlich dürfte das bereits mehrfach und einigermaßen ausführlich erwähnte Feld der *Armutsarbeit* künftig von wachsender Bedeutung sein. Aufgrund der bereits dargelegten Zusammenhänge von sozialpolitischer Transformation und individuellen Lebenslagen ist davon auszugehen, dass auf die Sozialplanung künftig verstärkt die Aufgabe zukommen wird, im Rahmen dieser Transformation neuerlich Marginalisierter oder eben bereits seit geraumer Zeit an den Rand Gedrängter mit einer Versorgungsform auszustatten, die den gegebenen politischen Maßgaben entspricht. Gerade an dieser Stelle wird jedoch, vermutlich nicht selten, ein Konflikt für die Sozialplanung dadurch entstehen, dass sie auch die Professions-internen Normative mit zu berücksichtigen hat, die sich durch Konzepte wie Emanzipation, Empowerment und daraus resultierender Eigeninitiative auszeichnen. Dabei können sich Widersprüche ergeben, die auf Ebene der planenden Individuen wohl kaum aufzulösen sind. Es bleibt in diesem Zusammenhang die offene Frage, wie solche Dilemmata ansonsten bearbeitet werden können.

5.3   Rolle von Sozialplanung in der Governance von (kommunaler) Sozialpolitik

Im Hinblick auf die Rolle von Sozialplanung innerhalb der kommunalen Sozialpolitik ist insbesondere darauf hinzuweisen, in welcher Weise gegenwärtig kommunale Politiken ausgestaltet werden. Dabei zeigt sich, dass die unter dem Begriff der Governance entfalteten analytischen und konzeptionellen Darstellungen (vgl. Mayntz 2008; Grunwald und Roß 2014; Böhmer 2014a, c) eine besondere perspektivische Bedeutung haben. Insofern sollen gerade diese Hinweise auch im Folgenden die abschließenden Überlegungen prägen, um die Möglichkeiten und Grenzen der Sozialplanung innerhalb der gegenwärtigen politischen Landschaften ausloten zu können.

Wird unter Governance das Konzept einer politischen Steuerung verstanden, das aus verschiedenen Sektoren resultierende Aushandlungs- und Entscheidungsergebnisse reflektiert, so kann näherhin darauf verwiesen werden, dass sich die Sektoren des Staates, des Marktes, der Assoziationen sowie der primären Netze gemeinsam in der Ausgestaltung politischer Zusammenhänge finden. Dabei bringen sie jeweils ihre unterschiedlichen Leitlogiken mit und implementieren auf diese Weise die Maßgaben von Hierarchie (1. Sektor, Staat), Konkurrenz (2. Sektor, Markt), Verhandlung und Solidarität (3. Sektor, Zivilgesellschaft) sowie Zugehörigkeit und gegenseitige Verpflichtung (informeller Sektor, primären Netze) (vgl.

Grunwald und Roß 2014, S. 21). Sollen diese unterschiedlichen Maßgaben für die Ausgestaltung von Politiken allgemein und für diejenige der Sozialplanung im Besonderen zur Geltung gebracht werden, so zeigt sich alsbald, dass Konflikte in der Einschätzung von Sachverhalten und in der Definition von Zielvorgaben zu erwarten sind.

Gerade in der kommunalen Sozialplanung ergibt sich daraus, dass es einer eigenen moderierenden Institution bedarf. Sofern die öffentliche Sozialplanung in diesem Zusammenhang als dialogische und integrierte konzeptualisiert wird, dürfte es ihr nicht schwer fallen, diese *Moderationsfunktion* wahrzunehmen. In diesem Zusammenhang ist die Sozialplanung im Rahmen der Governance kommunaler Zusammenhänge darauf verwiesen, Diskursplattformen zu schaffen und für möglichst viele Akteure zugänglich und nutzbar zu halten. Gerade die Vielzahl der Akteure stellt in diesem Zusammenhang eine besondere Herausforderung dar, da sie nicht allein aufgrund ihrer sozialen Position mit unterschiedlichen Artikulations- und Entscheidungsbefugnissen ausgestattet sind. Vielmehr bringen sie, wie zuvor gezeigt, darüber hinaus unterschiedliche Auffassungen über normative und strategische Optionen sowie deren operationale Umsetzung mit. Daher ist die Moderation in diesen komplexen gesellschaftlichen Bezügen in hohem Maß voraussetzungsvoll. Solche Voraussetzungen stellen das Verständnis für die Governance allgemein dar, die sich mit ihr einstellenden unterschiedlichen Akteure mitsamt ihren Zuordnungen von Normen und Strategien sowie die mit diesem einhergehenden organisationalen Kulturen und politischen Stilen. Hinzu kommt, dass die verschiedenen Sektoren einander wechselseitig bedingen und beeinflussen, so dass sich auch deren Interaktion, die dabei wirksam werdenden Machtkonstellationen und die insofern je nach Governance-Feld spezifisch wirksamen Konsequenzen für Prozesse, Produkte und Programme der Sozialpolitik deutlich unterscheiden können. Somit ist von der moderierenden Sozialplanung an dieser Stelle gefordert, ein hohes Maß an Analysefähigkeit mit einer „sektoralen Mehrsprachigkeit" zu verbinden und dabei machtkritische Gesichtspunkte eingehend zu reflektieren.

Gerade für die kommunale Sozialplanung hingegen ist des Weiteren zu beachten, dass sie nicht selten nur schwerlich als neutrale Moderatorin fungieren kann, da sie selbst einem, wenn auch transformierten, so doch klar beschreibbaren Sektor zuzuordnen ist. Dieser erste, staatliche Sektor ist gerade im Hinblick auf die Herausforderungen des Public Management (vgl. Böhmer 2014a) in den zurückliegenden Jahren tatsächlich von einigen Veränderungen geprägt gewesen. Welche dies im Einzelnen sind, kann hier nicht ausführlicher dargelegt werden, sondern soll lediglich unter dem Stichwort des Neuen Steuerungsmodells (vgl. paradigmatisch Bogumil und Holtkamp 2010; Holtkamp 2011) als von Outputsteuerung, Dienstleistungsorientierung und Managementmethoden geprägte Umstrukturierung der öffentlichen Verwaltung umschrieben werden (vgl. auch 3.6.2). In diesem Zusammenhang kommt der Sozialplanung sicherlich die Aufgabe zu, Prozesse der öffentlichen Sozialverwaltung Output-orientiert vorzubereiten und ihnen in der Umsetzung Dienstleistungs-bezogen zu assistieren. Somit ist die Sozialplanung in diesem Kontext zugleich *legitime Akteurin* eines definierten Sektors innerhalb des Governance-Modells. Dies hat zur Konsequenz, dass sozialplanerische Prozesse zumindest nicht allein einer neutralen Moderation verpflichtet sein können, sondern mindestens gleichermaßen den öffentlichen Steuerungsansprüchen, wenn auch innerhalb eines insgesamt unter Maßgabe von neosozialen Konzepten wie *workfare* umstrukturierten Wohlfahrtsstaates (vgl. Lessenich 2013). Somit hat Sozialplanung einerseits der Komplexität kommunaler sozialpolitischer Steuerungs- und Planungsansprüche motivierend und insofern ebenso verbindend wie ausgleichend zu begegnen, andererseits aber ist sie ebenso sehr eingebunden in ihre (häufig staatlich verfasste) Organisationsstruktur. Somit kommt kommunaler Sozialplanung der „Wandel zwischen den Welten", d. h. der Wechsel zwischen den sektoriellen Logiken und Zielvorgaben ebenso zu wie die Verortung innerhalb des eigenen Feldes. Beides zugleich leisten zu können, wird die künftig sicher noch weitaus anspruchsvollere Herausforderung kommunaler Sozialplanung darstellen. Für diese Herausforderung einige erste Hinweise gegeben zu haben, war der Anspruch des vorliegenden Bandes.

Perspektiven und Reflexionen
In den vorangestellten abschließenden Überlegungen haben Sie einige Perspektiven auf zukünftige Entwicklungen der Sozialplanung gefunden. Bitte klären Sie daher im Folgenden:

• Wie definieren Sie nach der Lektüre des vorliegenden Bandes Sozialplanung?
• Welche Herausforderungen stellen sich der kommunalen Sozialplanung gegenwärtig?
• Wie kann die Sozialplanung auf diese veränderten Ansprüche antworten?
• Welche weiteren Herausforderungen, die im obigen Text nicht ausgeführt worden, sehen Sie aufgrund Ihrer fachlichen Einschätzung?
• Welche Verbindungen finden Sie zwischen Sozialer Arbeit als Profession und Sozialplanung kommunaler Aufgaben? Wie kann die Verbindung zwischen beiden künftig optimiert werden? Welche Abgrenzungsnotwendigkeiten machen Sie aus?

Literatur zur Vertiefung

Grunwald, K., & Roß, P.-S. (2014). „Governance Sozialer Arbeit". Versuch einer theoriebasierten Handlungsorientierung für die Sozialwirtschaft. In A. Tabatt-Hirschfeld (Hrsg.), *Öffentliche und Soziale Steuerung. Public Management und Sozialmanagement im Diskurs* (S. 17–64). Baden-Baden: Nomos.

Im Hinblick auf die Besonderheiten der Sozialen Arbeit im politischen Steuerungs- und Aushandlungskonzept von Governance entwickeln die Autoren reichhaltige Perspektiven für eine weitere Reflexion auf die besondere Rolle der Profession. Somit bietet Ihnen dieser Aufsatz wertvolle Anregungen, die Sie über die speziell auf Sozialplanung fokussierten Einschätzungen im vorliegenden Lehrbuch deutlich hinausführen.

Lessenich, S. (2013). *Die Neuerfindung des Sozialen. Der Sozialstaat im flexiblen Kapitalismus* (3. Aufl.). Bielefeld: transcript.

Zum Abschluss der Überlegungen zu Sozialplanung empfiehlt es sich noch einmal, die Handlungsfelder der Planung sozialer Dienstleistungen eingehender zu studieren. Im hier empfohlenen Vertiefungsabschnitt stellt der Verfasser die Leitgedanken einer neu erfundenen Sozialstaatlichkeit vor und macht auf diese Weise deutlich, wie (kommunal-) politische Herausforderungen für die Sozialplanung formuliert werden können.

Selle, K. (2013). Stadtentwicklungsplanung 2.0 – bleibt alles anders? Sechs Thesen zu Entwicklung und Stand der Kunst. *pnd online, 1,* 1–10.

Aktuelle Gesichtspunkte ebenso wie anregende Ausblicke auf die Zukunft der Planung von Stadtentwicklung allgemein bietet Ihnen der Autor des vorliegenden Aufsatzes. Hier lernen Sie also vor dem Hintergrund unserer Überlegungen zur Sozialplanung weitere relevante Gesichtspunkte für die Fortentwicklung kommunaler Planungen kennen.

Literatur

Adam, T., Kemmerling, S., & Maykus, S. (2010). Stand der Planungspraxis in Deutschland – Ergebnisse einer Erhebung bei den öffentlichen Trägern der Jugendhilfe. In S. Maykus & R. Schone (Hrsg.), *Handbuch Jugendhilfeplanung. Grundlagen, Anforderungen und Perspektiven* (3. Aufl., S. 15–43). Wiesbaden: Springer VS.

Adamy, W. (2012). Ältere Beschäftigte: Betriebe reagieren zu spät auf demografischen Wandel. http://www.dgb.de/themen/++co++e896e19c-c5c2-11e1-7ba0-00188b4dc422. Zugegriffen: 30. Juni 2014.

Akademie für Raumforschung und Landesplanung [ARL]. (Hrsg.). (2006). *Folgen des demografischen Wandels für Städte und Regionen in Deutschland – Handlungsempfehlungen* (Positionspapier Nr. 62). Hannover: Eigenverlag.

Albus, S., Greschke, H., Klingler, B., Messmer, H., Micheel, H.-G., Otto, H.-U., & Polutta, A. (2009). Elemente Wirkungsorientierter Jugendhilfe und ihre Wirkungsweisen: Erkenntnisse der wissenschaftlichen Evaluation des Bundesmodellprogramms. In ISA Planung und Entwicklung GmbH (Hrsg.), *Schriftenreihe Wirkungsorientierte* Jugendhilfe (Bd. 9: Praxishilfe zur Wirkungsorientierten Qualifizierung der Hilfen zur Erziehung, S. 24–60). Münster: Eigenverlag.

Albus, S., Greschke, H., Klingler, B., Messmer, H., Micheel, H.-G., Otto, H.-U., & Polutta, A. (2010). *Wirkungsorientierte Jugendhilfe. Abschlussbericht der Evaluation des Bundesmodellprogramms „Qualifizierung der Hilfen zur Erziehung durch wirkungsorientierte Ausgestaltung der Leistungs-, Entgelt- und Qualitätsvereinbarungen nach §§ 78a ff. SGB VIII".* Münster: Eigenverlag.

Amann, K., & Petzold, J. (2014). *Management und Controlling. Instrumente – Organisation – Ziele.* Wiesbaden: Springer Gabler.

Andreß, H.-J., & Hörstermann, K. (2012). Lebensstandard und Deprivation im Alter in Deutschland. Stand und Entwicklungsperspektiven. *Zeitschrift für Sozialreform, 58*(2), 209–234.

Asam, W. (2010). Kommunale Alten(hilfe-)planung und SGB XI. In K. Aner & U. Karl (Hrsg.), *Handbuch Soziale Arbeit und Alter* (S. 59–66). Wiesbaden: VS Verlag für Sozialwissenschaften.

Bäcker, G., & Kistler, E. (2014). Das 3-Säulen System der Alterssicherung in Deutschland. http://www.bpb.de/politik/innenpolitik/rentenpolitik/141459/das-3-saeulen-system-der-alterssicherung. Zugegriffen: 30. Juni 2014.

© Springer Fachmedien Wiesbaden 2015   177
A. Böhmer, *Verfahren und Handlungsfelder der Sozialplanung,*
Basiswissen Soziale Arbeit 2, DOI 10.1007/978-3-658-03320-0

Baier, F., & Heeg, R. (2011). *Praxis und Evaluation von Schulsozialarbeit. Sekundäranalysen von Forschungsdaten aus der Schweiz.* Wiesbaden: VS Verlag für Sozialwissenschaften.

Baltzer, B. (2013). *Einsatz und Erfolg von Controlling-Instrumenten. Begriffsbestimmung, empirische Untersuchung und Erfolgsbeurteilung.* Wiesbaden: Springer Gabler.

Barkowsky, K. (2014). *Reform der Kommunalverwaltung in England und Deutschland. New Public Management zwischen Reformrhetorik und Reformergebnissen.* Wiesbaden: Springer VS.

Bartelheimer, P. (2007). Der Sozialraum in Sozialer Arbeit und kommunaler Sozialberichterstattung. In F. Kessl & H.-U. Otto (Hrsg.), *Territorialisierung des Sozialen. Regieren über soziale Nahräume* (S. 273–294). Opladen: Barbara Budrich.

Belina, B. (2013). *Raum. Zu den Grundlagen eines historisch-geographischen Materialismus.* Münster: Westfälisches Dampfboot.

Bertelsmann Stiftung. (Hrsg.). (2013). *Kommunaler Finanzreport 2013. Einnahmen, Ausgaben und Verschuldung im Ländervergleich.* Gütersloh: Bertelsmann Stiftung.

Blaumeiser, H., Blunck, A., Klie, T., Pfundstein, T., & Wappelshammer, E. (2002). *Handbuch kommunale Altenplanung. Grundlagen – Prinzipien – Methoden.* Frankfurt a. M.: Eigenverlag des Deutschen Vereins für öffentliche und private Fürsorge.

Bock, K. (2008). Einwürfe zum Bildungsbegriff. Fragen für die Kinder- und Jugendhilfeforschung. In H.-U. Otto & T. Rauschenbach (Hrsg.), *Die andere Seite der Bildung. Zum Verhältnis von formellen und informellen Bildungsprozessen* (2. Aufl., S. 91–106). Wiesbaden: VS Verlag für Sozialwissenschaften.

Böckler-Stiftung. (2012). Pflege und Job – mehr Unterstützung nötig. *Böcklerimpuls, 17,* 7.

Böhmer, A. (im Erscheinen, [i.E.]). *Konzepte der Sozialplanung. Grundwissen für die Soziale Arbeit.* Wiesbaden: Springer VS.

Böhmer, A. (2013a). Das Fördern des Forderns. Eine subjekttheoretische Kritik transformierter Sozialpolitik. In B. Benz, G. Rieger, W. Schönig, & M. Többe-Schukalla (Hrsg.), *Politik Sozialer Arbeit. Theoretische und disziplinäre Perspektiven* (Bd. I, S. 247–264). Weinheim: Beltz Juventa.

Böhmer, A. (2013b). Flexibel arbeiten – effizient leben? Die arbeitsgesellschaftliche Herausforderung komplexer Freiheiten. In C. Spatschek & S. Wagenblass (Hrsg.), *Bildung, Teilhabe und Gerechtigkeit. Gesellschaftliche Herausforderungen und Zugänge Sozialer Arbeit* (FS F.J. Krafeld) (S. 125–138). Weinheim: Beltz Juventa.

Böhmer, A. (2014a). Choreographie der Sozialplanung. Hybride Steuerungsmodi im Wohlfahrtsmix. In A. Tabatt-Hirschfeldt (Hrsg.), *Öffentliche und Soziale Steuerung. Public Management und Sozialmanagement im Diskurs* (S. 65–83). Baden-Baden: Nomos.

Böhmer, A. (2014b). *Diskrete Differenzen. Experimente zur asubjektiven Bildungstheorie in einer selbstkritischen Moderne.* Bielefeld: Transcript.

Böhmer, A. (2014c). Intermediäre Steuerung von Versorgung. Anmerkungen zu hybriden Modi der Sozialplanung. In A. Fritze, B. Wüthrich, & J. Amstutz (Hrsg.), *Soziale Versorgung zukunftsfähig gestalten.* Wiesbaden: Springer VS. (Im Erscheinen).

Böhmer, A. (2014d). Der soziale Fetisch des öffentlichen Raums. Raumkonflikte als Dispositive von Ordnung und Kontrolle. *Soziale Arbeit, 63*(7), 250–256.

Bogumil, J. (2004). Zehn Jahre „Public Management" – Lehren für die Reformfähigkeit öffentlicher Verwaltungen. In J. Beyer & P. Stykow (Hrsg.), *Gesellschaft mit beschränkter Hoffnung* (FS H. Wiesenthal) (S. 312–336). Wiesbaden: Springer VS.

Bogumil, J., Grohs, S., & Kuhlmann, S. (2006). Ergebnisse und Wirkungen kommunaler Verwaltungsmodernisierung in Deutschland – Eine Evaluation nach zehn Jahren Praxiserfahrungen. In J. Bogumil, W. Jann, & F. Nullmeier (Hrsg.), *Politik und Verwaltung* (PVS Sonderheft 37) (S. 151–184). Wiesbaden: Springer VS.

Bogumil, J. & Holtkamp, L. (2010). Die kommunale Ebene. In T. Olk, A. Klein, & B. Hartnuß (Hrsg.), *Engagementpolitik. Die Entwicklung der Zivilgesellschaft als politische Aufgabe* (S. 382–403). Wiesbaden: Springer VS.

Bogumil, J. & Holtkamp, L. (2012). Doppik in der Praxis: Bisher vor allem intransparent und ineffizient! *Verwaltung & Management, 18*(3), 115–117.

Bogumil, J., Holtkamp, L., & Kißler, L. (2007). Kundenorientierung – Eine Erfolgsgeschichte fortsetzen! In J. Bogumil, L. Holtkamp, L. Kißler, S. Kuhlmann, C. Reichard, K. Schneider, & H. Wollmann. *Perspektiven kommunaler Verwaltungsmodernisierung. Praxiskonsequenzen aus dem Neuen Steuerungsmodell* (S. 11–16). Berlin: Edition Sigma.

Bönke, T., Faik, J., & Grabka, M. (2012). Tragen ältere Menschen ein erhöhtes Armutsrisiko? Eine Dekompositions- und Mobilitätsanalyse relativer Einkommensarmut für das wiedervereinigte Deutschland. *Zeitschrift für Sozialreform, 58*(2), 175–208.

Bornewasser, M. (2014). Dienstleistungsarbeit. Autonome, relationale und heteronome Komponenten der Arbeit vom Anbieter für den Kunden. In M. Bornewasser, B. Kriegesmann, & J. Zülch (Hrsg.), *Dienstleistungen im Gesundheitssektor. Produktivität, Arbeit und Management* (S. 29–57). Wiesbaden: Springer VS.

Bourdieu, P., & Passeron, J.-C. (1971). *Die Illusion der Chancengleichheit. Untersuchungen zur Soziologie des Bildungswesens am Beispiel Frankreichs.* Stuttgart: Klett.

Brandt, M., Deindl, C., & Hank, K. (2012). Erfolgreich Altern: Lebensbedingungen in der Kindheit und soziale Ungleichheit haben großen Einfluss. *DIW Wochenbericht, 7,* 11–14.

Brenke, K. (2013). Immer mehr Menschen im Rentenalter sind berufstätig. *DIW Wochenbericht, 6,* 3–12.

Brinkmann, V. (2010). *Sozialwirtschaft. Grundlagen – Modelle – Finanzierung.* Wiesbaden: Springer Gabler.

Buchholz, L. (2013). *Strategisches Controlling. Grundlagen – Instrumente – Konzepte* (2. Aufl.). Wiesbaden: Springer Gabler.

Bundesinstitut für Bau-, Stadt-und Raumforschung [BBSR] im Bundesamt für Bauwesen und Raumordnung [BBR]. (2011). *Zurück in die Stadt. Oder: Gibt es eine neue Attraktivität der Städte?* (BBSR-Berichte KOMPAKT 2/2011). Bonn: Eigenverlag.

Bundesinstitut für Bau-, Stadt- und Raumforschung [BBSR], & Initiativkreis Europäische Metropolregionen in Deutschland [IKM]. (2010). *Regionales* Monitoring 2010. *Daten und Karten zu den Europäischen Metropolregionen in Deutschland.* Bonn: Eigenverlag.

Bundesministerium für Arbeit und Soziales [BMAS]. (2012). *Fortschrittsreport „Altersgerechte Arbeitswelt"* (Ausgabe 1: Entwicklung des Arbeitsmarkts für Ältere). Berlin: Eigenverlag.

Bundesministerium für Arbeit und Soziales [BMAS]. (Hrsg.). (2013). *Lebenslagen in Deutschland. Armuts- und Reichtumsberichterstattung der Bundesregierung. Der vierte Armuts- und Reichtumsbericht der Bundesregierung.* Bonn: Eigenverlag.

Bundesministerium für Familie, Senioren, Frauen und Jugend [BMFSFJ]. (2000). *Handbuch zur Neuen Steuerung in der Kinder- und Jugendhilfe. Eine Arbeitshilfe für öffentliche und freie Träger* (Schriftenreihe des Ministeriums Bd. 187). Stuttgart: Kohlhammer.

Bundesministerium für Familie, Senioren, Frauen und Jugend [BMFSFJ]. (2002). *Vierter Bericht zur Lage der älteren Generation. Risiken, Lebensqualität und Versorgung Hochaltriger – unter besonderer Berücksichtigung demenzieller Erkrankungen.* Berlin: Eigenverlag.

Bundesministerium für Familie, Senioren, Frauen und Jugend [BMFSFJ]. (2011a). *Eine neue Kultur des Alterns. Altersbilder in der Gesellschaft. Erkenntnisse und Empfehlungen des Sechsten Altenberichts*. Berlin: Eigenverlag.

Bundesministerium für Familie, Senioren, Frauen und Jugend [BMFSFJ]. (2011b). *Übergänge gestalten. Eine Expertise zu Motivation und Wünschen älterer Beschäftigter in Bezug auf die Gestaltung des Übergangs in den Ruhestand*. Berlin: Eigenverlag.

Bundesministerium für Wirtschaft und Technologie [BMWi]. (Hrsg.). (2012). *Altersarmut. Gutachten des Wissenschaftlichen Beirats beim Bundesministerium für Wirtschaft und Technologie*. Berlin: Eigenverlag.

Bürger, U., & Schone, R. (2006). Demografiebasierte Jugendhilfeplanung. Planungsmethodische Überlegungen und Einschätzungen zur Relevanz des demografischen Faktors in der Kinder- und Jugendhilfe. In S. Maykus (Hrsg.), *Herausforderung Jugendhilfeplanung. Standortbestimmung, Entwicklungsoptionen und Gestaltungsperspektiven in der Praxis* (S. 73–92). Weinheim: Beltz Juventa.

Burmester, M. (2011). Sozialraumbezogene Sozialplanung und Sozialberichterstattung. In H.-J Dahme & N. Wohlfahrt (Hrsg.), *Handbuch Kommunale Sozialpolitik* (S. 306–317). Wiesbaden: Springer VS.

Butterwegge, C. (2010). Kinderarmut als gesellschaftspolitische Herausforderung. Vorüberlegungen und Ansatzpunkte zur Armutsbekämpfung. In R. Lutz & V. Hammer (Hrsg.), *Wege aus der Kinderarmut. Gesellschaftspolitische Rahmenbedingungen und sozialpädagogische Handlungsansätze* (S. 11–21). Weinheim: Juventa.

Butterwegge, C., Bosbach, G., & Birkwald, M. W. (Hrsg.). (2012). *Armut im Alter. Probleme und Perspektiven der sozialen Sicherung*. Frankfurt a. M.: Campus.

Dahme, H.-J., & Wohlfahrt, N. (2006). Strömungen und Risiken der Verwaltungsmodernisierung in der Jugendhilfe. In G. Hensen (Hrsg.), *Markt und Wettbewerb in der Jugendhilfe. Ökonomisierung im Kontext von Zukunftsorientierung und fachlicher Notwendigkeit* (S. 61–76). Weinheim: Juventa.

Dahme, H.-J., & Wohlfahrt, N. (2012). Forschung als Sozialtechnologie. Betriebswirtschaftliche Instrumente und Managementwissenschaftliche Leitbilder als Programm einer affirmativen Sozialpolitik- und Sozialarbeitsforschung. In E. Schimpf & J. Stehr (Hrsg.), *Kritisches Forschen in der Sozialen Arbeit. Gegenstandsbereiche – Kontextbedingungen – Positionierungen – Perspektiven* (S. 79–92). Wiesbaden: Springer VS.

Deinet, U. (2009). *Methodenbuch Sozialraum. Ein Lehrbuch*. Wiesbaden: VS Verlag für Sozialwissenschaften.

Deinet, U. (2011). Sozialräumliche Jugendarbeit und Gemeinwesenarbeit: Schwestern, aber keine Zwillinge! http://www.sozialraum.de/sozialraeumliche-jugendarbeit-und-gemeinwesenarbeit.php. Zugegriffen: 30. Juni 2014.

Deinet, U., & Krisch, R. (2009a). Stadtteil-/Sozialraumbegehungen mit Kindern und Jugendlichen. http://www.sozialraum.de/stadtteil-sozialraumbegehungen-mit-kindern-und-jugendlichen.php. Zugegriffen: 30. Juni 2014.

Deinet, U., & Krisch, R. (2009b). Subjektive Landkarten. http://www.sozialraum.de/subjektive-landkarten.php. Zugegriffen: 30. Juni 2014.

Deutscher Paritätischer Wohlfahrtsverband – Gesamtverband e. V. [Der Paritätische]. (2014). *Das Soziale – in der Krise? Paritätisches Jahresgutachten 2014*. Berlin: Eigenverlag.

Deutscher Verband für Wasserwirtschaft und Kulturbau [DVWK]. (1989). *Nutzwertanalytische Ansätze zur Planungsunterstützung und Projektbewertung. Beitrag des DVWK-*

Fachausschusses "Projektplanungs- und Bewertungsverfahren" (DVWK Mitteilungen 19/1989, bearb. v. W. Pflügner). Bonn: Eigenverlag.

Deutscher Verein für öffentliche und private Fürsorge [Deutscher Verein]. (2010). *Selbstbestimmung und soziale Teilhabe vor Ort sichern! Empfehlungen des Deutschen Vereins zur Gestaltung einer wohnortnahen Pflegeinfrastruktur.* Berlin: Eigenverlag.

Deutscher Verein für öffentliche und private Fürsorge [Deutscher Verein]. (2012). *Empfehlungen zur örtlichen Teilhabeplanung für ein inklusives Gemeinwesen.* Berlin: Eigenverlag.

Dibelius, O., & Uzarewicz, C. (2006). *Pflege von Menschen höherer Lebensalter.* Stuttgart: Kohlhammer.

Döbert, H. (2007). *Indikatorenkonzept und Beschreibung von Beispielindikatoren für eine regionale Bildungsberichterstattung. Ein Beitrag zur Entwicklung von Indikatoren für einen regionalen Bildungsbericht.* Gütersloh: Bertelsmann.

Drilling, M., & Schnur, O. (Hrsg.). (2009). *Governance der Quartiersentwicklung: Theoretische und praktische Zugänge zu neuen Steuerungsformen.* Wiesbaden: Springer VS.

Fachgruppe Altenhilfe des Vereines für Sozialplanung (VSOP). (2008). *Kommunale Gestaltung der Altenhilfe und der Pflege – Ein Steuerungskonzept für kommunale Altenhilfe- und Pflegestrategien* (Diskussionspapier). Speyer: Eigenverlag.

Faik, J., & Köhler-Rama, T. (2012). Der Gender Pension Gap — Ungeeigneter Indikator. *Wirtschaftsdienst, 92*(5), 319–325.

Faik, J., & Köhler-Rama, T. (2013). Anstieg der Altersarmut? Anmerkungen zu einem Gutachten des wissenschaftlichen Beirats beim Bundeswirtschaftsministerium. *Wirtschaftsdienst, 93*(3), 159–163.

Fiedler, R. (2014). *Controlling von Projekten. Mit konkreten Beispielen aus der Unternehmenspraxis – Alle Aspekte der Projektplanung, Projektsteuerung und Projektkontrolle* (6. Aufl.). Wiesbaden: Springer Vieweg.

Fischer, J., Huth, C., Lebwohl, V., & Römer, R. (2012). *Kommunale Berichterstattung in Thüringen. Das Sozial-, Bildungs- und Gesundheitsberichtswesen im landesweiten Vergleich. Studie im Auftrag des Thüringer Ministeriums für Soziales, Familie und Gesundheit (TMSFG).* Erfurt: Eigenverlag.

Flory, J., Hänisch, C., & Klos, J. (2013). *Die Wirkung unterschiedlicher Biografiemerkmale auf den Gender Pension Gap (Eine Untersuchung des Fraunhofer-Instituts für Angewandte Informationstechnik (FIT) im Auftrag des Bundesministeriums für Familie, Senioren, Frauen und Jugend).* St. Augustin: Eigenverlag.

Galuske, M. (2013). *Methoden der Sozialen Arbeit. Eine Einführung* (10. Aufl.). Weinheim: Beltz Juventa.

Ganz, W., & Tombeil, A.-S. (2014). Produktivität und Dienstleistungen schließen sich nicht aus. In M. Bornewasser, B. Kriegesmann, & J. Zülch (Hrsg.), *Dienstleistungen im Gesundheitssektor. Produktivität, Arbeit und Management* (S. 415–429). Wiesbaden: Springer Gabler.

Götze, U. (2008). *Investitionsrechnung. Modelle und Analysen zur Beurteilung von Investitionsvorhaben* (6. Aufl.). Berlin: Springer.

Grabka, M., & Westermeier, C. (2014). Anhaltend hohe Vermögensungleichheit in Deutschland. *DIW-Wochenbericht, 9,* 151–164.

Graumann, M. (2011). *Controlling. Begriff, Elemente, Methoden und Schnittstellen* (3. Aufl.) Düsseldorf: IDW.

Groh-Samberg, O. (2009). *Armut, soziale Ausgrenzung und Klassenstruktur. Zur Integration multidimensionaler und längsschnittlicher Perspektiven.* Wiesbaden: VS Verlag für Sozialwissenschaften.

Gronemeyer, R. (2013). Demenz: Wir brauchen eine andere Perspektive! Essay. *Aus Politik und Zeitgeschichte, 63*(4–5), 36–40.

Grunwald, K., & Roß, P.-S. (2014). „Governance Sozialer Arbeit". Versuch einer theoriebasierten Handlungsorientierung für die Sozialwirtschaft. In A. Tabatt-Hirschfeld (Hrsg.), *Öffentliche und Soziale Steuerung. Public Management und Sozialmanagement im Diskurs* (S. 17–64). Baden-Baden: Nomos.

Halfar, B. (2009a). Controlling in sozialwirtschaftlichen Organisationen. In U. Arnold & B. Maelicke (Hrsg.), *Lehrbuch der Sozialwirtschaft* (3. Aufl., S. 664–681). Baden-Baden: Nomos.

Halfar, B. (2009b). Wirkungsorientiertes Controlling. *Sozialwirtschaft. Zeitschrift für Sozialmanagement, 5,* 6–8.

Halfar, B. (2013). Die Wirkung Sozialer Arbeit ist messbar. *neue caritas, 114*(7), 9–13.

Halfar, B., Moos, G., & Schellberg, K. (2014). *Controlling in der Sozialwirtschaft. Handbuch.* Baden-Baden: Nomos.

Hammerschmidt, P. (2010). Soziale Altenhilfe als Teil kommunaler Sozial(hilfe-)politik. In K. Aner & U. Karl (Hrsg.), *Handbuch Soziale Arbeit und Alter* (S. 19–31). Wiesbaden: VS Verlag für Sozialwissenschaften.

Herrmann, F. (2011). Planung und Planungstheorie. In H.-U. Otto & H. Thiersch (Hrsg.), *Handbuch Soziale Arbeit* (4. Aufl., S. 1089–1101). München: reinhardt.

Hertzsch, W. (o. J.). Sozialraumanalyse in der Planung. http://www.partizipation.at/1220.html. Zugegriffen: 30. Juni 2014.

Heuer, S. (2012). Soziale Ungleichheit als Exklusionsprozess – Anmerkungen zu einer inklusionsorientierten Jugendsozialarbeit. *Dreizehn. Zeitschrift für Jugendsozialarbeit, 7,* 4–8.

Hoffmeister, W. (2008). *Investitionsrechnung und Nutzwertanalyse. Eine entscheidungsorientierte Darstellung mit vielen Beispielen und Übungen* (2. Aufl.). Berlin: Berliner Wissenschafts.

Hohler, B. (2007). Qualitätsmanagement bei der Software-Entwicklung. In T. Pfeifer & R. Schmitt (Hrsg.), *Masing. Handbuch Qualitätsmanagement* (5. Aufl., S. 817–845). München: Hanser.

Holtkamp, L. (2007). Local Governance. In A. Benz, S. Lütz, U. Schimank, & G. Simonis (Hrsg.), *Handbuch Governance. Theoretische Grundlagen und empirische Anwendungsfelder* (S. 366–377). Wiesbaden: Springer.

Holtkamp, L. (2011). Kommunale Entscheidungsstrukturen im Wandel. In H.-J Dahme & N. Wohlfahrt (Hrsg.), *Handbuch Kommunale Sozialpolitik* (S. 53–64). Wiesbaden: Springer.

Hopmann, A. (2010). Controlling, Planung und Steuerung. In S. Maykus & R. Schone (Hrsg.), *Handbuch Jugendhilfeplanung. Grundlagen, Anforderungen und Perspektiven* (3. Aufl., S. 309–318). Wiesbaden: Springer VS.

Huchler, A. (2008). *Behördenberatung in Deutschland. Erklärungen und Befunde zur Beraternachfrage in Stadtverwaltungen.* Wiesbaden: VS Verlag für Sozialwissenschaften.

ILS, Strohmeier, P., & Häußermann, H. (2003). *Sozialraumanalyse – Soziale, ethnische und demografische Segregation in den nordrhein-westfälischen Städten.* Dortmund: Eigenverlag ZEFIR.

International Group of Controlling [IGC]. (Hrsg.). (2010). *Wirkungsorientiertes NPO-Controlling: Leitlinien zur Zielfindung, Planung und Steuerung in gemeinnützigen Organisationen.* Freiburg: Haufe.

Institut Arbeit und Qualifikation der Universität Duisburg-Essen [IAQ]. (2013). Entwicklung des Netto-Rentenniveaus vor Steuern 1985–2027. http://www.sozialpolitik-aktuell. de/tl_files/sozialpolitik-aktuell/_Politikfelder/Alter-Rente/Datensammlung/PDF-Dateien/abbVIII37.pdf. Zugegriffen: 30. Juni 2014.

Isfort, M. (2013). Anpassung des Pflegesektors zur Versorgung älterer Menschen. *Aus Politik und Zeitgeschichte, 63*(4–5), 29–35.

Jacoby, C., & Kistenmacher, H. (1998). Bewertungs- und Entscheidungsmethoden. In Akademie für Raumforschung und Landesplanung, *Methoden und Instrumente räumlicher Planung* (S. 146–168). Hannover: Eigenverlag.

Jordan, E., & Schone, R. (2010). Jugendhilfeplanung als Prozess. Zur Organisation von Planungsprozessen. In S. Maykus & R. Schone (Hrsg.), *Handbuch Jugendhilfeplanung. Grundlagen, Anforderungen und Perspektiven* (3. Aufl., S. 115–156). Wiesbaden: Springer VS.

Jordan, E., Maykus, S., & Stuckstätte, E. C. (2012). *Kinder- und Jugendhilfe. Einführung in Geschichte und Handlungsfelder, Organisationsformen und gesellschaftliche Problemlagen* (3. Aufl.). Weinheim: Juventa.

Keeney, R. L., & Raiffa, H. (1993). *Decisions with Multiple Objectives. Preferences and Value Tradeoffs.* Cambridge: Cambridge University Press.

Kessl, F., & Otto, H.-U. (Hrsg.). (2007). *Territorialisierung des Sozialen. Regieren über soziale Nahräume.* Opladen: Barbara Budrich.

Kessl, F., & Reutlinger, C. (2010). Sozialraum. *Eine Einführung* (2. Aufl.). Wiesbaden: Springer.

Kessl, F., & Reutlinger, C. (2011). Sozialraumorientierung in der Kinder- und Jugendhilfe. In H.-J Dahme & N. Wohlfahrt (Hrsg.), *Handbuch Kommunale Sozialpolitik* (S. 280–293). Wiesbaden: Springer VS.

Klie, T. (2009). Zukunft Quartier – Lebensräume zum Älterwerden (Expertise von Professor Dr. Thomas Klie: Sozialpolitische Neuorientierung und Neuakzentuierung. rechtlicher Steuerung, Hrsg. v. Netzwerk: Soziales neu gestalten). Gütersloh: Eigenverlag.

Kremer-Preiß, U., & Stolarz, H. (2003). *Neue Wohnkonzepte für das Alter und praktische Erfahrungen bei der Umsetzung. Eine Bestandsanalyse.* Köln: Eigenverlag Kuratorium Deutsche Altershilfe.

Kukula, N., Sell, S., & Tiedemann, B. (2014). *MehrWertSchöpfung. Die Freie Wohlfahrtspflege als Wirtschaftsfaktor in Rheinland-Pfalz.* Remagen: Eigenverlag.

Künemund, H., & Kohli, M. (2010). Soziale Netzwerke. In K. Aner & U. Karl (Hrsg.), *Handbuch Soziale Arbeit und Alter* (S. 309–313). Wiesbaden: VS Verlag für Sozialwissenschaften.

Lachnit, L., & Müller, S. (2012). Unternehmenscontrolling. Managementunterstützung bei Erfolgs-, Finanz-, Risiko- und Erfolgspotenzialsteuerung (2. Aufl.). Wiesbaden: Springer Gabler.

Lehmann, R., & Ballweg, T. (Oktober 2012). Soziale Arbeit zahlt sich aus: der Social Return on Investment einer stationären Einrichtung der Wohnungslosenhilfe. *Nachrichtendienst des Deutschen Vereins,* 474–478.

Lessenich, S. (2013). *Die Neuerfindung des Sozialen. Der Sozialstaat im flexiblen Kapitalismus* (3. Aufl.). Bielefeld: Transcript.

Lorenz, M., & Rohrschneider, U. (2013). *Praxishandbuch Mitarbeiterführung. Grundlagen – Führungstechniken – Gesprächsleitfäden* (3. Aufl.). Freiburg: Haufe.

Löw, M. (2012). *Raumsoziologie* (7. Aufl.). Frankfurt a. M.: Suhrkamp.

Marquard, P. (2011). Kommunale Sozialarbeit. In H.-U. Otto & H. Thiersch (Hrsg.), *Handbuch Soziale Arbeit* (4. Aufl., S. 803–815). München: Reinhardt.

Maykus, S., & Schone, R. (Hrsg.). *Handbuch Jugendhilfeplanung. Grundlagen, Anforderungen und Perspektiven* (3. Aufl.). Wiesbaden: Springer VS.

Mayntz, R. (2008). Von der Steuerungstheorie zu Global Governance. In G. F. Schuppert & M. Zürn (Hrsg.), *Governance in einer sich wandelnden Welt* (Politische Vierteljahresschrift. Sonderheft 41) (S. 43–61). Wiesbaden: Springer VS.

Merchel, J. (2004). Jugendhilfeplanung. Kooperation zwischen Jugendhilfe und Kinder- und Jugendpsychiatrie. In J. M. Fegert & C. Schrapper (Hrsg.), *Handbuch Jugendhilfe – Jugendpsychiatrie: Interdisziplinäre Kooperation* (S. 69–77). Weinheim: Juventa.

Merchel, J. (2006). Jugendhilfeplanung als Instrument kommunaler Infrastrukturpolitik? Anmerkungen zu Spannungsfeldern und Perspektiven infrastrukturbezogenen Planungshandelns in der Jugendhilfe. In S. Maykus (Hrsg.), *Herausforderung Jugendhilfeplanung. Standortbestimmung, Entwicklungsoptionen und Gestaltungsperspektiven in der Praxis* (S. 191–208). Weinheim: Juventa.

Merchel, J. (2010). Planung in den zentralen Leistungsfeldern der Kinder- und Jugendhilfe. In S. Maykus & R. Schone (Hrsg.), *Handbuch Jugendhilfeplanung. Grundlagen, Anforderungen und Perspektiven* (3. Aufl., S. 189–219). Wiesbaden: Springer VS.

Merchel, J. (2013). *Qualitätsmanagement in der Sozialen Arbeit. Eine Einführung* (4. Aufl.). Weinheim: Beltz Juventa.

Ministerium für Arbeit, Gesundheit und Soziales des Landes Nordrhein-Westfalen [MAGS NRW]. (Hrsg.). (1996). *Bedarfsplanung in der kommunalen Altenpolitik und -arbeit.* Düsseldorf: Forschungsgesellschaft für Gerontologie.

Ministerium für Arbeit, Integration und Soziales des Landes Nordrhein-Westfalen [MAIS NRW]. (2011). *Moderne Sozialplanung. Ein Handbuch für Kommunen.* Düsseldorf: Eigenverlag.

Mollenkopf, H., & Flaschenträger, P. (2001). *Erhaltung von Mobilität im Alter* (Hrsg. v. Bundesministerium für Familie, Senioren, Frauen und Jugend). Stuttgart: Kohlhammer.

Moos, G., Rothermel, U., Konrad, M., & Titz, K. (2013). Controlling in kommunalen Jugend- und Sozialhilfeverwaltungen. *Ausbaustand und Perspektiven.* Freiburg: Lambertus.

Muchow, M., & Muchow, H. H. (2012). *Der Lebensraum des Großstadtkindes* (Hrsg. v. I. Behnken u. M. S. Honig.) Weinheim: Beltz Juventa.

Mümken, S., & Brussig, M. (2012). Alterserwerbsbeteiligung in Europa. Deutschland im internationalen Vergleich. http://www.iaq.uni-due.de/auem-report/2012/2012-01/auem2012-01.pdf. Zugegriffen: 30. Juni 2014.

Mümken, S., & Brussig, M. (2013). Sichtbare Arbeitslosigkeit: Unter den 60- bis 64-Jährigen deutlich gestiegen. Reformen zielen auf eine Verlängerung der Erwerbsphasen ab, doch auch die Altersarbeitslosigkeit steigt (Altersübergangsreport 2013-01). http://www.iaq. uni-due.de/auem-report/2013/2013-01/auem2013-01.pdf. Zugegriffen: 30. Juni 2014.

Nüsken, D. (2010). Wirkungsorientierung und Jugendhilfeplanung. In S. Maykus & R. Schone (Hrsg.), *Handbuch Jugendhilfeplanung. Grundlagen, Anforderungen und Perspektiven* (3. Aufl., S. 257–267). Wiesbaden: Springer VS.

Otto, H.-U., & Rauschenbach, T. (2008). *Die andere Seite der Bildung. Zum Verhältnis von formellen und informellen Bildungsprozessen* (2. Aufl.). Wiesbaden: Springer VS.

Otto, H.-U. & Ziegler, H. (2006). Managerielle Wirkungsorientierung und der demokratische Nutzwert professioneller Sozialer Arbeit. In T. Badawia, H. Luckas, & H. Müller (Hrsg.), *Das Soziale gestalten. Über Mögliches und Unmögliches der Sozialpädagogik* (S. 95–112). Wiesbaden: Springer VS.

Pluto, L., Gragert, N., van Santen, E., & Seckinger, M. (2007). *Kinder- und Jugendhilfe im Wandel. Eine empirische Strukturanalyse.* München: Eigenverlag Deutsches Jugendinstitut.

Rätz-Heinisch, R., Schröer, W., & Wolff, M. (2014). *Lehrbuch Kinder- und Jugendhilfe. Grundlagen, Handlungsfelder, Strukturen und Perspektiven* (2. Aufl.). Weinheim: Beltz Juventa.

Rehling, B., Klein, L., & Stallmann, L. (2011). Kommunale Planung und Entwicklung in der alternden Gesellschaft. Der demografische Wandel als Herausforderung und Chance. *Theorie und Praxis der Sozialen Arbeit, 4,* 268–277.

Reutlinger, C. (2011). Sozialraumbezogene Soziale Arbeit. *Enzyklopädie Erziehungswissenschaft Online.* doi:10.3262/EEO14110155.

Rohden, K. S., & Villard, H. J. (2010). Kommunale Alten(hilfe-)planung – Rahmung und Standards. In K. Aner & U. Karl (Hrsg.), *Handbuch Soziale Arbeit und Alter* (S. 51–57). Wiesbaden: VS Verlag für Sozialwissenschaften.

Rohrmann, A., & Schädler, J. (2013). Inklusive Gemeinwesen planen. Konzeptionelle Grundlagen und erste Ergebnisse eines Forschungsprojektes. *Gemeinsam leben, 1,* 20–31.

Schnurr, S., Jordan, E., & Schone, R. (2010). Gegenstand, Ziele und Handlungsmaximen von Jugendhilfeplanung. In S. Maykus & R. Schone (Hrsg.), *Handbuch Jugendhilfeplanung. Grundlagen, Anforderungen und Perspektiven* (3. Aufl., S. 91–113). Wiesbaden: Springer VS.

Schreckeneder, B.C. (2013). Projektcontrolling. Projekte überwachen, steuern, präsentieren (4. Aufl.). Freiburg: Haufe.

Schröder, R. W., Schmidt, R. C., & Wall, F. (2007). Customer Value Added – Wertschöpfung bei Dienstleistungen durch und für den Kunden. In B. Stauss & M. Bruhn (Hrsg.), *Wertschöpfungsprozesse bei Dienstleistungen* (S. 300–317). Wiesbaden: Gabler.

Schubert, H. (2013). Kooperative Sozialplanung – Gute Beispiele der Zusammenarbeit von Kommunen und Kreisen mit der Freien Wohlfahrtspflege (Dokumentation der Fachtagung des Ministeriums für Arbeit, Integration und Soziales Nordrhein-Westfalen am 16. November 2012 in Düsseldorf. Im Auftrag des Ministeriums für Arbeit, Integration und Soziales des Landes Nordrhein-Westfalen). Düsseldorf: Eigenverlag.

Schubert, H. (2014). *Sozialplanung als Instrument der Kommunalverwaltung in Nordrhein-Westfalen. Eine Strukturanalyse in den Städten und Kreisen* (Arbeitspapier 47 des Forschungsschwerpunkts Sozial – Raum – Management). Düsseldorf: Eigenverlag.

Selle, K. (2011). Große Projekte – nach Stuttgart. Herausforderungen der politischen Kultur. *RaumPlanung, 156/157,* 127–132.

Selle, K. (2013). Stadtentwicklungsplanung 2.0 – bleibt alles anders? Sechs Thesen zu Entwicklung und Stand der Kunst. *Planung neu denken, 1,* 1–10.

Simon, T. (2010). *Kommunale Jugendhilfeplanung. Ein Arbeitshandbuch für Ausbildung und Praxis* (7. Aufl.). Wiesbaden: Kommunal- und Schul-Verlag.

Spiegel, H. V. (2013). *Methodisches Handeln in der Sozialen Arbeit. Grundlagen und Arbeitshilfen* (5. Aufl.). München: UTB.

Statistisches Bundesamt. (2009). *Bevölkerung bis 2060. 12. koordinierte Bevölkerungsvorausberechnung* (Begleitmaterial zur Pressekonferenz am 18. November 2009 in Berlin). Wiesbaden: Eigenverlag.

Statistisches Landesamt Baden-Württemberg. (2012). Voraussichtlicher Anstieg der Pflegebedürftigen bis 2030 um 43 Prozent. Brenner legt neue Modellrechnung zur Entwicklung der Zahl der Pflegebedürftigen im Land vor. PM v. 21.5.12. http://www.statistik-bw.de/Pressemitt/2012151.asp. Zugegriffen: 14. März 2014.

Statistisches Landesamt Baden-Württemberg. (2014). Voraussichtlicher Anstieg der Pflegebedürftigen bis 2030 um 37 Prozent. Neue Modellrechnung für das Land Baden-Württemberg zur Messe ‚Pflege und Reha‘ in Stuttgart vorgestellt. PM v. 5.5.14. http://www.statistik-bw.de/Pressemitt/2014159.asp. Zugegriffen: 30. Juni 2014.

Stephan, B. (2010). Die Rolle der Jugendhilfeplanung bei der Einführung von Sozialraumbudgets im Jugendamt. In S. Maykus & R. Schone (Hrsg.), *Handbuch Jugendhilfeplanung. Grundlagen, Anforderungen und Perspektiven* (3. Aufl., S. 375–384). Wiesbaden: Springer VS.

Szlapka, M. (2005). „Wie soll ich das denn schaffen …?" – Grundlagen und Formen guter Ausschussarbeit. *Jugendhilfe aktuell, 1*, 13–16.

Tabatt-Hirschfeldt, A. (2010). „Das Gute von heute ist das Mittelmäßige von morgen". Benchmarking bei frei-gemeinnützigen und öffentlichen Trägern. *Sozial extra, 11/12*, 12–17.

Tabatt-Hirschfeldt, A. (2011). Die Kommune als Koordinator lokaler Arrangements. Von der örtlichen Steuerung gemischter Wohlfahrtsproduktion. *Blätter der Wohlfahrtspflege, 2*, 54–56.

Tesch-Römer, C., Motel-Klingebiel, A., & Wurm, S. (2010). Die zweite Lebenshälfte: Befunde des Deutschen Alterssurveys und ihre Bedeutung für Politik und Gesellschaft. In C. Tesch-Römer, A. Motel-Klingebiel, & S. Wurm (Hrsg.), *Altern im Wandel. Befunde des Deutschen Alterssurveys (DEAS)* (S. 284–302). Stuttgart: Kohlhammer.

Verein für Sozialplanung [VSOP]. (2008). *Kompass Sozialplanung. Zwischen Gestaltung und Verwaltung im Reformprozess.* Speyer: Eigenverlag.

Verein für Sozialplanung [VSOP]. (2012). *Positionspapier ‚Inklusive Sozialplanung‘.* Speyer: Eigenverlag.

Voges, W., & Zinke, M. (2010). Wohnen im Alter. In K. Aner & U. Karl (Hrsg.), *Handbuch Soziale Arbeit und Alter* (S. 301–308). Wiesbaden: VS Verlag für Sozialwissenschaften.

Wacquant, L. (2003). *Leben für den Ring. Boxen im amerikanischen Ghetto.* Konstanz: UVK Verlags-Gesellschaft.

Wacquant, L. (2007). Territoriale Stigmatisierung im Zeitalter fortgeschrittener Marginalität. *Das Argument, 271*, 399–409.

Wacquant, L. (2008). Relocating Gentrification: The Working Class, Science and the State in Recent Urban Research. *International Journal of Urban and Regional Research, 32*(1), 198–205.

Wacquant, L. (2011). A Janus-Faced Institution of Ethnoracial Closure: A Sociological Specification of the Ghetto. In R. Hutchison & B. Haynes (Hrsg.), *The Ghetto. Contemporary Global Issues and Controversies* (S. 1–31). Boulder: Westview Press.

Walter, J., & Schellberg, K. (2010). Soziales rechnet sich. *Sozialwirtschaft aktuell, 3*, 1–4.

Weber, W., & Kabst, R. (2009). Einführung in die Betriebswirtschaftslehre (7. Aufl.). Wiesbaden: Gabler.

Wiechmann, T. (2008). *Planung und Adaption. Strategieentwicklung in Regionen, Organisationen und Netzwerken*. Dortmund: Dorothea Rohn.

Witte, E. (2010). *Zur Geschichte der Bildung. Eine philosophische Kritik*. München: Alber.

Zangemeister, C. (1976). *Nutzwertanalyse in der Systemtechnik* (4. Aufl.). München: Wittemann.

Zängl, P. (1999). *Sozialplanung im Politikfeld ‚Pflege'. Modelle und Prognosen zur Infrastrukturentwicklung*. Bochum: Eigenverlag.

Zentrum für interdisziplinäre Raumforschung [ZEFIR]. (2011). *Sozialraumanalyse Emscherregion* (Forschungsbericht). Bochum: Eigenverlag.

Ziegler, H. (2011). Gemeinwesenarbeit. In H.-J Dahme & N. Wohlfahrt (Hrsg.), *Handbuch Kommunale Sozialpolitik* (S. 330–344). Wiesbaden: Springer VS.

MIX
Papier aus verantwortungsvollen Quellen
Paper from responsible sources
FSC
www.fsc.org
FSC® C105338

If you have any concerns about our products,
you can contact us on
ProductSafety@springernature.com

In case Publisher is established outside the EU,
the EU authorized representative is:
Springer Nature Customer Service Center GmbH
Europaplatz 3, 69115 Heidelberg, Germany

Printed by Libri Plureos GmbH
in Hamburg, Germany